中國青銅時代

張 光 直 • 著

前 言

近年來不但中外學者對中國古代青銅器的興趣，跟著青銅器與青銅時代文化遺址遺物考古的新發現的增加而逐漸提高，便是一般對文史學術稍有興趣的人也對青銅時代的特徵與來龍去脈增加了很大的好奇心。隨著這些興趣與好奇心而來的需要是關於青銅器與青銅時代的讀物。在這方面的專業書籍文章雖然很多，對中國青銅時代的文化社會與美術特徵，根據較新的資料作比較一般性的討論的中文書卻還少見。本書便是為了適應這樣的一個需要而編印的。

過去以 "青銅時代" 或 "青銅器時代" 作題目的書，恐怕以郭沫若在抗日戰爭勝利那年在重慶所出的一本最為人所熟知的了，可是這本書的內容主要是講古代的學術思想的。真正講青銅器與青銅文化的必修書是容庚的≪商周彝器通考≫（燕京學報專刊第17號，1941）與郭寶鈞的≪中國青銅器時代≫（1963）。前者是敍述與討論中國古代青銅禮器最詳盡最深入的一本書；雖然出版四十年來青銅禮器的新資料增加了很多，而且研究內容也有突進，可是像容書這樣大規模的綜合著作，迄今還沒有第二本。郭書採用了許多新的考古材料，把考古與文獻史料揉合在一起對

青銅時代的生活情況從各方面作了一個比較綜合性的敍述。想眞
正深入研究中國青銅時代的讀者不妨從這兩本書入手。

　　本書的目的旣不是討論銅器本身也不是對青銅時代文化的綜
合敍述。它的主要目的是對中國青銅時代文化與社會的若干主要
特徵作整體性的討論。我相信青銅時代的社會與文化的各方面的
成分因素與特徵，是彼此之間作有機性的聯繫的，而且它們之間
的聯繫不是固定性的，機械性的，而是經常變動的，而且分層分
級的。研究青銅時代的每一方面，小自一件器物或它上面的紋
飾，大到整個的中國政制，都得從兩方面同時著手：一是它本身
的性質，二是它與其他方面的關係。本書所選的論文的主要討論
對象，包括城市、王制、經濟、貿易、飲食、神話、美術，以及
青銅器本身和它上面的裝飾紋樣。我們討論它們個別的特徵，也
討論他們彼此之間的關係。

　　從這些方面的初步研究，我們已經看出許多中國古史上的新
問題來了。因爲本書是討論青銅時代的，我們便舉一些直接有關
的問題：中國古代的三代從技術史上看是青銅時代，這是個事
實，但是爲什麼青銅器在這個時期出現？出現以後對中國文化社
會史的發展進化上起了什麼樣的作用？青銅時代社會的特徵在中
國歷史上占著什麼樣的地位？與世界其他地區古代文明比較起來
有何同異？所謂人類社會發展的一般法則在中國的史實中，至少
在青銅時代的史實中，是不是得到進一步的證實？中國青銅時代
史實所表現的因果關係對人類社會發展的一般法則有什麼新穎的
貢獻？這些都是相當大的基本性的問題，我們只求把它們提出來
便行了。至於它們的解決，乃是後事，但希望本書的討論在某些

方面有少許啓發的作用。

　　本書的另外一個目的是想試試看能不能用一些具體的例子來證明中國古代的研究不是"專業"而是"通業"。所謂"本行"的觀念我覺得害人不淺。深入研究任何一種事物、現象，都需要長期深入的訓練，這是不錯的，但現在所謂"行"，其區分的標準常常只是歷史的偶然傳統，並沒有現實的理由。"中國古史"這個題目常常依照史料的性質而分爲專業：有人專搞古文字，有人專搞歷史，有人專搞美術，有人專搞考古。搞古文字的人還分甲文、金文。這樣一來，中國古史搞得四分五裂，當時文化社會各方面之間的有機聯繫便不容易看出來了。本書所收的這些文章便代表一種以歷史爲主以專業爲從的基本入手方式。但我自己也是舊傳統下面訓練出來的"專業人才"，在許多方面的了解是不够深入的，因此本書的某些討論很可能有各方面的錯誤，但這是舊訓練方式的錯，是我的錯，不是"通業"這個目標的錯。實際上要搞通業，我們個人在一般知識的訓練上都還差得太遠。講通業到底，我們還得把中國的材料與中國的研究成果與世界其他各地的情形作比較，因爲中國的情形只是全世界人類千變萬化的各種情形之一，不了解世界的變局便不能了解中國的常局。例如討論商周王制與動物圖像時我們都很清楚地看到了比較社會學與民族學在中國古史上的重要性。但可做比較研究之處還多如滄海。講中國學問沒有中國訓練講不深入，但講中國學問沒有世界眼光也如坐井觀天永遠講不開敞，也就講不徹底。

　　本書如果有一些這一類的特點，主要的原因是因爲我在外國工作多年，而且以人類學爲專業。人類學是重比較的，而從外國看中國學問也比較易於實事求是而少為中國習見所囿。至於是不是有可取之處可以為容、郭兩書以及這一類比較老老實實的書文作一些有用的補充工作，則全看讀者的判斷了。

　　本書所收的論文都是已經發表過了的；最早的一篇刊於1962年，最近的在1981年，其餘的則散在這二十年之間。這次把它們收集在一起，好好的閱讀整理了一下，卻相當驚訝的發現，我在對中國青銅時代較重大的問題上的看法，在這二十年間雖有增進，卻無基本上的改變。其中有幾篇原來是用英文寫的，這次為了本書的刊印特別將它們譯成中文。英文寫的文章有它的對象，有它的一定寫法，翻成中文之後，頗覺佶倨聱牙，而且結構選材都有不適之感，但為了保存原樣，所以改動甚少。

　　承鄭德坤、林壽晉兩先生的好意，將本書介紹給中文大學與臺灣的聯經出版公司出版，謝謝他們。

1981年2月23日

寫於美國麻省劍橋

目錄

圖錄

中國青銅時代 *⁽¹⁾

　　最近三十年來，中國的考古學有了很大的進展，但是我們可
以說在這門學科裏到目前為止最為重大的收穫是在中國文明形成
階段上的新知識，也就是中國青銅時代的新知識。其他的考古新
發現有的更為壯觀，如秦俑坑的兵馬俑；又有些發現在文化的個
別方面研究上有了更大的影響，如雲夢出土秦律和長沙出土的帛
書。可是，這些發現僅只在我們對中國歷史既有的知識上有所增
益，而青銅時代的考古則將我們對中國歷史的了解造成了基本性
的改變。我們甚至可以說，在三十年以前我們還不知道中國的歷
史是如何開始的，可是現在我們已經知道了或至少已經開始知道
了。這個新知識是從過去三十年來對中國青銅時代中許多大大小

---

* 原文英文 "The Chinese Bronze Age: A Modern Synthesis", 載 *The Great
　Bronze Age of China*, Wen Fong ed., (New York: The Metropolitan
　Museum of Art, 1980), pp. 35—50.

⑴ 這篇論文本來是1979年3月7日在耶魯大學東亞研究評議會主持的休謨 (Hume)
　紀念講演會上的講稿。本題過去的綜合性的論文和書有郭沫若：≪青銅時代≫（
　重慶，1945）；郭寶鈞：≪中國青銅器時代≫ (1963) ； Li Chi, "The Bronze
　Age of China," in *The Beginnings of Chinese Civilization* (Seattle,
　1957), pp. 39—59.

小的考古發現積累而來的。

我們所謂中國青銅時代,是指青銅器在考古紀錄中有顯著的
重要性的時期而言的。辨識那"顯著的重要性"的根據,是我們
所發現器物的種類和數量使我們對青銅器的製作和使用在中國人
的生活裏占有中心地位這件事實不容置疑。金屬器物(包括青銅
器物)的初現遠在青銅時代的開始以前,但到了二里頭文化的時
代,青銅器的顯著重要性成為不疑的事實,而現在大家相信中國
青銅時代的開始不會遲於公元前二千年。它的結束則是一個冗長
而且逐漸的程序,開始於春秋時代的晚期但直到公元前三世紀的
秦代才告完成。如此,則依照目前的考古紀錄看來,中國青銅時
代持續了至少有一千五百年之久,雖然它的晚期與鐵器時代有好
幾百年的重疊。

不論我們用不用"青銅時代"這個名詞來指稱公元前二千年
到五百年這段時期, 這一段時期的確是中國歷史的一個重 要 階
段:有人稱之為奴隸社會[2],有人稱之為中國文明的形成期 [3]。
如果中國歷史上青銅器有顯著重要性的這個階段與用其他標準來
劃定的某個階段相合,那麼青銅器便有作為文化與社會界說的標
準的資格。

在西方,"青銅時代"這個名詞最初是丹麥國家博物館保管
員湯姆森(Christian Jurgensen Thomsen, 1788—1865)所
創用的,是代表該館收藏品的一個新的分類中三大時代(石器時
代、青銅時代、鐵器時代)的第二個。照湯姆森所著≪北方古物

---

(2) 郭沫若:≪奴隸制時代≫ (1972)。

(3) Kwang-chih Chang, *Early Chinese Civilization* (Cambridge, 1976).

指南》(*Ledetraad til Nordisk Oldkyndighed*, 哥本哈根，
1836年) 中的定義，"青銅時代" 乃是 "以紅銅或青銅製成武器
和切割器具" 的時代(4)。戈登柴爾德（V. Gordon Childe）在
1944年度赫胥黎紀念講演中，將考古學上的三大時代解釋爲 "在
技術發展、生產力進化上的一串相連續的階段" (5)。柴爾德進一
步將青銅時代分爲三段 "方式"（modes）。在第一個方式中，
兵器和裝飾品有用紅銅和紅銅的合金製作的，但當時還沒有 "突
變" 而來的工具，而且專用於工業的器具甚少，石製工具仍舊很
仔細的製作。在第二期方式中，紅銅和青銅在手工業中經常使
用，但不用於農畜活動，也不用於粗重作業。金屬物的類型包括
刀、鋸、和專門化的斧、鈽、和鑿子。第三期的方式則以金屬器
具引進於農業及用於繁重勞動爲特徵，這在考古紀錄上表現爲金
屬鐮刀、鋤頭、甚至於錘頭。柴爾德很謹愼的說明了這些方式
在所有地區未必都照這個順序出現，但他很強烈的暗示了青銅器
具之採用其重要意義主要在生產領域之內。在《青銅時代》一書
裏，柴爾德仍將這個名詞界說如次："金屬——其實紅銅比紅銅
與錫的合金更常見——最初經常使用爲主要的切割工具和兵器，
以代替或補充較早的石、骨、和木製的裝備的一個工藝的階段"
(6)。但是他又補充着說："青銅時代的意義遠遠超過一個工藝的

(4) Glyn Daniel, *The Origins and Growth of Archaeology* (Baltimore, 1967),
p. 94 所引。

(5) V. Gordon Childe, "Archaeological ages as technological stages,"
*Journal of the Royal Anthropological Institute of Great Britain and
Ireland* 74 (1944), pp. 1—19.

(6) V. Gordon Childe, "The Bronze Age," *Past and Present* 12 (1957), p. 1.

階段。"他認爲這種金屬的製作和使用，與作爲這個新的技術階段的原因或其結果的一連串彼此相關的變化是有所聯繫的。這些變化包括：較有效率的生產工具與兵器，尤其是適用於車輪製作的金屬鋸子等的出現；熔礦和採礦的應用科學；牽涉到赤銅和其他金屬礦石的有組織的國際貿易的肇始；以及專門技術人員的出現。這些看法都比較新穎而成熟，但柴爾德仍舊將青銅技術當作一種環繞着生產活動的工業來加以強調的。

假如如上所述，中國青銅時代之始終與依照別的標準所建立的中國社會史文化史的某種階段在基本上相符合，這當如何解釋？青銅器有什麼特點可以使它作爲一個劃時代的象徵？我們在這些問題上得到的答案，是可以將柴爾德根據近東與歐洲的資料所得的結論加強，還是可以在它們上面增加一些新的看法？在考慮這些問題之前我們必須先將中國青銅時代文明的若干基本現象作一番考察。

中國古代的居民可能在青銅時代開始之前已有很久的使用金屬的歷史。在公元前五千年[7]的西安半坡的仰韶文化遺址曾發現過一小片金屬。其體積甚小，形狀不明，成分亦不明。在半坡附近與它時代也相當的姜寨的仰韶文化遺址的一個房屋居住面上也曾發現過一塊小金屬圓片；它的成分是百分之六十五紅銅，百分之二十五鋅[8]。這樣的成分頗不尋常，因爲照過去的理解，鋅在

[7] 夏鼐：《碳十四測定年代和中國史前考古學》，《考古》1977(4)，頁217—232。
[8] 唐蘭：《中國青銅器的起源與發展》，《故宮博物院院刊》1979 (1)，頁4。

中國合金史上發現較晚[9]。但它出土的部位相信是可靠的,而且據說在山東的一個龍山文化遺址中也有過一件銅鋅合金物發現[10]。比較純的紅銅或紅銅與其它金屬(鋅、錫、和鉛)偶然的或有意的結合,可能在中國史前史上相當早的時期,或至少在中國的陶工能在他們的陶窰裏產生能夠溶解含有這些金屬成分的礦石的溫度的時期,曾經有過相當程度的使用[11]。金屬之確切不疑的出現始於公元前二千年前不久,見於甘肅的齊家文化與遼寧西部的夏家店下層文化。在好幾個遺址裏曾發現過紅銅的裝飾品和小件的

---

(9) H. T. Chang, "The beginning of the using of zinc in China," *Bulletin of the Geological Society of China* 2 (1923), nos. 1/2, pp. 17-27; "New research on the beginning of using zinc in China," ibid., 4 (1925), no. 2, pp. 125—132.

(10) 據夏鼐與安志敏兩先生面告。

(11) 李家治:《我國古代陶器和瓷器工藝發展過程的研究》,《考古》1978 (3),頁179—188;周仁等:《我國黃河流域新石器時代和殷周時代製陶工藝的科學總結》,《考古學報》1964 (1),頁1—27。根據這些著作,新石器時代遺址的陶窰已能持久維持攝氏一千度或更高的溫度;這個溫度足夠溶解多半的有關的礦石了。

至於銅和鋅在這樣早的時代的似不可能的結合,Earle Caley 關於歐洲和地中海區域早期的史前銅鋅合金的偶然案例的推論是值得注意的:"青銅在類似的程度之下很容易能在原始器皿中從銅礦與錫礦的混合物中產生,但是黃銅不能使用這種一般製造合金的方式生產,因為高到能夠分解銅礦與鋅礦的程度的溫度同時也便高到在鋅礦以還原作用與任何銅形成合金之前,便把它幾乎全部蒸發與氧化……用滲碳法所形成的銅鋅合金似乎是史前這種合金能夠生產的唯一方法。在這種方法下……把細銅條或小銅塊埋在坩鍋裏面的鋅礦石和木炭的攪合物裏面。當把坩鍋和它的內容加熱到一定的溫度時,由還原作用而產生的鋅有若干會蒸發而喪失,但多半會陷在銅的火熱的表面上而形成銅鋅合金。這以後再將這金屬熔合並加以攪拌便會形成均勻的合金。" (*Orichalcum and Related Ancient Alloys*, New York, 1964, pp. 11—12). 這條資料承哈佛大學研究生 Linda Ellis 惠示,敬此致謝。

器物⑿。這些個文化與黃河流域的若干龍山文化大致同時，而後
者因為它若干陶器的 "金屬器似" 的外形（尤其是柄根部的 "釘
形" 鈕，常被認為是金屬鉚釘的陶器倣製品），一直有人相信曾
使用了金屬器⒀。實際上，同一類的陶器在齊家文化本身（卽一
種確有紅銅器發現的文化）中的發現也已導致可能至少部分為錘
製的金屬容器已經在齊家文化中產生或作為齊家文化中若干陶器
的原型的這種推論⒁。"紅銅時代" 之作為一個重要的工業階段在
中國史前時期之存在是日本學者道野鶴松鼓倡已久的一個說法，
但有人認為此說的基礎不甚可靠⒂。中國靑銅時代也許有過以紅
銅容器以及工具為特徵的一個階段，但我們還沒有充分的考古證
據來對此加以嚴肅的討論。

　　金屬器物之顯著的重要性的最早證據——在有中心性的考古

⑿　關於齊家文化的資料見：《甘肅永靖大何莊遺址發掘報告》，《考古學報》1974
　　(2)，頁‑53—54；《甘肅永靖秦魏家齊家文化遺址》，《考古學報》1975 (2)，頁
　　74 ， 87；《甘肅武威皇娘娘臺遺址發掘報告》，《考古學報》1960 (2)，頁59
　　—60。關於夏家店文化的資料見：《赤峯藥王廟夏家店遺址試掘報告》，《考古
　　學報》1974 (1)，頁127；鄭紹宗：《有關河北長城區域原始文化類型的討論》，
　　《考古》1962 (12)，頁666；《敖漢旗大甸子遺址1974年試掘簡報》，《考古》
　　1975 (2)，頁 99；《河北唐山大城山遺址發掘報告》，《考古學報》1959 (3)，
　　頁17—34。

⒀　Liang Ssu-yung, "The Lung-shan Culture: A prehistoric phase of
　　Chinese civilization," *Proceedings of the Sixth Pacific Science Congress*
　　4(1939), pp. 59—79.

⒁　Robert W. Bagley, "P'an-lung-ch'eng: A Shang city in Hupei", *Artibus
　　Asiae* 39 (1977), nos. 3/4, pp. 197—199.

⒂　Noel Barnard, *Bronze Casting and Bronze Alloys in Ancient China*,
　　Monumenta Serica Monograph XIV (Tokyo, 1961), p. 184.

遺址中，與貴族階級關連的鑄造的青銅禮器與兵器——發現於河
南西部的二里頭文化。在二里頭文化（最早發現於 1959 年偃師
縣二里頭村的考古遺物[16]而得名）中青銅也用於小件工具與器具
（如刀和錐子）以及飾物的製作。在齊家文化裏紅銅也用以製作
斧、刀、錐子、和其他器具與工具，但在齊家裏沒有像二里頭文
化那樣的與青銅禮器、兵器連合的貴族地點。這個與不同種類的
金屬器（在一方面有工具、器物、和飾物，在另一方面有兵器和
禮器）有關連的在文化與社會水平上的差異，供給了我們了解青
銅在中國青銅時代裏眞正的意義的第一條線索。

　　迄今爲止，自二里頭遺址發現了四件禮器，都是酒器中的爵
[17]。四器均小型、薄（均一公釐）、素面、平底，但體上的接縫
痕迹很清楚的表示它們是由至少四件塊範鑄成的。塊範鑄銅法是
古代中國有特徵性的一種技藝，須經過幾個步驟。首先要用黏土
製作一個所要鑄造的容器的模型，然後將濕軟的黏土敷上去以後
切成數塊除下。然後從模型的表面要刮除一層黏土下來，刮除的
目的是將除下的塊範再擺到模型（現在成爲一個"內核"）上去以
後可在模範之間產生適當厚度的空腔。裝飾花紋有時雕刻在模型
上，那麼在敷壓塊範時反面的花紋可以在塊範內面印出來，也有
時直接在塊範的內面雕刻出來。這時內核與塊範便可以使之乾燥

---

(16)　徐旭生：《1959年夏豫西調查夏墟的初步報告》，《考古》1959 (11)，頁592—
　　600。

(17)　《河南偃師二里頭遺址三、八區發掘簡報》，《考古》1975 (5)，頁 304；《偃
　　師二里頭遺址新發現的銅器和玉器》，《考古》1976 (4)，頁 260；《二里頭遺
　　址出土的銅器和玉器》，《考古》1978 (4)，頁 270。

並用火烤硬。將他們重新拼湊在一起以後，模範之間便有空隙，製作器物時便把融化了的合金自注孔中注入，空隙中的空氣自氣孔洩出。合金冷硬之後，塊範便可逐塊除下，內核鑿碎取出。鑄成的器物再經磨光修整便告完成。形式複雜體積巨大的容器需要複雜精密的作業，其設計要謹愼，並需多人合作，但其基本的原理是一樣的。中國青銅時代所有禮器的製作絕大多數大概都是在這種原理之下鑄造的，從最小的（如二里頭的爵僅十二公分高）到最大的（如安陽所發現的方鼎，一百三十三公分高，八百七十五公斤重）都是一樣的。二里頭的爵不但都是這樣鑄造的，它們還是眞正的青銅；其中一件用攝譜儀分析的結果是百分之九十二紅銅，百分之七錫[18]。 與爵一起還發現了青銅的戈頭。總之，二里頭的遺物具備了中國古代青銅器的特徵：塊範鑄造法、銅錫合金、有特徵性的器物類型如爵和戈的使用、銅器在酒器上的重要性、和青銅之用於兵器。

　　二里頭遺址是至今爲止考古材料所能建立的最早的有可稱爲貴族的社會階層的一個。近年來許多中國考古學者都相信在山東大汶口文化的社會，就像河南和山東的龍山文化一樣，已有相當程度的等級區分[19]，但至少到目前爲止二里頭是中國頭一個在考古學上看出來有一個明顯界說的權力中心的文化——亦卽一個由曾經支撐着有宮殿規模的房屋的夯土基址、較小的房屋、作坊（包括青銅作坊）以及有玉器及硃砂隨葬的墓葬所組成的城市叢

(18)　《河南偃師二里頭遺址三、八區發掘簡報》，頁 304。

(19)　《談談大汶口文化》，《文物》 1978 (4)，頁 1—4。

體。在這個權力中心的遺址中出土了青銅禮器和兵器，還有附有
陶文的陶片。與此相對照的，顯然是社會下層階級所使用的房屋
和窖穴，則含有石、骨、角器和在形制上與新石器時代龍山文化
的陶器連鎖起來的灰陶。

以二里頭遺址爲代表的文化現在已經知道分布於鄭州以西的
河南西北部和山西西南部的一片相當廣大的地域之上[20]。這個文
化的另外兩個遺址近年來也經過澈底的發掘——河南登封的王城
崗和山西夏縣的東下馮[21]。兩個遺址的周圍都有夯土城牆，王城
崗的約一百公尺見方，東下馮的約一百四十公尺見方。這兩個遺
址的位置都在傳統史學中代表中國歷史之始的三代中最早的夏代
的傳說中的都城附近。因爲二里頭文化遺存的分布範圍與傳說中
的夏代的活動範圍大致符合，又因爲二里頭和東下馮兩個遺址
出土的放射性碳素年代將這兩個遺址的年代斷爲公元前兩千年前
後，所以最近主張這個考古文化卽是夏代（2205－1766 B. C.）
文化者逐漸增加，可是仍有不少考古學者仍舊堅持二里頭文化
（或至少二里頭文化的晚期）還是三代中的第二代卽商代的文化
[22]。

[20]　殷瑋璋：《二里頭文化探討》，《考古》1978 (1)，頁 1—4。

[21]　Chou Yung-Chen, "The search for Hsia Culture," *China Reconstructs*
27 (1978), pp. 48—50.

[22]　佟柱臣：《從二里頭類型文化試論中國的國家起源問題》，《文物》1975 (6)，
頁 29—33；張光直：《殷商文明起源研究上的一個關鍵問題》，《沈剛伯先生八
秩榮慶論文集》（臺北，聯經出版事業公司，1976），頁 151—169；收入本書頁
65—90。鄒衡：《鄭州商城卽湯都毫說》，《文物》1978(2)，頁 69—71；吳汝
祚：《關於夏文化及其來源的初步探索》，《文物》1978 (9)，頁 70—73。

　　就我們目前所知，二里頭文化還沒有文字。二里頭許多陶片
上有陶文，其中若干是可以認出來的，但它們大概是辨別用的符
號，而不是當時事件的紀錄。傳說爲夏代的經文現在一般都認爲
是後日的紀錄而最多只包含夏史中的片斷。這些片斷的史料中包
括有關夏代始祖——治水英雄大禹——和他的父親——始造城郭
的鯀——的傳說。據說夏朝帝王共十四代，以桀爲最後的一代；
桀爲暴君，失天下於商代的始祖湯。

　　從考古遺存和現存的文獻資料看，商的材料遠較夏爲多[23]。
商代的考古遺址現已發現了好幾十處，在時代上可以分成兩期。
由鄭州商城所代表的商代中期遺址的地理分布，北自北平附近，
南到江西北部，東起山東中部，西迄陝西中部。這期商代文化的
特徵包括若干陶器的類型，尤其是若干近似二里頭形式，但具有
細線紋及寬帶紋所組成的獸形帶紋裝飾的青銅容器。與中商時代
青銅禮器和兵器相聯結的貴族中心較大而且較爲複雜，亦有夯土
城牆，但儀式性殺人殉葬的證據則首次出現。社會最低階層的成
員，不但供應祭祀用的人牲，他們的骨頭還用來作製造骨器的原
料。以河南北部安陽的著名遺址爲代表的商代晚期遺址，在中國
更廣大的地域中見到[24]。在這一階段發展出來的新的青銅容器的
美術，以較大面積的動物輪廓與地文所組成的紋樣爲代表。對歷

[23] 對商代文明作綜合性的討論的近作有北大考古專業：≪商周考古≫ (1979)；K.C. Chang, *Shang Civilization* (New Haven: Yale University Press, 1980); Xia Nai, "The slaves were the makers of history," *China Reconstructs* 24 (1975), no. 11, pp. 40—43.

[24] 見 Li Chi, *Anyang* (Seatle, 1977).

史學家重要性更大的是商代晚期的考古遺址裏出現了有文字的卜骨；它不但有商王宗教行為的紀錄，而且在商代的社會、政治、與經濟的性質上供給了無數的線索[25]。

安陽出土的商代甲骨卜辭無疑的證明了以安陽為都城的王確是商代（傳統上斷代為 1766—1122 B. C.）後期的諸王[26]。一般相信商代一共有三十個王；最後的十二個王定都在安陽附近。若干學者也相信鄭州商城也是商代中葉的一個王都，也許是後日史料裏所指的隞或囂。代表商朝前三分之一的商代前期文化目前在考古學資料中下落不明。在企圖重建商人傳說中的遷移路線時，大多數的歷史學者相信他們來自華北大平原的東部，而且商代中期與晚期的考古遺存也表現與山東較早的新石器時代文化具有重要的共同特徵[27]。但建朝以前與商朝早期的商人歷史，在考古學上說還有待進一步的研究。傳說上為商朝早期活動中心的豫東現為數米深的淤泥所覆，這是歷史時代以來多次泛濫的結果，因而豫東是全華北考古學上最乏資料的地區。但商代中期與晚期的文化足夠顯示出商代文明是在公元前十八世紀自東部前來征服夏朝的中國青銅時代文明的一個重要成員。約六百年之後，商朝則又為自西部前來的周人所征服。

依照他們自己的傳說，三代最後的周朝的祖先在陝西中部渭

---

(25) David N. Keightley, *Sources of Shang History* (Berkeley and Los Angeles, 1978), pp. 134—156.

(26) 關於商代年代學的不同意見，見上引 K. C. Chang, *Shang Civilization*, 第七章。

(27) 張光直：《殷商文明起源研究上的一個關鍵問題》，頁 151—169。

水流域已居住了許多世代，但伐商（傳說在1122 B.C.）以前周
人的考古學研究現在方才開始。在伐商以前的一個稱為周原的周
人都城地區（卽現代的岐山與扶風兩縣），目前正有重要的考古
發掘，將來很可能發現可以用來重寫周人早期歷史的新資料。在
岐山縣的鳳雛村已經發掘出來一組三十多個的夯土基址。這些房
屋彼此相接形成一個U形，向南開口，在院落對面開展一間大
廳。在西面廂房一個貯藏地窖裏在1977年出土了一千多片卜骨，
其中至少有兩百片上有文字。基址以南有一大片墓地，出土許多
墓葬，若干有殉葬的青銅器[28]。

　　雖然周原的發掘仍在進行之中，我們已有足夠的證據知道周
人遠在公元前1122年伐商之前便已達到了與商人可以媲美的社會
與文化的水平。可是周人的都邑在伐商之前不久便已遷移到現代
西安市以西的豐和鎬，而伐商之役是自鎬京出發的。可惜的是，
雖然在這個區域作過多年的考古調查，這裏只發現過零星的周人
遺物，而都邑遺址尚未找到[29]。

　　周代文明在伐商以後（1122—221 B.C.）在考古學上的表現
分為兩個階段：西周（1122—771 B.C.）——卽西安附近的鎬京
為周都的時代——及東周（771 B.C. 以後）——卽周王室在北
方游牧民族壓迫之下將國都遷到豫西的洛陽（二里頭文化或卽夏
代文明的中心）的時代。西周的考古遺物包括青銅禮器的大小窖
藏，其中許多有銘文，若干頗長。在東周時代則發掘了不少城

---

[28] ≪陝西岐山鳳雛村西周建築基址發掘簡報≫，≪文物≫ 1979 (10)，頁 27—34。
[29] 王伯洪等：≪灃西發掘報告≫ (1962)。

址，爲當時的聚落形態、政治組織和經濟上提供良好的資料(30)。
在整個周代期間，青銅一直是禮器和兵器的原料，但東周開始以
後不久便出現了鐵製工具和器具，包括犁鏵在內(31)。在整個的中
國青銅時代，金屬始終不是製造生產工具的主要原料；這時代的
生產工具仍舊是由石、木、角、骨等原料製造。可是一旦鐵出現
以後，它馬上大規模的用於生產工具的製造。因爲生鐵是適合於
大量製造的比較便宜的金屬，它很快的便對中國文化與社會產生
了深重的影響。中國鐵時代之始——亦即中國青銅時代之終——
可以放置在公元前五百年前後，雖然青銅禮器與若干青銅兵器的
顯著使用還要再繼續好幾百年之久。中國在公元前 221 年由秦始
皇統一，很可能便是中國鐵時代開始的政治上與社會上的結果，
但卽使到那時候青銅在兵器上仍保有一定的重要性。在陝西臨潼
保護著秦始皇陵的兵俑便持著眞正的青銅兵器(32)。

　　由此看來，中國青銅時代便是歷史上的三代，從公元前二千
年以前一直持續到公元前五百年以後。在這一段期間，中國是平
行發展而互相競爭的列國的舞臺，但這些列國形成分爲多層的組
織，而它們分層的模式依朝代而有變化。在夏代，以河南西北和
山西西南爲中心的夏王國顯然站在那統治階梯的最高一層上。到
了商代，自豫東和山東境內的黃河下游平原崛起的商王國則是最

(30)　關於周代考古遺物的綜述，見Cheng Te-k'un, *Chou China* (Cambridge, 1962);
　　　Kwang-chih Chang, *The Archaeology of Ancient China* (New Haven,
　　　1977).

(31)　黃展岳：《近年出土的戰國兩漢鐵器》，《考古學報》1957 (3)，頁 93—108。

(32)　《臨潼縣秦俑坑試掘第一號簡報》，《文物》 1975 (11)，頁 1—18；《秦始皇陵
　　　東側二號兵馬俑坑鑽探試掘簡報》，《文物》 1978 (5)，頁 1—19。

高統治者；而到了周代的前半期，自陝西渭水中下游來的周王國
又成爲最有力量的。三代的政治與儀式的中心變移不定，但根據
現有的文獻與考古證據來看，三個朝代都以一個共同的中國文明
爲特徵。這不但在這個文明的早期階段──夏和商──包括地域
較小時是如此，而且在較晚的階段，如青銅器的廣泛分佈所示，
其領域伸展到包括華南廣大地區在內的中國全部時也是如此。

　　中國青銅時代的青銅器物可以從好幾個不同的角度來研究。
它們可以，也應該，從它們固有的品質上當作技術[33]和美術[34]來
看和加以欣賞。它們的特別的用途可以在它們所參與的各種活動
（如餐食、儀式、和戰鬪）的背景上加以理解[35]。青銅器也可以
就它們在維持社會所扮演的角色上加以考察。從社會的意義來理
解中國青銅器的關鍵是三代的權力機構。青銅時代的中國文明要
依靠當時物質財富的分配方式，而權力是用來保障財富之如此分
配，中國青銅器便是那政治權力的一部分。

---

(33)　石璋如：《殷代的鑄銅工藝》，《中央研究院歷史語言研究所集刊》26 (1955)，
　　　頁 95—129；Noel Barnard, *Bronze Casting and Bronze Alloys*；Wilma
　　　Fairbank, "Piece-mold craftsmanship and Shang bronze design,"
　　　Archives of the Chinese Art Society of America 16 (1962), pp. 8—15;
　　　R, J. Gettens,· *The Freer Chinese Bronzes II. Technical Studies*
　　　(Washington, D.C., 1969); Noel Barnard and Satō Tamotsu, *Metallurgical
　　　Remains of Ancient China* (Tokyo, 1975).

(34)　Wen Fong, "The Study of Chinese Bronze Age Arts: Methods and
　　　Approaches," in *The Great Bronze Age of China* (New York, 1980).

(35)　關於在飲食上的使用，參見 Kwang-chih Chang, "Food and food vessels in
　　　ancient China," *Transactions of the New York Academy of Sciences*,
　　　2nd Ser., 35 (1973), pp. 495—520.

讓我們首先來看看那構成財富與權力分配間架的社會單位。在那社會構築的中心是城邑，卽父系宗族的所在點。中國青銅時代的典型城邑⁽³⁶⁾外面圍著一個方形或長方形，依著東西南北四個方位安排的夯土牆。 在城牆內有一個建築在夯土臺基上， 有大木柱和朝南的大門的大型並且可想而知是高大的宮殿式房屋的區域。 在城邑的其他地點（城牆裏或城牆外）散佈著手工作坊、地下室式房屋和墓葬。華北的黃土地帶點佈著成百成千的這種城邑，其大小不同，規模與複雜程度各異，形成多層的網狀系統。每個網狀系統分為一層、兩層或三層以上，而以列國的都城為其頂端。

以城邑組成的網狀系統調節食物、工業產品、珍玩等物質資源的流通。這種經濟交易的詳細紀錄在現有的列國的檔案裏不顯著的出現，這又可以看出若干作者喜談的所謂東西文明的不同。最近在中國⁽³⁷⁾與近東⁽³⁸⁾兩地的研究都顯示出來，文字的古老形式與萌芽形式都可以追溯到新石器時代，但在近東當時用來作算賬之用，而在中國則用來指明親屬所屬。中國古代文獻上許多經濟資料都是在與宗教、儀式和政治資料有關的情形下偶然紀錄下來

---

(36) 見 K.C. Chang, "Towns and cities in ancient China," in *Early Chinese Civilization*, pp. 66—71.

(37) Kwang-chih Chang, "Prehistoric and Shang pottery inscriptions: An aspect of the early history of Chinese writing and calligraphy," (Paper presented at Conference on Traces of the Brush: Studies in Chinese Calligraphy, Yale University, April 1977).

(38) Denise Schmandt-Besserat, "The earliest presursor of writing," *Scientific American* 238, no. 6 (1978), pp. 50—59.

的。但是可以看得到的有關物質資源流通的文獻已經足夠指明這
種流通多半是朝著一個方向去的──主要是朝著國家的中心與社
會的上層去的。

　　要用來例證那財富的不均分配（從許多方面說是古代文明產
生的根源），商代是在中國青銅時代裏最好的例子。關於夏的資
料太少而不大能用；紀錄大禹的朝廷自中國四方各地所收到的貢
品的古籍《禹貢》中也許包含若干夏代的史實，但一般認爲是東
周的作品。在另外一方面，周代的材料又多又亂，缺乏清楚性與
簡單明瞭性。關於商代的制度的資料則略處於二者之間。

　　在具有占卜紀錄與最佳考古資料的安陽（卽商代最後的都
城），向城裏流進的經濟資源特多，包括穀物、野獸與家畜、工
業產品、以及各種的服役，而向城外流出的資源特少，主要是賜
賞封建領主的禮物和商王對他們的福利的祝願。

　　在所有進城的貨物和服役裏，穀物（主要爲粟）大概是最爲
重要的。占卜的紀錄表示商王對他的國土的四方（東土、西土、
北土、南土）的收成都非常關心，他對他的諸婦、諸子、和諸侯
的領土內的收成也都注意，但是他對別國的粟收則毫不關心。這
種紀錄可使我們推想商王在全國各地的收成中都有他的一份。除
此以外，商王還自國內諸侯收取其他的貨物，而有時這些收入在
龜甲的橋部或牛肩胛骨的關節窩底面或邊緣上有所紀錄[39]。從這
些資料我們可知龜甲、牛肩胛骨、子安貝、牛、馬、象、戰俘、
西方的羌人等等爲某伯某侯所"入"或"來"自某伯某侯。這些

---

[39]　胡厚宣：《武丁時五種記事刻辭考》，《甲骨學商史論叢初集》（成都，1944）。

紀錄下來的項目恐怕在地方進貢到首都的許多寶物中只占一個極
小的比例。

可是商王還不僅坐等這些禮物和貢品從他的侯伯源源不絕而
來；他還親自到外地去檢取。從占卜紀錄上看來爲商王經常參加
的一種重要事件之田獵，很可能除了是娛樂以外還是商代剝削地
方的一種方式，而他的收穫有時是頗爲可觀的。除此之外，商王
常常出旅地方，這還不算他對鄰族的征伐⑷。在這些出行過程
中，商王和他的許多隨行員卒自然要爲他的臣民所"熱烈招待"。
卜辭裏記有商王之"取"馬、牛、羊；這些取有的大概便發生在
行旅之中⑷。軍事征伐如果成功，還有多多少少的戰俘，又當做
勞動力與人牲而進一步增加首都的財富。

至於向外面流通的財富，唯一有紀錄的重要項目是商王賞賜
地方諸侯的禮物。這種紀錄在卜辭裏僅有偶然的出現，但因商王
賞賜海貝或銅錫常常導致紀念性禮器的鑄造，所以這種事件有時
在銅器銘文中有所記載。在一本包含四千多件有銘文的商周青銅
器的圖錄裏，有這種紀念商王賞賜銘文的器物有五十件之多⑷。
很清楚的，這種禮物只能代表國家財富在社會的頂層的"再分
配"。

事實上，清理下來的收支賬雖不完備，卻很能說明以穀類、
肉類、貨物、和勞役爲形式的財富，一致流向商人社會的上層階

⑷ 董作賓：《武丁日譜》，《殷曆譜》下卷（李莊，1945）。
⑷ 陳夢家：《殷墟卜辭綜述》（1956，318頁）。
⑷ 張光直等：《商周青銅器與銘文的綜合研究》（中央研究院歷史語言研究所專刊
   62，臺北，1972）。

級和聚落網的大城邑裏去（尤其是向其中最大一個——國都——
流去）。安陽地面上的房屋和王室大墓的考古遺存在這方面給予
很好的例證。在一個王室的墓場——安陽第四個商王武丁的婦好
的墓——裏面殉葬的物品的清單⑷到了令人驚愕的程度：

木槨和塗漆的木棺

十六個人殉

六隻犬殉

將近七千個子安貝

兩百多件青銅禮器

五件大青銅鐸和十六件小青銅鈴

四十四件青銅器具（包括二十七件青銅刀）

四個青銅鏡

一件青銅勺

一百三十多件青銅兵器

四個青銅虎或虎頭

二十餘件其他青銅器

五百九十餘件玉和似玉器

一百多件玉珠、玉環和其他玉飾

二十多件瑪瑙珠

兩件水晶物品

七十多件石雕及其他石器

五件骨器

⑷ 《安陽殷墟五號墓的發掘》，《考古學報》1977 (2)，頁57—98。

　　二十餘件骨鏃

　　四百九十多件骨笄

　　三件象牙雕刻

　　四件陶器及三件陶塤。

這些殉葬物品是用自商國國內國外收集而來的原料，在安陽和其
他地區無數的作坊裏由無數的工匠製作而成的。與此相對的社會
階級的成員──他們的地下式的房屋和墓葬在考古遺物裏面爲數
極多，但是，它們的內容只值得極簡單的甚至於是統計式的敍述
──則沒有像這種樣子的財富。下層階級的生活在占卜的紀錄裏
面是找不到的，但《詩經》裏面一些周代的詩歌把它們表現得所
差無幾：

　　坎坎伐檀兮

　　置之河之干兮

　　河水清且漣漪

　　不稼不穡

　　胡取禾三百廛兮

　　不狩不獵

　　胡瞻爾庭有縣貆兮

　　彼君子兮

　　不素餐兮　　　　（《伐檀》）

　　碩鼠碩鼠

　　無食我黍

　　三歲貫女

莫我肯顧

逝將去女

適彼樂土

樂土樂土

爰得我所　　　　　（《碩鼠》）

七月流火

九月授衣

一之日觱發

二之日栗烈

無衣無褐

何以卒歲……

一之日于貉

取彼狐狸

爲公子裘

二之日其同

載纘武功

言私其豵

獻豜於公……

七月在野

八月在宇

九月在戶

十月蟋蟀入我牀下

穹窒熏鼠

塞向墐戶

嗟我婦子

曰爲改歲

入此室處　　　（《七月》）

交交黃鳥

止于棘

誰從穆公

子車奄息

維此奄息

百夫之特

臨其穴

惴惴其慄

彼蒼者天

殲我良人

如可贖兮

人百其身　　　（《黃鳥》）

婦好墓與這些詩歌所描繪的農民的生活之間的對照把貧富之間距離之大表現得非常清楚。財富分配不均這個在三代時代開始產生的現象是如何維持的我們還不清楚。青銅時代開始的直前直後的人口與生產量的準確數字也許永遠是不可能得到的。可是很清楚的，這個時代在食物的生產上並沒有在技術上的質變。青銅時代

開始之前與之後的主要農具都是耒耜、石鋤、和石鐮。沒有任何
資料表示那社會上的變化是從技術上引起來的。既然生產技術基
本上是個恒數，那麼唯一可能的變化因素是資源的重新分配，使
它們易於進入若干人的掌握。這不但需要將人口區分為若干經濟
羣，而且需要一個嚴密的上級控制系統才能使一個可能不穩定的
系統保持穩定。這個系統的心臟似乎是昭穆制、宗法制、和封
建制，這是古代中國社會的三個關鍵制度。二十世紀初期偉大的
中國古史學者王國維曾經相信昭穆、宗法、與封建制度是周人的
發明與商人的制度相異[44]。實際上，照新的材料與新的研究已經
很清楚的指明，這些都是中國青銅時代大部時期中的中心制度。
如果將這些名詞用比較熟知的人類學術語來作臨時性的定義，我
們可以將昭穆稱為兩元性的首領制度，將宗法稱為分枝的宗族制
度，將封建稱為分枝宗族在新城邑中的建立。

　　㈠昭穆：在青銅時代，中國社會的最上層坐著國王和他的王
族；後者是由王和有繼承王位資格的人或與有繼承王位資格的人
有直系關係的全部男性親屬和他們的配偶所組成的。這個單位多
半是封閉性的，而且是部分的內婚的。依據近來對夏商王制的研
究[45]，三代（除了周代後期以外）的王位繼承制度可能是在內婚
王族之內若干產生繼承人的單位之間輪流繼承的，而這些單位分
為兩個主要的單元。在王室的祖廟裏，這種兩元制度便反映為周

---

[44] 王國維：《殷周制度考》，《觀堂集林》卷10 (1921)。

[45] 張光直：《商王廟號新考》，《中央研究院民族學研究所集刊》15 (1963)，頁65-
　　95；《談王亥與伊尹的祭日並再論殷商王制》，同上刊35 (1973)，頁111—127。
　　分別收入本書頁151—191，193—213。

代文獻中所記載的所謂昭穆制度──昭級的祖先排入在中央的太祖左邊（卽東邊）的昭廟裏，而穆級的祖先放入右邊的穆廟裏。在這裏應特別提明一下的是這種輪襲的說法只是祖廟昭穆制的可能解釋之一，而研究古代中國的學者在這方面的看法並不一致。

㈡宗法：上述的王族是位於一個父系氏族的尖端上；這個父系氏族的成員宣稱他們都是由同一個神話傳說中的祖先傳下來的。氏族的下面又分爲若干宗族；宗族的成員彼此都有從系譜上可以追溯下來的血親關係，而在同一個宗族之內其成員根據他們與主幹（由每一代嫡長子組成）在系譜上的距離而又分成若干宗支。一個宗族成員在政治權力上和在儀式上的地位，是由他在大小宗支的成員所屬身分而決定的。因此，大的宗族本身便是一個分爲許多階層的社會(46)。

㈢封建：當宗族分支自父系主幹別分出來時，宗支的的族長便帶著他的宗族成員與財富到他自己的地盤上去建立他的圍著牆的城邑和政治領域。如果這些宗族是國王自己的親屬（通常是他的弟弟），他們便成爲這個王國的地方領主，而他們之間的政治分級組織便與那分支的宗族網彼此相合。父系宗族和他們上面的氏族經常是外婚單位，而分支的宗族要與其他的氏族的親族單位相扣合起來才能成爲政治學上的所謂國家(47)。

---

(46) 丁山：《甲骨文所見氏族及其制度》(1956)；張政烺：《古代中國的十進制氏族組織》，《歷史敎學》 2 (1951)，頁 85—91，122—125，194—197；K. C. Chang, "The lineage system of the Shang and Chou Chinese and its political implications," *Early Chinese Civilization*, pp. 72—92.

(47) 胡厚宣：《殷代封建制度考》，《甲骨學商史論叢初集》；丁山：《殷商氏族方國志》(1956)。

　　上述三種制度的互相影響作用要產生好幾個結果。其一，城市數目增加並且向外蔓延，在它們自己之間形成與分支宗族的分層結構相平行的分層結構。它們彼此之間的關係並不一定是對等的：在一個國家之內要有一個首都，同時與首都相對的有許多地位低微的小城。其二，在每一個城內或一組城內的人口又依各別與生幹和與國家的財富和資源的距離關係而分為不同階級。因此，在每個由一個氏族所支配但有許多氏族宗族成員所居住的國家之內的人口形成一個下大上小的地位連續體。在頂上享有特權的人是控制著資源與軍隊的統治者。在他們之下，依著地位遞減的次序，有小貴族、手工業匠、和農民；後者占居那金字塔的底層和地下室式的房屋。

　　當為不同的氏族所支配的列國發生接觸關係時，它們彼此時常變化的地位要由好幾個因素來決定。婚姻關係不但能促進國與國之間的團結，而且會幫助決定，或至少反映互相通婚的列國之間的相對政治地位。相對的地位也可能由戰爭來決定，而戰爭俘虜形成社會的最低的階級。

　　如《左傳》所說，將真實的或虛構的親族組織加以認可的儀式和戰爭，乃是國家的主要事務（“國之大事，在祀與戎”）。中國青銅時代最大的特徵，在於青銅的使用是與祭祀及戰爭分不開的。換言之，青銅便是政治的權力。

　　如果在歐洲青銅時代的構想上，這種新的金屬以其作為“兵器和切割器具”為著，則在古人的心目中只有兵器有特別的地位。東周的風胡子和拉丁詩人魯克里宙斯（Lucretius）都講到歷代用來作兵器的各種不同原料(48)。古人大概知道這種新金屬的採用，在兵器上要比在其他器物上所造成的優越性具有更大的決定作用。在青銅時代的中國，所有已知的主要兵器都有青銅製造的鋒双：青銅鏃、矛、戈頭、鉞、大刀、和劍與匕首(49)。弓箭和戈矛等長兵主要是與馬拖的戰車一起使用的，而劍和匕首則到了周代後期戰士騎馬之後，才廣爲使用。大部分的兵器是國際間戰爭中所使用的，但有少數如鉞和大刀，則主要是砍頭用的。有人認爲中國古代的王字便是一個青銅鉞的象形字，作爲 "內行刀鋸、外用甲兵" 的國王的象徵(50)。旣然青銅沒有普遍的使用於農具，青銅時代便不是由於生產技術的革命而造成的。假如當時有一個革命的話，那便是在社會組織領域之內的革命。但在另一方面，旣然人的勞動是農業生產的基礎，而青銅的兵器一方面在新鮮的生產勞動力的獲取上能起一定的作用，一方面又能保證旣有勞動力的持續利用，青銅也可以說是一種間接的，但也是眞正的，在生產技術上的一次突破。

青銅的另外的一個主要用途，卽在祭器上的使用，可將青銅當做貴族威權與節約規則的象徵。在三代期間這些容器在形式與裝飾紋樣上經過許多有時相當顯著的變化，但是它們的主要功能──在儀式上使用並爲特選親族的貴族統治之合法性的象徵──是始終未變的。在那最高的一層，若干青銅容器用來象徵一個王朝對國家的統治；這照傳說是始於夏而隨著朝代的更替而變的：

(48) K. C. Chang, *The Archaeology of Ancient China*, p. 2.

(49) 林巳奈夫：≪中國殷周時代の武器≫（京都，1972）

(50) 林澐：≪說王≫，≪考古≫ 1965 (6)，頁 311—312。

昔夏之方有德也，遠方圖物，貢金九牧，鑄鼎象物，百
物而爲之備，使民知神姦，故民入川澤山林，不逢不
若，魑魅罔兩莫能逢之。用能協于上下，以承天休。桀
有昏德，鼎遷于商，載祀六百。商紂暴虐，鼎遷于周。
德之休明，雖小重也；其姦回昏亂，雖大輕也。≪左宣三≫

我們無法知道這種代表朝代正統性的象徵物是不是可以在現有的
三代銅鼎裏面找得到，但是每一件青銅容器——不論是鼎還是其
他器物——在每一等級都是隨著貴族地位而來的象徵性的徽章與
道具。青銅禮器與兵器是被國王送到他自己的地盤去建立城邑與
政治領域的皇親國戚所受賜的象徵性的禮物的一部分，然後等到
地方上的宗族再進一步分枝時，它們又成爲沿著貴族線路傳遞下
去的禮物的一部分。青銅容器獲得這等意義是因爲它們與在儀式
上認可了建立在親屬關係上的貴族政治的祖先崇拜祭儀之間的聯
繫關係，同時也因爲它們是只有控制了大規模的技術與政治機構
的人才能獲得的珍貴物品，因而適用爲節約法則的象徵。換句話
說，青銅容器是只與地位高貴的人相聯合的，而在祭儀中所使用
的容器的數目和種類是要依照這些人在貴族政治中的地位而有所
分別的。

在三代統治範圍內有許多銅礦和錫礦的來源[51]，但像這種技
術複雜的銅器的大規模製造，一定需要許多種專家的多步驟的作
業，而這些專家又得要在國家的組織與監督之下。如 Toguri 所

---

[51] 石璋如：≪殷代的鑄銅工藝≫；天野元之助：≪殷代産業に關する若干の問題≫
，≪東方學報（京都）≫ 23 (1956)，頁 231—258。

說的，卽便是最富的礦石也蘊藏不到百分之五的純金屬[52]。 從青
銅容器的數目和大小看來，當時對礦石的需要一定是極大的，而
小型的礦一定常常採盡而新的來源要不斷的開發。金屬的鑄塊要
通過很遠的距離從礦場運輸到鑄廠與作坊裏去，而運輸的路線又
需要軍隊的保護。然後青銅工匠便需著手進行鑄造手續一直到完
件爲止。 如 Ursula Franklin 所指出的，"在中國青銅生產的
開始表示具有能够獲取與補充所需的强制勞動力的蓄庫的組織和
力量的社會秩序的存在"[53]。同時由於青銅生產是要依靠這種社
會秩序的，青銅產品便成爲這種秩序的象徵並且進一步的成爲它
的維持力量。

在將早期中國文明的現有考古資料作一概述之後，我們現在
可以回到青銅時代這個概念上來看看它在現在或一向在考古學上
常爲人所說的幾個其他概念如國家、城市規制、和文明等之間的
關係上有沒有實用價值──至少在中國這個情形之下有無實用價
值。

沒有疑問的，這些概念各有它的用途。同時，每一個概念又
限制在它最初形成的領域之內。先從"國家"這個名詞說起，它
是一種政府的類型而經常有兩種意義。在第一種意義之下，亦卽

---

(52)　自 Ursula Franklin, "On bronze and other metals in early China,"
　　　(Paper presented at a Conference on the Origins of Chinese Civilization,
　　　Berkeley, June 1978), p. 17 所引。 在 C. Hurlbut, *Dana's Manual of
　　　Mineralogy* (New York, 1971) 中有各種礦石產生金屬的比較詳確的百分比數
　　　字。

(53)　Franklin，上引文，p. 17.

在較低的水平之下，"國家"指具有空間界線的政治實體，就好像一個城或一個省分一樣。"國家"的另一個意義，在較高的一層水平，指在政治這個領域之內具有若干特徵的一種類型的社會。在這個意義之下，這個名詞是一個沒有時空界限的靜態的、表現特徵的抽象概念。最近在考古學界有過不少關於國家的定義和起源問題的討論(54)。這種概念在考古學研究上對於人類社會的鉅大進化程序的了解是必要的，但在個別的歷史與史前史的細微進化程序的確實掌握上則是不合適的。但是一旦我們為了把握特徵而加以抽象，我們有時會付之以不適宜的具體性，這種具體性很不幸的便破壞了我們作這種抽象的本來目的。一個"國家"在一個考古學的情況之內是很容易認出來的，但這並不容許我們把所謂"國家型的社會"當作一個現實的實體看，即有一定大小與境界的一塊時間與空間。這兩種不同的國家概念的混淆引起了對一些不成問題的問題無謂的爭論，如在一個年代學的序列中對於所謂酋邦 (chiefdom) 與國家 (state) 的明確區分，以及將一個考古建立的國家分為初級 (卽原生的) 與二級 (卽派生的)。因為社會演進是連續性的與積蓄性的，國家與酋邦之間的界限不可能也不需要在任何一個確實的順序之上劃出來。由於鄰接的地域與區域的發展順序之間一直是互相激動的，把一個叫做原生另一個叫做派

---

(54) 最近這方面比較重要的著作可舉Elman R. Service, *Origins of the State and Civilization: The Process of Cultural Evolution* (New York, 1975); Henry T. Wright, "Recent research on the origin of the state," *Annual Review of Anthropology* 6 (1977), pp. 379—397; R. Cohen and E. Service, eds., *The Origins of the State: The Anthropology of Political Evolution* (Philadelphia, 1978).

生，一定是會給人以錯誤的印象而且常常是不準確的。我在最近曾經提過，國家是從不單獨產生的；它們是成對出現的或是在一個多成員的網架中出現的[55]。例如在中國的青銅時代，夏、商、周等政治力量是在平行與競爭性的發展情形下抬起頭來的。考古學者可以在考古材料裏辨認列國的存在，但他們不可能在地上直接找到國家類型的社會。他們要研究他們的材料，辨認他們在這中間所看到的發展過程的特徵，然後可以把這種發展過程拿出來與某種選定的抽象典型相比，好來說它們是不是國家。因此，青銅時代這個概念——由於它之指稱接近地面現實的考古材料，它的廣泛兼容的規模，和它的可靠的分類基礎（至少，在中國來說是如此）——在處理考古資料以求做較高級的通論上有做為第一個步驟的用途。看來至少在中國，政府的國家形式在青銅時代，是作為好幾個區域文化之間彼此相關而且彼此激動的發展而產生的。

　　城市規制是跟著城市來的，而城市是可以在地面上辨認出來的，可是什麼是城市也不是一個不成問題的問題。我之界說城市，不看它的大小，而看它在政治與經濟系統中的地位。因為城市只有在政治上與經濟上分層（分級）與分化的系統裏才能存在。中國的經驗很明顯的表現城市規制與青銅時代是同時開始的，而且是青銅時代社會的一個必要特徵。

　　文明這個概念把焦點放在價值、美、和意識形態傳統之上，

[55] 張光直：《從夏商周三代考古論三代關係與中國古代國家的形成》，《屈萬里先生七秩榮慶論文集》（臺北，聯經出版事業公司，1978），頁287—306。收入本書頁31—63。

在强調資源開發與國家系統這些概念的當代美國考古學上也許是
比較難以處理的。在這方面我覺得中國的考古經驗供給我們一些
有興味的精神食糧。一個"中國"文明可以根據器物的種類和風
格來闡明它的特徵,而這個文明可以適用於北自長城以外南到江
南這樣大的一片地域之上,而這片地域一方面表現環境上的分歧
性,一方面又包括了從考古學上或從三代的文獻史料上所知的所
有的政治上的國家。中國青銅時代這個概念與古代中國文明這個
概念之間相合到幾乎可以互換的程度。青銅器本身當然便是古代
中國文明的凸出的特徵,而造成它們的特殊地位的因素同時也正
是導致那文明產生的同樣因素。

二

從夏商周三代考古論三代關係
與中國古代國家的形成*

　　在中國早期歷史上，夏商周三代顯然是有關鍵性的一段：中國文字記載的信史是在這一段時間裏開始的，中國這個國家是在這一段時期裏形成的，整個中國歷史時代的許多文物制度的基礎是在這個時期裏奠定的。自從科學的考古學在中國發達以來，很多人都期待著考古學對三代的歷史會有重要的貢獻；我們甚至很可以說，許多人會認為考古學對中國史學上最大的貢獻應該是在三代歷史上的。

　　隨著最近十餘年來考古學的進展，我們對三代歷史的研究也進入了一個新的轉捩階段。固然現在離作結論的時間還遠得很，可是我覺得我們已經可以辨認出來若干三代研究的新方向了。輓近的考古資料使我們對三代史產生的一個新的看法，就是從三代關係上看中國古代國家形成的經過。我覺得我們過去對三代古史看法的兩個元素，現在要經過根本性的修正。這兩個元素，一是

---

*　原載《屈萬里先生七秩榮慶論文集》（臺北，聯經出版事業公司，1978），頁287 -306。

對三代的直的繼承關係的强調（《論語爲政》："殷因於夏禮……
周因於殷禮"），二是將三代一脈相承的文明發展看做在中國古
代野蠻社會裏的一個文明孤島上的一件孤立的發展（《孟子公孫
丑》："夏后殷周之盛,地未有過千里者也"；《史記封禪書》：
"三代之君皆在河洛之間"）。最近的考古研究使我們對新舊史
料重新加以檢討的結果，使我覺得這兩個元素是對古史眞相了解
的重大障礙。夏商周三代之間的橫的關係，才是了解中國古代國
家形成過程的關鍵。我相信中國古代國家形成過程的資料，在比
較社會學上的國家形成問題的研究上，也有重要的參考意義。

　　本文分三節：㈠自新舊文字史料上檢討三代的橫的關係與縱
的關係；㈡在考古資料裏找尋三代平行發展史的蹤跡；㈢自比較
社會學的觀點看中國古代國家形成問題。

一　文字史料中的三代關係

　　三代（卽夏、商、周三個朝代）是周代晚期已經存在的一個
觀念（《論語衞靈公》："三代之所以直道而行也"；《孟子滕文
公》上"三代共之"），可見三代之間在當時的看法之下必有甚爲
密切的關係。近代史學在中國流行以來，學者對三代關係已有很
多深入的討論，但多集中在三代文化異同與民族分類的問題上。
本文擬集中討論的問題，則是三代在政治上的對立與從屬關係。
在古代的社會裏，文化與政治上的分類是不一定密切契合的，但
兩方面的分類是要兼顧的。我對三代的看法是這樣的：夏商周在
文化上是一系的，亦卽都是中國文化，但彼此之間有地域性的差
異。另一方面，在政治上夏商周代表相對立的政治集團；它們彼

此之間的橫的關係，才是了解三代關係與三代發展的關鍵，同時
亦是了解中國古代國家形成程序的關鍵。

　　我們先自三代的異同比較說起，再來看看其間異同的性質。

一　年代

　　從朝代卽政治上的統制來說，三代是前仆後繼的：湯滅了夏
才是商代之始，武王滅了商才是周代之始。兩代積年，依≪古本
竹書紀年≫，"自禹至桀十七世……用歲四百七十一年"；"湯滅
夏以至于受二十九王，用歲四百九十六年"[1]。武王伐紂之年，依
舊說，在公元前1122年[2]，自此年到秦滅周（周赧王五十九年，
256B. C.），三十七王，八百六十七年。三代積年是共一千八百
餘年。但滅夏以前，商已是一有力政治集團，滅商以前周已是一
有力的政治集團。因此夏與商實際上是在年代上平行（或至少是
重疊）的兩個政治集團，商與周亦然。

　　夏代的約五百年裏，有多少年與商這個政治集團相重疊？依
周末漢初的神話傳說（如≪世本≫、≪帝繫≫），夏的始祖禹源
於黃帝子孫裏顓頊這一支，而商始祖契源於黃帝子孫裏帝嚳這一
支。照≪史記≫的說法，夏商周的祖先，禹、契和后稷，都在帝
堯、帝舜的朝廷裏服務。這樣看來，夏商周都是自黃帝下來一直

---

(1)　其他古籍多以商積年爲六百年左右，竹書可能有誤。見董作賓：≪殷曆譜≫（李
　　　莊，1945）上編卷4 "殷之年代"中的討論。

(2)　武王伐紂年代諸說，見董作賓：≪武王伐紂年月日今考≫，≪臺大文史哲學報≫
　　　第3期 (1951)，頁177-212；周法高：≪西周年代考≫，≪香港中文大學中國文
　　　化研究所學報≫4 (1971)，頁173-205；何炳棣：≪周初年代平議≫，≪香港中
　　　文大學學報≫1 (1973)，頁17-35。

平行存在的三個集團了。從比較可靠的歷史資料來看，商人在滅
夏以前，早已有了他們的轟轟烈烈的歷史，卽所謂先公先王的時
代。《商頌長發》："玄王恒撥，受小國是達，受大國是達……
相土烈烈，海外有截"。《史記》等記載裏有名字的先公先王共
十四世；陳夢家嘗"疑夏之十四世，卽商之十四世，而湯武之革
命，不過親族間之爭奪而已"[3]。商之先公先王未必便是夏王，
但陳說提供了商人政治集團與有夏一代同始同終的可能性。但因
爲夏史料稀少，與商人直接接觸的證據，要到夏桀商湯的時代才
有存在。可是照傅斯年的說法，夏史上雖然除了最後一段以外沒
有商人的直接紀錄，始終有夏一代與夏人相衝突的多是商人的友
邦。"凡在殷商西周以前，或與殷商西周同時，所有今天山東全
省境內，及河南省之東部、江蘇之北部、安徽之東北角，或兼及
河北省之渤海岸，並跨海而括遼東朝鮮的兩岸，一切地方，其中
不是一個民族，見於經典者，有大皞、少皞、有濟、徐方諸部，
風、盈、偃諸姓，全叫做夷。……夏后一代的大事正是和這些夷
人鬥爭"[4]。"商人雖非夷，然曾撫有夷方之人，並用其文化憑
其人民以伐夏而滅之，實際上亦可說夷人勝夏"[5]。先不說夷夏
之鬥爭，僅從夷夏之對立情況看，商國自是東夷諸國之一，在
有夏一代之中有其一定的政治地位，所以才能在夏桀時一舉而滅
夏。

(3) 《商代的神話與巫術》，《燕京學報》20 (1936)，頁491。

(4) 傅斯年：《夷夏東西說》，《慶祝蔡元培先生六十五歲論文集》下冊 （中央研究
    院歷史語言研究所，1935），頁1112。

(5) 傅斯年：《夷夏東西說》，頁1117。

　　商代的約六百年間，有多少年與周這個政治集團相重疊？因為商史資料遠多於夏史，有關這個問題的材料要比上面一個問題的豐富得多。舊史料中最要緊的是《魯頌閟宮》："后稷之孫，實維大王，居岐之陽，實始翦商"，是周人到了太王時代開始在渭水中游崛起。到了太王子季歷時代，照《古本竹書紀年》的記載，開始與商有較大的衝突："武乙三十四年，周王季歷來朝"；"大丁四年⋯⋯周王季命爲殷牧師"；"文丁殺季歷"。季歷的兒子便是周文王，是《史記》裏的西伯昌。文王的兒子武王十一年伐商。季歷是在商的武乙末年出現的，則太王應與武乙大致同時，卽殷墟甲骨文的第四期。可是甲骨文裏對"周"的記載自第一期武丁時代便頻繁出現，似乎一直是商的一個屬國[6]。但周國勢力興盛與商朝關係逐漸密切，則是第四期以後的事，卽商的武乙、文武丁、帝乙、帝辛四王時代，與周的太王、季歷、文王、武王四王時代。最近在岐山縣京當公社發現了一批周文王時代的甲骨文，其中"有一片卜甲，記述了周文王祭祀文武帝乙（商紂王之父）的事，另一片卜甲，記載了商王來陝西的事。⋯⋯說明周武王滅商前西周與商王朝的附屬關係。"[7]

　　總之，從新舊文字史料上，夏商與商周在時代上都有相當的重疊。換句話說，商是夏代列國之一，周是商代列國之一。再反過來說，繼承夏祀的杞是商代與周代列國之一，繼承商祀的宋是周代列國之一。夏商周三代的關係，不僅是前仆後繼的朝代繼承關係而且一直是同時的列國之間的關係。從全華北的形勢來看，

---

(6)　島邦男：《殷墟卜辭研究》（弘前市，中國學研究會，1958），頁411。

(7)　1977年11月1日紐約市美國《華僑日報》新華社稿。

後者是三國之間的主要關係，而朝代的更替只代表三國之間勢力
強弱的浮沉而已。

二　地域

　　依三代都邑地望推測夏商周三國的統治中心範圍，各家說法
大同小異，大致是周人在西、夏人在中、商人在東。夏人活動的
中心，依丁山的判斷，"起自今山西省西南隅，渡河而南，始居
新鄭密縣間，繼居洛陽，展轉遷徙，東至于河南陳留、山東觀
城，北至于河北濮陽，西至于陝西東部，蹤跡所至，不越黃河兩
岸。"[8]氏說與傅斯年[9]、趙鐵寒[10]、和徐炳昶[11]等人說法，大致
不差。

　　商人活動中心，以湯到盤庚的六個王都為準，"南面是靠近
商邱的亳，西面是鄭州附近，夾河對峙的隞和邢，北面是安陽一
帶夾著衞河的相和殷，東面是曲阜的奄。"[12]湯以前先公先王的地
望渺茫難尋；傅斯年以"相土的東都既在太山下，則其西部或及
于濟水之西岸，又曾戡定海外，當是以渤海為宇的"[13]，足備一說。

(8)　丁山：《由三代都邑論其民族文化》，《歷史語言研究所集刊》5 (1935)，頁
　　114。

(9)　上引《夷夏東西說》，頁1111-1112。

(10)　趙鐵寒：《夏氏諸帝所居考》，《古史考述》（臺北，正中書局，1965年）。

(11)　徐旭生：《一九五九年夏豫西調查"夏墟"的初步報告》，《考古》，1959 (11)，
　　頁592-600。

(12)　唐蘭：《從河南鄭州出土的商代前期青銅器說起》，《文物》1973 (7)，頁
　　8。詳見屈萬里：《史記殷本紀及其他紀錄中所載殷商時代的史事》，《臺大文
　　史哲學報》14 (1965)，頁87-118。

(13)　上引《夷夏東西說》，頁1132。

周人始祖的活動中心，則歷以爲陝西的渭水流域⑭，唯錢穆獨以爲太王、王季以前周人老家實在晉南的汾河流域⑮。這中間的爭辯甚煩，難以確定⑯，但至少自太王以後周人政治活動範圍以岐山一帶的渭水中、下游爲中心則是沒有異議的。

從地域上看，夏商周三國是列國並立的關係，其間在地理上的重疊甚少，可能代表朝代持續期間控制範圍的變化⑰。

三 文化社會

從新舊文字史料來看，夏商周三代的文化大同而小異。大同者，都是中國古代文化，具有共同的大特徵；小異者，代表地域、時代、與族別之不同。《禮記禮器》："三代之禮一也，民共由之"；《論語爲政》："殷因於夏禮，所損益可知也；周因於殷禮，所損益可知也。" 前者可見其爲 "一也"，後者可見其有 "損益" 也。有的學者強調三代之間損益，主張三代是代表三種不同的民族。如丁山根據《論語》、《孟子》、《考工記》、

⑭ 丁山：上引文，頁113；齊思和：《西周地理考》，《燕京學報》30 (1946)，頁63-106。

⑮ 《周初地理考》，《燕京學報》10 (1931)，頁1955-2008。

⑯ 許倬雲：《周人的興起及周文化的基礎》，《歷史語言研究所集刊》38 (1968)，頁435-458。

⑰ 上文的比較是只就三國起源地活動中心而言的；至於三代統治的疆域，則遠爲複雜。夏國的地域範圍，絕無禹貢裏九州之大，詳情則缺之史料。商代朝廷直接控制下的疆域問題，牽涉太廣，不遑詳述，見李學勤：《殷代地理簡論》（科學出版社，1959）；島邦男，上引書 (1958)；松丸道雄：《殷墟卜辭中的田獵地に
ついて》，《東洋文化研究所紀要》31 (1963)，頁1-163。周代的疆域則問題比較清楚，不贅述。

和《禮記》裏所述三代或四代（加上有虞氏）禮儀文化之異，判
定夏爲中原固有文化，商爲燕亳、山戎一類東北民族，而周則爲
戎、狄一類西北民族[18]；這是從小處看，强調小異的。但是所謂
"民族"，嚴格的說，乃是語言文化上的大分類。夏人語言爲何，
我們沒有直接的史料，但據現存夏代史料，則無法在語言上將夏
與商周分開。文化上的分類，本是程度上的問題；同異到何程度
便可合爲同一民族或分爲不同民族，常常是代表比較主觀性的判
斷的。如嚴一萍所指出來的，丁山所擧三代社樹雖有"夏后氏以
松、殷人以柏、周人以栗"（《八佾》）之異，"其有社者一也"
[19]。嚴氏的結論是："綜觀三代文化，縱有異同之處，未踰損益
相因，尋其本則一脈相承，未嘗有變焉。"[20] 這是從大處看大同、
的結論。

　　再從社會組織的特性和發達程度來看，夏商周似乎都具有一
個基本的共同特點，卽城邑式的宗族統治機構。夏代是姒姓的王
朝、商代子姓、周代姬姓，姓各不同，而以姓族治天下則是一樣
的。君王的繼承制度，三代間也有基本上的類似；這方面三代之
中以商較爲清楚，見拙作《商王廟號新考》[21]和《談王亥與伊尹
的祭日並再論殷商王制》[22]兩文。大致說來，商王以十日爲名，
是代表王室內宗族分類制度；王室內十號宗族分爲兩組，輪流執

---

[18] 上引《由三代都邑論其文化》（1935）。

[19] 《夏商周文化異同考》，大陸雜誌社特刊(1)（1952），頁394。

[20] 同上。

[21] 《民族學研究所集刊》15（1963），頁65-94。

[22] 《民族學研究所集刊》35（1973），頁111-127。

政，與周初的昭穆制度是相同的。西周的昭穆制，到了東周經歷了政治社會制度上的大變化而很快的便消失了，它的意義在東周的文獻中已不足徵，如今反要靠商代的昭穆制度來理解了。夏人的王制，雖不得知其詳，但夏人也有以十日爲名的習俗[23]；《史記索隱》引譙周云："生稱王死稱廟主"乃是"夏殷之禮"。《夏書》裏《皋陶謨》所說"娶于塗山、辛壬癸甲"，四個干的順序，與商人十干的婚配規則也頗可相比[24]。所以夏人也有昭穆制度的可能性也是很大的。同時三代之間不但在王制上相似，而且至少商周都有貴族分封治邑的制度，這種制度和中國古代城郭的起源是分不開的[25]。城郭的建造也是三代共同的特徵。《世本》說"鯀作城郭"，可見夏與城郭關係的密切。商人築城有考古證據（鄭州商城、黃陂盤龍城，見下）。周人版築作邑，見《詩經緜篇》中生動的描寫。從這各方面來看，三代在政治繼承制度卽王制上，和在國家的政治構築形態上看，是屬於同一發展階段的，卽是介於部落（史前時代）與帝國（秦漢）之間的王國階段。

二　三代關係的考古資料

　　三代文化與歷史在現代考古資料裏的地位，可以說是當代中國考古學上最主要的關鍵問題之一。周代考古歷史最久，但西周及伐商以前的周人史料，除了青銅器以外，還很貧乏。商代考

---

(23)　楊君實：《康庚與夏諱》，《大陸雜誌》20卷 3 期 (1960)，頁83-88。

(24)　見上引《談王亥與伊尹的祭日》一文中的討論。

(25)　見 K.C. Chang, *Early Chinese Civilization* (Harvard Univ. Press, 1976), pp. 68-71。

古，自1928年中央研究院發掘殷墟以來，已有五十年的歷史了；
這五十年間的商代考古可以分爲好幾個階段：1928年殷墟發掘爲
第一期之始，1950年鄭州發現商城爲第二階段之始，1959年偃師
二里頭發掘爲第三期之始，1970年代山東大汶口文化的發表和長
江流域殷商遺址的發現，可說是第四期之始。夏代的考古，尚停
留在辨認現有考古資料裏有無夏代的階段；照我的拙見，夏代考
古可說是始於1959年徐炳昶調查夏墟之行。本文不是將三代考古
詳細介紹的場所；下面我只就三代關係在現有考古資料中的跡象
問題作一簡單的討論。

一　夏代考古問題

在仰韶文化發現的初期，曾有人根據仰韶文化分佈地域與傳
說中的夏代活動地域互相重疊，推測過仰韶文化便是夏代文化的
考古表現[26]。這個說法，到現在已經不大有人再提了，因爲仰韶
文化的年代越來越早（最近根據已有的碳—14的年代的判斷是公
元前五千年到三千年左右）[27]，與夏代的時間不合，而且仰韶文
化所代表的社會發展情況也比夏代要原始得多。

將考古學上的文化與歷史傳說中的文化相印證，最好的證據
是文字上的，如殷墟的甲骨文中的王名、世系、與人名和≪史記
殷本紀≫中材料的印證。如果沒有文字本身上的證據，我們便只
好使用時間和空間上的對證。在夏代的活動地理範圍之內分佈，
在時代上可以判定爲公元前二千年前後的考古學上的文化，就有

---

(26)　如徐中舒：≪再論小屯與仰韶≫，≪安陽發掘報告≫3（1931），頁523-557。

(27)　夏鼐：≪碳—14測定年代和中國史前考古學≫，≪考古≫1977（4），頁222。

當作夏代文化考慮的資格。就中國考古學的歷史上說，從五十年代開始，考古工作者便開始熱烈的討論夏代考古的問題。1962年出版的《新中國的考古收穫》中對這個問題的討論是很值得注意的[28]：

> 文獻中關於夏人活動區域的傳說，是探索夏文化的重要材料。這些資料指明下列兩個地區和夏的關係特別密切：一處是河南的洛陽平原以及登封、禹縣一帶；另一處是山西的西南部汾水中下游一帶。它們都和傳說中夏代的都城以及一些重要的歷史事件聯結在一起。
>
> 根據上述的線索，近幾年來，我們在河南的登封、禹縣、偃師、鞏縣、洛陽、鄭州、三門峽等二十幾個縣、市以及山西的西南部，進行了廣泛的調查和重點試掘。調查和試掘的結果揭示：在豫西一帶，年代早於商代早期文化而又普遍存在的有三種不同的文化遺存，卽仰韶文化、"河南龍山文化"、和洛達廟類型的文化。在這三種文化中，仰韶文化在地層上是處於最下層，年代與商代早期文化相距較遠，而且文化遺址的分佈，也遠遠超出傳說中夏代的活動範圍。就仰韶文化的社會性質來說，和傳說中夏代的社會情景也不符合。因而它不可能是夏代文化。"河南龍山文化"是新石器時代晚期的文化遺存，它的分佈範圍較廣，而且經常是直接壓在商代早期文化的下面，在年代上和商代比較接近。從社會性

---

[28]　《新中國的考古收穫》（1962），頁43-45。

質來說，"河南龍山文化"已是父系氏族社會，出現了貧
富分化的現象，與有關夏代社會的傳說頗爲接近。至於洛
達廟類型的文化遺存，經調查證明：它在地層上是介于商
代早期文化和"河南龍山文化"之間，在年代上可能與夏
代晚期相當。因此，上述的兩種文化在探索夏文化中是值
得注意的。

洛達廟類型文化遺存是一九五六年在鄭州洛達廟發現的。
此後，通過廣泛的調查，證實這種文化遺存在豫西一帶是
普遍存在的。……洛達廟類型文化遺存是屬於夏文化，或
屬於商代先公先王時代的商文化，在考古工作者之間也還
沒有取得一致的認識。有的認爲洛達廟類型文化本身還可
以進一步做出分期，它的上層比較接近商代早期文化，因
而可能是商代早期以前的商文化。它的下層比較接近"河
南龍山文化"，有可能是夏文化。有的則認爲這種文化遺
存的絕對年代還不易確定，而且具有較多的商文化的特
點，因而，洛達廟類型文化的下層仍然是商文化，而更早
的"河南龍山文化"才是夏文化。

在上面這段文章出現以後的十五、六年以來，洛達廟類型文化在
偃師的二里頭遺址繼續有重要的發現，這個文化類型的名稱也就
逐漸的變成了二里頭類型文化。因爲偃師是商湯所都的亳的可能
地點之一（西亳），而且二里頭類型文化的陶器很明顯的是河南龍
山文化與鄭州、安陽等較晚期的殷商文化之間的類型，許多學者
好像逐漸的採取了上面引的那段文章裏把二里頭類型文化當作商
文化而不當作夏文化的說法。在1965年發表的二里頭遺址調查報

告裏便判定 "二里頭遺址是商湯都城西亳的可能性是很大的"[29]。
到了1974年發表二里頭的宮殿遺迹[30] 和1975年發表二里頭三、八
兩區資料[31] 時，作者們都認為新的資料為湯都西亳說供給了新的
證據。換言之，二里頭遺址代表 "早商"，鄭州商城（卽上引文
中所說的 "商代早期文化"）代表 "中商"，安陽殷墟代表 "晚
商"，這三個遺址連串在一起便構成了殷商考古學的整個順序。

　　但對二里頭類型文化到底是夏還是早商的判斷，我們還是不
能離開那時間與空間上的基本證據。從空間上看，二里頭類型文
化的分佈，"在偃師除二里頭外，還有灰嘴，洛陽有東乾溝，鞏
縣有稍柴，鄭州有洛達廟，滎陽有上街，陝縣有七里舖，共幾十
處，在晉南也有與豫西近似的遺址。……值得注意的是二里頭類
型文化分佈的範圍也恰恰是文獻上所記的夏族的活動的地方 ──
伊、洛、河、濟之間"[32]。在時間上呢，二里頭類型文化遺址中
出土作了碳─14鑑定的標本有四件[33]：

ZK-212	二里頭早期	1920±115 B.C.
ZK-285	二里頭早期	1900±130 B.C.
ZK-286	二里頭四期	1625±130 B.C.
ZK-257	二里頭三期	1450±155 B.C.

---

[29]　《考古》1965（5），頁224。
[30]　《考古》1974（4），頁248。
[31]　《考古》1975（5），頁308。
[32]　《文物》1975（6），頁29。
[33]　引自夏鼐：《碳─14測定年代和中國史前考古學》，《考古》1971（4），頁229。
　　　此處只引用夏氏使用樹年輪矯正過的年代。

兩件二里頭早期(一期)的標本,彼此相當緊密的扣合,合在一起
的年代範圍是1770至2035B.C.,可說完全在夏代的範圍之內。二
里頭的第三期文化是二里頭發展的高潮,有宮殿基址和銅、玉器
等,它的一件碳素標本年代範圍是1295至1605B.C.。佟柱臣據
此推測二里頭三期文化當是湯都西亳的時代[34]。但如夏鼐所說的,
"只有一系列的基本一致的碳-14年代才是有價值的,而一兩個
孤零的數據,就其本身而論,是沒有多大意義的"[35]。ZK-286號
第四期的標本的年代反而比ZK-257第三期的較早,是1495至
1755B.C.;取其較早的一端則正是夏末商初。看來,三四兩期
這兩個年代之中至少有一個是有問題的。如果第三期的標本是不
可靠的,那麼第三期的年代可能是處於1605至1770B.C.之間
的,正是夏代的晚期。固然這四件碳-14標本放在一起來看,很
有把二里頭類型文化全部放入夏代年代範圍之內的傾向,我們說
二里頭類型文化便是夏文化[36],另外還根據了其他方面的年代學
的考慮。照我們的了解,二里頭遺址的四期文化是相連續的發
展,而第三期是其高潮[37]。夏桀所都斟鄩,一說在河南洛陽一帶
[38]。如果二里頭一、二期為夏文化,三、四期代表夏末的都邑文
化,是與這個遺址的連續性的文化發展史相符的。如果說一、二
期是夏,三期起是商,我們不免要疑問為何二、三期之間不見改

[34] 《文物》1975(6),頁30—32。

[35] 夏鼐,上引文,頁218。

[36] 張光直:《殷商文明起源研究上的一個關鍵問題》,《沈剛伯先生八秩榮慶論文
集》(臺北,聯經出版事業公司,1976)。亦見本書頁65—90。

[37] 《考古》1965(5),頁215—224;1974(4),頁234—248;1975(5),頁302—309。

[38] 如趙鐵寒:《夏代諸帝所居考》,《古史考述》,(正中書局,1965)。

朝換代情形之下應會引起的不整合的現象，而且第三期以後的二
里頭類型文化的分布爲何仍然限制在夏人活動範圍之內。總之，
照目前資料來看，二里頭類型文化便是夏文化的可能性，在空間
上是全合的，在時間上是很可以說得通的。但是我們還需要更多
的碳－14年代，尤其是三、四兩期文化的年代，來加以進一步的
證實。

　　如果二里頭類型文化便是夏文化，它的來源如何？不論從陶
器的特徵來看，還是從社會發展的程度來看，說河南龍山文化是
二里頭類型文化的前身的說法是合理的。河南龍山文化的材料還
不充分，但已有的材料已經顯示了向夏代這一類父權國家發展的
強烈跡象。在好幾個遺址裏出土的陶祖[39]是男性祖先崇拜的很好
的證據；骨卜的流行也對當時的宗教信仰和政教性質有相當的啓
示。輪製陶器的出現指明手工業的分工[40]。1957年秋北京大學考
古專業的邯鄲考古發掘隊在澗溝村的龍山文化遺址中發現有房基
一處和水井二口。"在房基內發現人頭骨四具，有砍傷痕與剝皮
痕，顯係砍死後又經剝皮的。" "水井被廢棄後而埋有五層人骨
架，其中也有男有女，有老有少，或者身首分離，或作掙扎狀。
由此推測，死者可能有被殺死，或被活埋的"[41]。這種情形很可
能是村落之間或部落之間戰爭的遺迹，也指明河南龍山文化的社

---

[39]　J. G. Andersson, "Researches into the prehistory of the Chinese," *Bull.*
　　　 Museum of Far Eastern Antiquities 15 (1943), pl. 30:1, "Prehistoric
　　　 Sites in Honan," *Ibid.* 19 (1947), pl. 31:3.

[40]　《廟底溝與三里橋》(1959)，頁92。

[41]　《一九五七年邯鄲發掘簡報》，《考古》1959(10)，頁531—532。

會已經達到了內部分化外用甲兵的階段，爲進一步的二里頭類型的夏代文明舖了基礎。後岡龍山文化遺址周圍的夯土城牆[42]也在這方面具有一定的意義。

雖然河南龍山文化向二里頭類型文化發展是一個合理的假設，二里頭類型文化中若干重要的新文化特徵的來源還有待進一步的研究；這中間最要緊的自然是青銅器。二里頭遺址第三期文化中迄今已出土了青銅的禮器四件；它們的製造雖然相當原始，而且樸實無文，卻不像是青銅器甫始發明的最早階段。這個問題的進一步的瞭解，還有待二里頭類型文化早期和河南龍山文化遺址中青銅器的進一步的發現。二里頭遺址三期文化開始大量出現的陶文的早期歷史，與其在中國文字發展史上的地位，也是需要進一步研究的問題。如果二里頭遺址的宮殿基址與夏末的桀都有關，那麼夏代諸王的其他都城將來在二里頭類型文化分佈地域之內其他地點是會有新的發現的。夏代的考古目前還只是開了個頭。

二　商代考古中的早商問題

從殷墟發現發掘以後，一直到1950年鄭州商城發現以前，商代考古的主要問題，是爛熟的殷墟文化的來源問題。鄭州商城發現以後，這個問題得到部分的解決：殷商文化自"晚商"而追溯到"中商"；以鄭州二里岡遺址遺物爲代表的中商文化，顯然是殷墟晚商文化的前身，而向龍山文化又接近了一步。中商文化的

---

[42] 見石璋如：≪河南安陽後岡的殷墓≫，≪歷史語言研究所集刊≫13 (1947)，頁21—48。

分佈，經這二十多年的發現所示，遍及華北華南，自河北北部[43]
一直向南到江南的江西[44]。在這廣大的中商文化分佈地區之內，
很顯然的有不止一個的政治統治單位；商代直接統制下的王國具
體的疆域爲何，是一個重要的問題[45]，但不在本文討論範圍之
內。這個時期的王都在那裏，也是待決的問題。盤庚遷殷以前
在鄭州附近有隞和邢兩個都城；鄭州的商城有人相信便是其中的
隞[46]。

　　中商文化可以再向上溯到那裏？商代最早的都城，在隞以前
的，是亳；除了安陽以外，亳是商代用作王都爲時最久的一個都
城。亳是今日的何處？以亳爲名的地點在華北各省中雖然很多，
但學者對湯都之亳所在地的說法，可以說是相當一致的，卽把它
放在今河南東部商邱縣之南，安徽西北角亳縣之北[47]。這個區域
裏如果發現商代早期文化的遺存的話，便是最爲理想的了。抗戰
以前，中央研究院歷史語言研究所的李景聃曾在這個地區作過初
步的調查，便是朝著亳都這個目標而來的，可是他並沒有發現商
代文化的遺址[48]。

　　徐炳昶1959年豫西之行，本來是調查夏墟的，可是發現了二

(43)　≪考古≫1977(5)，頁1—8。

(44)　≪文物≫1975(7)，頁51—71。

(45)　見註(17)。

(46)　≪文物≫，1961(4/5)，頁73。

(47)　見傅斯年：≪夷夏東西說≫，(1935)頁1103—1104；董作賓：≪殷曆譜≫下編
　　　卷9，頁62；≪卜辭中的亳與商≫，≪大陸雜誌≫6卷1期(1953)，頁8—12；
　　　趙鐵寒：≪殷商家亳地理方位考實≫，≪古史考述≫，頁159—210。

(48)　≪中國考古學報≫，第2期(1937)，頁83—120。

里頭遺址之後，卻根據西亳在偃師的說法把這個遺址當作商湯的
亳都了。所以作此結論的原因，似乎是持著鄭州洛達廟、洛陽東
乾溝的遺物都是商代的這個先入為主的成見，看到二里頭的東西
與之相似，所以便毫不猶豫的把它也當作殷商看待的緣故。徐炳
昶的報告說[49]：

> 二里頭在偃師西偏南九公里……遺物與鄭州洛達廟、洛
> 陽東乾溝的遺物性質相類似，大約屬於商代早期。

因為有了這個先見，所以來找夏墟的徐炳昶等一行找到了夏墟卻
以為它是商代的！接著便得找為何此地有商代大遺址的解釋：

> 偃師為商湯都城的說法最早見的大約為《漢書地理志》
> 河南郡偃師縣下班固自注說：尸鄉，殷湯所都。……徐
> 旭生在此調查前頗疑西亳的說法，但因為它是漢人的舊
> 說，未敢抹殺。又由於乾隆偃師志對於地點指的很清
> 楚，所以想此次順路調查它是否確實。此次我們看見此
> 遺址頗廣大，但未追求四至。如果鄉人所說不虛，那在
> 當時實為一大都會，為商湯都城的可能性很不小[50]。

這樣看來，這可真是考古學史上因為有了成見而走了一段寃枉路
的一個很好的例子。如果上面說二里頭是夏的說法可靠，那麼這
一段文化從此要從商史上切除出去，而早商時代在現階段的商代
考古學上便又恢復到它一個空白的地位。

　　雖然商代考古那最初的一段目前仍是一片空白，學者自不妨
根據現有資料對商代文明的來源加以推斷。在山東龍山鎮城子崖

---

(49)　《考古》1959(11)，頁598。

(50)　《考古》1959(11)，頁598—600。

遺址初發現的時候，中國考古學者有鑑於這個新文化裏有不少殷商文化的成分——如夯土村牆、陶文、和骨卜——在內，曾推測殷商文化的基礎乃是山東的龍山文化[51]。後來河南也有龍山文化發現，其中也有夯土村牆和骨卜；陶文更見於陝西關中地區年代更早的半坡村和姜寨的仰韶文化遺址。所以等到殷商文化自中商經二里頭類型文化向上追溯到河南龍山文化的時候，大家都覺得河南龍山文化也同樣够作殷商老祖宗的資格。如今如果二里頭類型文化是夏而不是商，那麼固然中商文化中仍不妨有河南龍山與二里頭類型文化的若干成分（"殷因於夏禮"），可是中商和晚商文化裏有沒有直接自東方來的成分，便又成為一個值得重新提出來討論的問題。

用這個新的眼光再回頭來看看殷商文明與東海岸史前文化的關係，我們便會特別注意到：㈠那二者共有而在河南龍山文化裏比較罕見或甚至缺如的成分，和㈡東海岸史前文化在社會與技術上的發展階段是否為商代的興起墊鋪了基礎。在這上面，要把十幾年來新發現的似乎比山東龍山文化還要早一個階段的大汶口文化合併起來一起看就能看得更清楚些。從這個觀點看東海岸史前文化的社會性質，近兩三年來有好幾篇分析大汶口文化社會的文章是頗值得注意的；它們的結論是說，當時已有貧富的分化（墓葬中殉物的多寡與性質差異）、有陶業上的分工（輪陶）、和一夫一妻的婚制（男女合葬墓）[52]。山東龍山文化時代的骨卜和更多

---

(51)　李濟：《城子崖序》（南京，1934），頁xv-xvi。

(52)　《考古》1975(4)，頁213—221；1975(5)，頁264—270；1976(3)，頁161—164，165—167。《文物》1975(5)，頁27—34；1976(4)，頁84—88；1976(5)，頁64—73；1976(7)，頁74—81。

更精美的輪製陶，以及當時已經出現的金屬器⑸，更代表著這個
地區社會與技術上更進一步的發展，爲殷商王朝的崛起舖了路。

　　至於殷商與東海岸史前文化之間的關係，我最近在《殷商文
明起源研究上的一個關鍵問題》⑸ 一文裏，曾舉出下面這幾項文
化特徵是爲殷商與大汶口文化所共有的：

　　1.厚葬

　　2.木槨和二層臺

　　3.龜甲

　　4.若干陶器形制與白陶

　　5.骨匕、骨雕、綠松石嵌鑲、及裝飾藝術中的紋樣。

因在該文裏已有比較詳細的討論，這些項目在此地就不多說述
了。除此以外，我最近又注意到大汶口文化⑸和山東龍山文化⑸
裏有拔齒習俗的證據；據金關丈夫的報告，這種證據在安陽出土
的商人頭骨中也有一例⑸；這個報告如能證實，也是值得注意的
一項共同習俗。把上面這些共同項目合併起來看，"絕大部分是

⑸　山東龍山文化裏至少有兩處有金屬器遺跡發現。一是河北唐山大城山出土的兩個
　　紅銅牌〔《考古學報》1959(3)，《考古》1964(6)〕，二是山東膠縣三里河的兩
　　件銅錐形器〔《考古》1977(4)，頁266〕。

⑸　載《沈剛伯先生八秩榮慶論文集》，(臺北，聯經出版事業公司，1976)，頁151—
　　169。亦見本書頁65—90。

⑸　《大汶口》(文物出版社，1974)，頁12；《考古學報》1974(2)，圖版三。

⑸　Takeo Kanaseki, "The custom of teeth extraction in ancient China,"
　　Extrait des Actes du Vle Congr'es Internationale des Sciences Anthro-
　　pologues et Ethnologiques (Paris, 1960,), Tome 1, pp. 201—205.

⑸　同上。

與統治階級的宗教儀式生活和藝術有關的"[58]。它們有可能便暗示著，殷商的統治者，亦卽子姓的王朝，是來自東方的一個政治集團。這個說法，不但與傳說中的商人先世居地相符合，而且很輕易的解釋了中商與晚商文化裏兼有山東和河南史前文化成分的這種現象。換言之，殷商的先公先王時代至少有一部分是和東海岸史前文化相重疊的，而先公先王時代的晚期與商湯立國以後很長的一段時間則是屬於活動中心在河南東部、山東西部、和安徽西北角的所謂早商時代。"這個區域是中國歷史上的黃泛區的一部分，並且爲黃河舊道所經，其遠古遺物很可能深埋在多少世紀以來的沉積物的下面，所以華北考古學上開封以東、運河以西這一大片地區是出土資料最少的區域。我相信在這個地區將來如果能够發現眞正的"早商"文化，它的面貌一定是一方面與二里頭類型的夏文化有基本上的相似，在另一方面又構成（大汶口）文化與龍山文化向較晚的殷商文明過渡的一個橋樑。後日的殷商文明，也可以說是東西文化混合的結果。"[59]

三　伐紂以前周代考古問題

在本題下面周代考古學的主要問題是周代在武王伐紂以前的社會文化性質。周自神話建國到伐紂，一共經過五個（一說六個）都城，卽邰、豳、岐、豐和鎬[60]。其中豐、鎬二京在西安附

---

(58) 張光直，上引文，頁165。

(59) 張光直，上引文，頁168—169。

(60) 見石璋如：《周都遺蹟與彩陶遺存》，《大陸雜誌特刊》1(1952)，頁 357—385；
　　 屈萬里：《西周史事概述》，《歷史語言研究所集刊》42(1971)，頁 775—802。

近澧水兩岸，是文王武王父子的都邑，這是大家都同意的。岐，
卽古公亶父爲了避狄侵（《孟子梁惠王》下）而遷去的岐下的周
原，是太王、王季、和文王三世的國都。上面已提到的在周原新
發現的文王時代的有文字的卜甲和卜骨，證實了周代在這時代已
是商代在渭水流域的一個屬國了。這裏的考古工作材料，尙未發
表，但據說除甲骨文以外還有宮殿遺跡。豐、鎬兩都的考古工
作，歷年作了不少，但確定屬於伐紂以前的遺物還很缺乏。長安
縣澧西的張家坡有西周早期的居住遺址，"也許……是從文王作
邑於豐的時候就開始的吧"[61]。這裏面已經有了青銅器的遺存。
1976年在臨潼縣東北零河岸上臺地上出土了一批西周的青銅器，
其中有一件段，內底有銘文四行三十二字：

> 珷征商，隹甲子朝，越
>
> 鼎、克馘、夙又商。辛未
>
> 王在闌師錫又事利
>
> 金用作檀公寶尊彝[62]

內容是講武王克商以後第八天（辛未）錫金鑄器的事，是現存有
銘文中知道是西周器中最早的一件。很顯然的西周在伐商以前已
經有與商人相當的高度發達的青銅技術。至於周代的高度文明可
以向早推到何時，還有待更多的考古工作。周原的發現，表明最
晚在周王居岐的時候周代已經有宮殿、骨甲占卜、文字典册等等
燦爛文明的成分了。

---

(61) 《澧西發掘報告》（文物出版社，1962），頁74。

(62) 《文物》1977(8)，頁1—6；見唐蘭（《文物》1977(8)，頁8—9）和于省吾（頁10
—12）的詮釋。

　　周代文明的來源，一般相信是客省莊第二期文化，或稱陝西龍山文化。從客省莊第二期文化的埋葬方式（有一般的豎穴墓和灰坑中的散亂人骨之異）看，當時已經有在身分上相當程度的分化[63]。同時當時之有骨卜和輪製小陶罐的出現，也與其他的龍山文化一樣表現了社會上的分工。客省莊第二期文化之中可以說是有周代的祖先發達起來的基礎的。

三　從三代考古看國家形成程序

　　總結上文來看，三代考古學所指明的古代中國文明發達史，不是像過去所常相信的那樣的 "孤島式" 的，卽夏商周三代先仆後繼地形成一長條的文明史，像孤島一樣被蠻夷所包圍的一種模式。現代三代考古所指明的文明進展方式是 "平行並進式" 的，卽自新石器時代晚期以來，華北華中有許多國家形成，其發展不但是平行的，而且是互相衝擊、互相刺激、而彼此促長的。夏代、商代、與周代這三個名詞，各有兩種不同的意義，一是時代，卽約公元前2200至1750為夏代，1750至1100為商代，1100至250為周代 ；二是朝代，卽在這三個時代中夏的王室在夏代為後來的人相信是華北諸國之長，商的王室在商代為華北諸國之長，而周的王室在周代為華北諸國之長。但夏商周又是三個政治集團，或稱三個國家。這三個國家之間的關係是平行的：在夏商周三代中夏商周三個國可能都是同時存在的，只是其間的勢力消長各代不同罷了。下表略可表示這些名稱之間的關係：

---

(63)　《灃西發掘報告》，頁8。

B.C.		漢				
220		秦				
周　代						
1100	周國		夏國		商國	商國
商　代						
1750						
夏　代						
2200						
	陝西龍山文化		河南龍山文化		山東龍山文化	
2500						
	廟底溝二期文化				大汶口文化	
3200						
	仰　韶　文　化				青蓮崗文化	
5000						

　　上表所示的三代文明形成程序，從社會進化的眼光看，有下面這些值得注意的特點：

　　㈠村落社會階段：仰韶文化與青蓮崗文化。個別的村落為當時政治、經濟生活上的主要社會單位。

　　㈡村羣社會階段：到了這個階段，村落與村落之間可能已經有了政治、經濟、與軍事上的聯繫。在考古資料裏我們看到的現象是社會內貧富的分化已經開始，人羣與人羣之間的殘酷爭鬥（戰爭及其他）已經出現，同時已有手工業的分工（輪陶）和為部落首領服務的專業巫師出現（骨卜）。在這種情形之下，村落之間可能已經形成比較固定性的聯盟，有其統治者。屬於這一個階段的考古文化包括陝西、河南、和山東的龍山文化；東海岸的大汶口文化（或稱花廳文化）也可以歸入這個階段，但內陸的廟底溝第二期文化則因材料較為缺乏其社會性質還較模糊。

　　㈢國家政制階段：卽中國古史上的三代，以考古學上的二里頭類型文化和其同時尚未發現或尚未充分了解的類似文化為最早，緊跟著的便是商、周。到了這個階段，聚落與聚落之間形成比較複雜的固定性網狀結合關係（常有兩層或兩層以上的統制關係），其統制的首領地位成為個別宗族的獨占，同時有一個比較永久性的統制機構，包括使用武力壓制（對內和對外）的機構。

　　上面說過，目前在考古學上已有材料中屬於這一個階段的最早的代表，是河南西北部的二里頭類型文化；我們已經詳細的討論了這個文化便是文獻歷史中的夏代的種種根據。與他同時的許多國家中，商可能是較重要的一個，我相信他最初的一段將來會在河南、山東、安徽交會處一帶有所發現。商代考古的資料現在已經很多，遺址遍布華北和華中；這些資料裏所代表的國家一定不止一個，但華北大平原的商國顯然是勢力最強的一個。自武王伐紂以後，國與國間的優勢地位為周所取代。

　　周亡以後，這種列國並立、互相爭雄的情形為國家的高級形式即秦漢帝國下的中央集權政府形式所取代；這已超過了本文範圍之外，不加討論。專就上列的社會演進程序來看，中國考古學可以對社會演進的一般程序的研究，供給一些新的重要資料，並且可以有他自己的貢獻。最近十數年來，美國人類學界對社會進化的學說的興趣有顯著的增加，同時考古學界在將社會進化學說應用在世界各區古代文化史時集中其注意力於所謂"國家起源"這個問題上。在這些討論中間，很少人用到中國的材料，因為中國古史材料還很少用最近的比較社會學的概念和方法去處理過。我們不妨初步的看看上面的這批材料在社會進化論上與在國家起源問題上可能有什麼新的貢獻？

　　從社會演進觀點把民族學上各種社會加以分類的 學 者，以
Elman Service 最爲著稱。他在 1962 年出版的 ≪原始社會組
織≫⑹一書裏，將原始社會依其社會演化階段分爲三類，卽遊團
（band）、部落（tribe）、與酋邦（chiefdom)。這本書因爲只
講原始社會，所以只講到酋邦爲止。依他的演進程序，下一個階
段便是國家（state）；這在他另一本書≪國家與文明的起源≫裏
詳細的討論了⑹。最初將這套概念詳細的在考古材料上應用的是
William T. Sanders 與 Barbara J. Price 對中美古代文明演
進史的研究。他們從考古學的觀點對遊團、部落、酋邦、與國家
這四個社會進化階段的定義譯釋如下⑹：

　　㈠遊團（bands）：遊團爲以地方性外婚和單方婚後居制爲
特徵的小型（三十人到一百人）地域性的狩獵採集團。因爲外婚
和單方婚居這兩個規則的關係，遊團常常是由一羣彼此有親屬關
係的男女及其配偶和未婚子女所構成的親族。Service 認爲所有
的遊團在與西方文明接觸及由之而來的社會解體以前都是從夫居
的。遊團的大小、遊動的程度、和組織成員的季節性的變化，都
依食物資源的性質、數量、和季節性而異。它們可以稱爲對一定
地域有主權而在生業情況允許之下一同居住的彼此有親屬關係的
核心家族的結合體。形式化的政治組織、階級（除了年齡和性別

_____

⑹　*Primitive Social Organization: An Evolutionary Perspective* (New York:
　　Random House).

⑹　Elman R. Service, *Origins of the State and Civilization: The Process of
　　Cultural Evolution* (New York: W. W. Norton, 1975).

⑹　*Mesoamerica: The Evolution of a Civilization* (New York: Random
　　House, 1968), pp. 41-45.

的差異以外)、和經濟上的分工都還缺如(但可能有若干輕微的
地方性的分工和交換)。將地方羣組織成較大的單位的社會技術
還少見。

(二)部落(tribes):從進化的觀點,部落性的社會結構可以當
作是遊團社會結構由將地方羣組織成較大的社會的新技術的出現
而導致的進一步的發展。照Service的說法,遊團式的外婚制和
婚居制不可能把這種較大的社會維持住,因為當居住團體的數目
增加時,婚姻關係會變得越來越鬆散。然而部落並不靠分級的或
政治性的技術來組織的。地方羣實際上是靠氏族、年齡階級、秘
密結社、戰士和宗教結社這一類的與他們相交的團體而組合在一
起的。 部落社會是從遊團社會演進而來的, 因此它仍是平等性
的,它的結合網仍主要是平行性的。照Service所構想的部落社
會一般是與農業經濟相結合的,但市場、有組織的貿易、和手工
業分工羣這一類的經濟制度尚未出現。

(三)酋邦 (chiefdoms):在酋邦這個階段我們的對象已是
Fried所稱的 "分層的社會"(ranked society)。地方羣組織成
為一個尖錐體形的分層的社會系統,在其中以階層(rank)的差
異(以及其伴有的特權和責任)為社會結合的主要技術。這個分
層式的系統以一個地位的位置即酋長為其中心。因為整個社會通
常相信是自一個始祖傳遞下來的,而且酋長這個位置的占據者是
在從這個假設的祖先傳下來這個基礎之上選出來的,所以在這個
網內的每一個人都依他與酋長的關係的遠近而決定其階層。就像
Fried 所說的,"地位位置比合格的人員為少",因此要把位置填
充時要有一個選擇的程序,通常是首子或幼子繼承。

　　生產的地方性的分化，以及由此而來的將產品與勞役在整個社會中分配的需要，是酋邦的一項特徵。各階層的位置因而與地方上的剩餘品再分配的各層水平相結合，因此它們有一定的經濟功能而不僅只基於相對的聲名的上面。可是酋長雖然在再分配網中有他的地位，一般而言他缺乏構成社會階級的真正的對必要物資的特殊掌握和控制。這種現象的一個結果是酋長這個職位也缺乏權力的形式化的界說以及職業性的警察或法庭所供給的政治控制的強迫技術。他的職權大半是基於由服裝、裝飾、食品、和行動上的規則所產生的繁褥的儀式性的孤立所造成的節約法(sumptuary rules)的存在──這種法則向其他個人與團體的施用依其與酋長的親屬關係而異。這個位置的占據者的人格所起的作用也可能在這個位置的真正職權上有重要的影響。

　　與部落比較起來，酋邦吸取新的羣體的能力有相當的增加。與那基本上是政治平等的部落相對照，酋邦的特徵是聯繫經濟、社會、和宗教等各種活動的一個中心的存在。在若干較大較複雜的酋邦裏，這種中心裏可能不但有長駐的酋長而且有多多少少的行政助理(通常來自酋長的近親)、服役人員，甚至職業性的手工匠。

　　㈣國家(states)：許多在酋邦裏已有的特徵，在這個階段繼續存在：不同單位的分級關係、限制性的法則、和構成團體的經濟分工。可是Service叫做"國家"的，是一種更大的社會，有更複雜的組織。依他的說法，國家"是以一種與合法的武力有關的特殊機械作用所團結起來的。它依法律組成；它把它使用武力的方式和條件說明，而依以從法律上對個人之間與社會的法團之間的爭執加以干涉這種方法來阻止武力的其他方式的使用。"與國家這一級社會組織相結合的通常有清楚分界的社會階級、以市場爲分配系統、和經濟與社會分化的更澈底的方式。

上面引述了許多的 Sanders 和 Price 這些進化階段的定義，在不同的考古家筆下多少都有些不同，但四級之分大致是通通採用的。如果我們把上述華北古代社會演進程序依此系統加以列舉，再與中國考古家習用的歷史分期相對照，可得下表：

文　化　名　稱	新　進　化　論	中　國　常　用　分　期
舊　石　器　時　代	遊　　　團	原　　始　　社　　會
中　石　器　時　代		
仰　韶　文　化	部　　　落	
龍　山　文　化	酋　　邦	
三　代　（到　春　秋）	國　　　家	奴　　隸　　社　　會
晚　周、　秦、　漢		封　建　社　會（之　始）

是中國考古學在一般社會進化程序的研究上供給了一些新的有力的資料。但是上表的分類中有一個相當大的問題，卽三代，尤其是夏商兩代和西周的前期，究竟應當分入酋邦還是分入國家的問題。酋邦和國家在概念上的區分，在兩極端上比較容易，在相接觸的區域則比較困難。Sanders 和 Price 上述定義裏，二者區分主要的標準是酋邦的政治分級與親屬制度相結合，而國家則有合法的武力。這個區分 Kent V. Flannery 更進一步更清楚的說明如下[67]：

(67) "The cultural evolution of civilizations," *Annual Review of Ecology and Systematics* 3 (1972), pp. 403-4.

　　國家是一種非常強大，通常是高度中央集權的政府，具
有一個職業化的統制階級，大致上與爲較簡單的各種社
會之特徵的親屬紐帶分離開來。它是高度的分層的，與
在內部極端分化的，其居住型態常常基於職業分工而非
血緣或姻緣關係。國家企圖維持武力的獨占，並以眞正
的法律爲特徵；幾乎任何罪行都可以認爲是叛違國家的
罪行，其處罰依典章化的程序由國家執行，而不再像較
簡單的社會中那樣是被侵犯者或他的親屬的責任。國民
個人必須放棄用武，但國家則可以打仗，還可以抽兵、
徵稅、索貢品。

照這種看法，國家的必要條件有兩個：血緣關係在國家組織上爲
地緣關係所取代，和合法的武力。從這上面看商代文明，前者不
適用而後者適用；商代是不是已達到了國家的階段？Sanders 在
討論中美文明史上酋邦向國家的轉變時，曾用建築規模爲二者區
別的標準：酋邦的酋長只能使用強迫勞力建築廟宇和墳墓，只有
國家元首才能使用強迫勞力爲他們建造居住用的宮殿[68]。商王的
宮殿、廟宇、與墳墓規模都大，但從建築的規模和永久性上看
來，商代的宮殿遠不如秦漢以後宮殿的氣魄。這樣看來，商代社
會豈不是酋邦而非國家了麼？可是從其他各方面看（合法武力、
分級統制、階級），商代社會顯然合乎國家的定義。換言之，商代

[68]　William T. Sanders, "Chiefdom to State: Political evolution at Kami-
　　　naljuyu, Guatemala," in: *Reconstructing Complex Societies,* ed. by
　　　Charlotte B. Moore, Supplement to the Bulletin of the American School
　　　of Oriental Research, ＃20 (1974), p. 109.

的社會型態使上舉社會進化分類裏酋邦與國家之間的分別產生了定義上的問題。解決這個問題可有兩種方式。一是把殷商社會認為是常規以外的變態。如 Jonathan Friedman[69] 把基政權分配於血緣關係的古代國家歸入特殊的一類，叫 "亞細亞式的國家" (Asiatic State)。另一種方式是在為國家下定義時把中國古代社會的事實考慮為分類基礎的一部分，亦卽把血緣地緣關係的相對重要性作重新的安排。三代考古學在一般理論上的重要性，自然是在採用後一途徑之下才能顯示出來的。

三代考古學在國家形成的方式上有無一般性的貢獻？國家如何形成，是社會史學、政治史學上的一個基本問題，說者之多，自然不在話下[70]。三代考古學處理國家在中國開始的問題，從本文所採取對三代關係的看法，中國古代國家是如何形成的？它們的形成程序有無一般性的意義？對這個問題的回答我們不妨自所謂 "文明社會" 產生的基礎說起。

所謂文明社會，大家可有不同的了解和界說，但無論如何，我們多半都可以同意，文明產生的條件是剩餘財富 (surplus) 的產生——卽除了維持社會成員基本生活所需以外的 "多餘" 的財富，而有了這種財富才能造成所謂文明社會的種種現象，如專門治人的勞心階級、"偉大" 而無實用價值的藝術、宗教性的建

---

(69) "Tribes, states, and transformations," in: *Marxist Analysis and Social Anthropology*, ed. by M. Block (London: Malaby Press, 1975), p. 195.

(70) 最近出版的人類學和考古學上的理論研究，可舉 Service 上引 *Origins of the State and Civilization*; R. L. Carneiro, "A theory of the origin of the state," *Science* 169 (1970), pp. 733-738; H. T. Wright, "Recent research on the origin of the state," *Annual Review of Anthropology* 6 (1977), pp. 379-397.

築和工藝品、以及專業的金屬工匠、裝飾工藝匠、巫師、和文字等。這一點我相信多數學者都可以同意。但剩餘財富是怎麼來的？則見仁見智，說法不同。我們必須提出來強調的一點是：個人生活需求量是相對的，因此社會的剩餘物資不會是生產量提高以後自然產生的，而必須是人工性產生的。換言之，社會關係越不平等，才越能產生使用於所謂文明現象的剩餘財富。財富高度集中的條件，依古代社會一般的特徵來看，表示在社會上三種對立關係：

第一是階層與階層之間的對立關係。階層的組成關係一定是金字塔式的：越向下層則其生活必須財富越小，才能使大量剩餘財富向上集中，供給維持統制制度的人員的生活並造成統治者的財富顯炫以為其地位的象徵。

第二是城鄉對立的關係，即在國家之內各聚落與聚落羣的分化所造成的生產聚落（鄉）與分配統制中心（城）之間的對立關係。在這種網狀聚落組織之下才能達到一個國家之內各種資源的互相支持與輔助關係，以及國家內財富向城市的集中。

第三是國家與國家之間的對立。國家的產生不可能是孤島式的，而是平行並進式的。如 Henry Wright 所指出來的，"複雜的酋邦，可能在條件良好的孤島上存在，但如果它們不劃入一個較大的系統之內它們似乎便不會進一步演化成國家"[71]；"國家與酋邦一樣，一般也在國家網中存在。在簡單的國家裏這些網狀組織似乎為競爭和聯盟所左右"[72]。Wright 沒有討論為什麼酋

[71] Henry Wright, *op. cit.*, p. 382.
[72] *Ibid.*, p. 385.

邦和國家都是在多數並存的情況之下才能作進一步的發展。

　　中國三代考古在上面這三個對立關係上都提供有用的材料，尤其是本文所討論的三代的橫的列國關係在上述的國與國之間的對立的一般原則上表現了重要的意義。夏商周等列國在華北所占居的位置不同，所掌有的資源也不同。三個或更多發展程度相當的國家彼此在經濟上的連鎖關係造成全華北自然資源與生產品的更進一步的流通，對每個國家之內的財富集中和剩餘財富的產生造成更為有利的條件。同時，依靠國外的威脅來加強對內的團結是古今中外共同的統治技術；"供給 Service 最近在古代文明的性質的大部的討論的出發點的常識（truism），是國家不能全靠武力來團結的這種看法。一個政權要能生存下來，其隸下臣民的大多數一定得堅信它很難為另一個對他們更好的政權所取代"[73]。夏商周等列國彼此競爭關係，以及各國由此在長期歷史上所造成的國家意識，因此也是使各國內部政治穩定的一個必要條件。這樣看來，一方面三代考古的新看法對古代社會及其演進的一般研究有一定的重要貢獻，另一方面從社會演進的觀點上看，這裏所討論的三代關係也是合乎一般社會進化原則的。

---

[73] Bruce G. Trigger, "Inequality and Communication in early civilizations," *Anthropologica*, n.s. XVIII (1976), p. 36.

三

殷商文明起源研究上的一個關鍵問題 *

以河南北部安陽殷墟和殷墟以南的鄭州商城爲代表的殷商時代中晚期文明，如將它的歷史向上追溯，是應該追溯到河南的西部，還是應該追溯到河南的東部以及山東境內？這是殷商文明起源研究現階段中的一個關鍵問題；它的解決不但在商代歷史的研究上有很大的重要性，而且與夏史有密切的關係。

在這篇文字裏，我只想初步的提出一點從考古學的立場對這個問題的看法。這裏便先從偃師二里頭、鄭州商城和安陽殷墟三個考古遺址所代表的"早商"、"中商"、和"晚商"說起。

殷商的遺址裏面大家知道以安陽的殷墟發現最早。清末1899年甲骨學初興，後來羅振玉把甲骨文追溯到安陽的小屯村，但小屯殷墟的科學考古發掘到1928年方才開始。安陽殷墟的出土器物（青銅禮樂兵器、骨雕、石雕、玉器和各種陶器，包括白陶和釉陶）和大宗卜辭很清楚的表現了一種成熟期的高度文明；很顯然的，殷商文明不是在安陽殷墟開始的，而它在殷墟所代表的階段以前一定要有一段相當長久的孕育時期。但是自殷墟爲學界所知

---

* 原載《沈剛伯先生八秩榮慶論文集》（臺北，聯經出版事業公司，1976），頁151-
  169。

以後五十年間（1899-1949），除了殷墟以外，考古學者只找到了極少數的殷代遺址（山東、豫東、安徽北部等處），而其中不但沒有早於殷墟的，而且遠不如殷墟規模之大。1928年在山東濟南府歷城縣龍山鎮的城子崖遺址裏出土了黑陶、卜骨和陶文，遺址的周圍又有夯土牆的遺迹，有不少考古學者便認爲龍山文化當是殷商文明的前身。但是在那新石器時代的龍山文化與爛熟期青銅時代的殷墟之間，還有一段相當的空白。這段空白沒有給新的考古發現填補起來以前，殷商文明的起源問題便不得解決。有些中外學者迫不及待，推測殷商文明產生的動力，必是從外面進來的。專攻銅器的羅越（Max Loehr）便說，"依我們現有知識所示，安陽代表中國金屬時代最古老的遺址，把我們帶到公元前一千三百年左右。它所顯示的全無金屬工業的一個原始階段的迹象而僅有澈底的精工。事實上，直到現在爲止，原始階段在中國全無發現。金屬工業似乎是從外邊帶到中國來的"[1]。這種說法的唯一根據，便是"全無發現"，只要一有發現，它便站不住脚了。

羅越上說的第二年(1950)，鄭州便發現了商城，其中便包括許多學者以爲比殷墟文化爲早的遺物。商城與殷墟的年代關係，是依器物形制的比較及層位關係而定的。商城有典型的晚期殷墟文化的陶器，而在這種陶器的下層又發現許多與晚期殷墟文化不同而顯然是其祖型的陶器；這種陶器比起殷墟文化來要更與龍山文化的陶器相像。自1950年以來，鄭州商城陸續出土了大宗的遺

---

[1] *American Journal of Archaeology*, Vol. 53(1949), p.129.

迹遺物，包括夯土的基址（所謂"宮殿基址"），夯土的城牆，與許多在製作與花紋上都比殷墟的銅器較為原始的青銅。鄭州商城所代表的文化，顯然比安陽殷墟的要早上一個階段，現通稱之為"中商"。中商文化在鄭州的發現，把殷商文明向早拉上去了一節，把那殷墟文化與新石器時代龍山文化之間的空白填補了很大的一塊，在殷商文明起源問題的研究上是件大事。正如唐蘭所說，"它的發現的重要意義是為我們提供了一把鑰匙來打開研究商代前期以及夏王朝歷史文化的大門，開拓了我們的眼界。在這個意義上，它比安陽殷墟的發現是更上一層樓的"(2)。

如果殷商的研究可以比做多層的建築的話，那麼第三層樓的攀登可說是始自1959年河南西部偃師縣二里頭遺址的調查。這年的四月，徐旭生等一行到豫西去調查"夏墟"，因為要調查夏代的文化，"徐旭生……覺得有兩個區域應該特別注意：第一是河南中部的洛陽平原及其附近，尤其是潁水谷的上游登封、禹縣地帶；第二是山西西南部分汾水下游（大約自霍山以南）一帶"(3)。這次工作只及於豫西，所調查的遺址中有二里頭遺址，"估計此遺址範圍東西約長 3～3.5 公里，南北寬約 1.5 公里。這一遺址的遺物與鄭州洛達廟、洛陽東乾溝的遺物性質相類似，大約屬於商代早期"(4)。自 1959 年以來，二里頭這個遺址歷經好幾次的發掘，出土了許多重要遺迹遺物，包括夯土臺基和大型宮殿式房屋的遺迹，可能是殉葬用的墓葬，較鄭州的更為原始的青銅器（除

(2)　《文物》1973(7)，頁8。

(3)　《考古》1959(11)，頁593。

(4)　同上，頁598。

了工具、箭簇以外還發現了兩件銅爵），豐富的陶文，玉器和大宗的陶器。從層位上看，二里頭文化更早於鄭州商城文化（"早商"），是介於鄭州中商文化與河南龍山文化之間的一種新的文化階段。隨著偃師早商文化發發現，殷墟文化與龍山文化之間的空白，似乎是在基本上就都填充起來了。

從殷商文明起源這個問題的眼光看來，鄭州和偃師的新的考古發現有絕頂的重要性。我們試將他的重要性分成數點來說。

㈠把河南龍山文化、偃師二里頭文化、鄭州商城文化和安陽殷墟文化排成一列，我們可以很清楚的看出它的兩種性質，一是一線的相承，二是逐步的演變。可爲這種性質之代表的文化成分，以陶器、銅器、玉器、陶文和建築等最爲顯著。陶器一直從龍山文化到殷墟都是一氣下來的印粗、細繩籃紋的灰陶與紅褐色陶，以鬲、甗、簋、罐、盆爲主要的形制，而且其細處的變化自早到晚也一步步有清楚的足迹可尋。陶文則早、中、晚商都有，而且不少文字都是相共的；再往上追溯，則陶文這個傳統一直可以追溯到公元前五千年前左右的仰韶時代，其分布地區也僅在豫西向西不遠的關中地帶[5]。銅器、玉器都是近年在二里頭的新發現；銅器中的銅爵尤是後日銅爵的祖型。在建築上則殷墟、鄭州商城和二里頭三處都有大型夯土基址，稱爲宮殿建築，而且都是長方形，南北東西整齊排列，木架爲骨，草泥爲皮，其布局在大體上與《考工記》所記相符。最早的二里頭的一座"宮殿由堂、廡、門、庭等單體建築所組成，布局嚴緊，主次分明，其平面安

(5) 李孝定：《從幾種史前和有史早期陶文的觀察蠡測中國文字的起源》，《南洋大學學報》第 3 期 (1969)，頁1-28。

排，開創了我國宮殿建築的先河"[6]。這些文化成分中，陶器是
社會各個階層共用的器物，而銅器、玉器和宮殿則是上層人物的
專享。因此自二里頭經鄭州到安陽的殷商文化的一脈相承與變化
演進，代表了整個殷商社會與文化，在殷商文明的起源與發展的
研究上應有很重要的意義。

　　㈡在殷商文明發展史上，二里頭、鄭州商城與安陽殷墟三個
遺址，可說是三個重要的點，可以代表三個發展的類型。把我
們的視野超出這三個遺址之外，來看看這三種類型在地理上的分
布，也就是用這三個遺址作一根分類的標尺，把其他屬於殷商時
代考古遺址加以斷代研究，我們便可以看到殷商文化在地理上蔓
延的程序。

　　從已經發表的材料看來，早商（二里頭類型）的遺址分布在
河南的西部與山西的西南部。河南西部黃河以南以伊、洛、汝河
流域為中心的區域，似是這類遺址最為集中的地區，已知的見於
陝縣、洛寧、伊陽、洛陽、嵩縣、伊川、偃師、登封、臨汝、鞏
縣和鄭州[7]。最近自河南西南漢水流域的淅川下王崗遺址也有二
里頭類型遺物的報告[8]。此外，"近十年來，在晉南稷山、侯馬、
河津、新絳等縣的汾河下游也發現了一些與河南偃師二里頭文化
類似的遺址"[9]。假如二里頭類型文化代表自河南龍山文化向殷商
文明的轉變，那麼它的遺址在目前所知的分佈情況便暗示著殷商

---

(6)　《考古》1974(4)，頁247。

(7)　《考古》1965(5)，頁223。

(8)　《文物》1972(10)，頁13-14。

(9)　《文物》1974(4)，頁2。

文明起源地區便是豫西晉南一帶的可能性。

　　早商的遺址雖然局限在豫西晉南一帶地區，可是殷商遺址的蔓延是很快的，到了中商時代大概便普及了黃河與長江流域中下游的大部地區。近幾年來中國古代考古學上最大的成就之一，是殷商時代的遺址在過去認為是殷商文明集中地區以外廣大地區的發現。"從現有材料來看，商朝的四土非常廣袤遼闊。……在長城以北約三百公里的克什克騰旗，曾出土商代的青銅器。在東方，山東益都蘇埠屯有商代晚期大墓，……濱海的海陽等地，也發現了商代青銅器，至於在西方，陝西省很多地點都出有商代青銅器，在那裏興起的周本來就是商朝的諸侯，周文王所伐的崇國更是商的同姓。在商朝王畿的東、西、北三方，所封諸侯的分布都很遠，與之相應發現了相當數量的商文化遺址和遺物。長江中游地區的情況也是這樣。這一帶發現的商代遺址，除〔湖北黃陂〕盤龍城外，見於報導的有湖北省的黃陂袁李灣、江陵張家山、漢陽紗帽山、湖南省的石門皂市、寧鄉黃材、江西省的清江吳城等處。湖南華容、石門、桃源、寧鄉、長沙以至常寧等地，又多次發現過商代青銅器"⑽。從長城以北直到湖南南部這麼大的地域，是不是都在商朝王畿的直接管轄之下，當時是否已經推行分封制度，這些地區是不是都有同一水平的社會構造，都是目前的考古與文獻資料所不能解決的問題。但是從這些地方出土的遺物（青銅器和陶器）看來，這些遺址都是屬於殷商文化是不成問題的。有的美術史家相信南方的許多青銅器羣代表著地方性或

⑽　江鴻：《盤龍城與商朝的南土》，《文物》1976(2)，頁43。

區域性的風格[11]，但這些風格最多只能說是大同之下的小異。殷
商文化是在什麼時期以什麼樣的力量推廣到這麼遼闊的一片地域
中去？這還需做進一步的調查和討論。照黃陂盤龍城和江西清江
吳城兩個遺址最近發掘所得的陶器看來，它們都是中商的遺址，
與鄭州商城時代的陶器在形制和花紋上都十分的相似，而盤龍城
出土的銅器也和鄭州商城時代的銅器可說完全相同[12]。長城以北
和湖南南部的商代遺物都只有青銅器，還沒有從居址發掘出來的
陶器。它們的青銅器都與安陽殷墟的接近，也許代表晚商時代殷
商文明在地理上更進一步的擴張。

　　㈢從現有的殷商時代考古材料看來的殷商文明在時間上的擴
張，在文獻史料上得到相當程度的支持。二里頭遺址的發現，雖
然是調查"夏墟"的結果，但自發現的當時，這個遺址便爲許多
人認爲有是商湯建都所在的亳的可能。徐旭生在1959年調查了偃
師二里頭商代遺址以後，曾作如下的解說：

　　　　偃師爲商湯都城的說法最早的大約爲≪漢書地理志≫河

　　　　南郡偃師縣下班固自注說："尸鄉，殷湯所都。"……但

　　　　今河南省商丘縣沿襲舊名，……皇甫謐說亳有三："蒙

　　　　（今河南商丘縣西北或已入山東曹縣境）爲北亳，穀熟

　　　　（今商丘縣東南四十里）爲南亳，偃師爲西亳"（≪尚書

　　　　正義立政篇≫"三亳"下引）後人多用其說。……徐旭生

---

(11) V. C. Kane, "The independent bronze industries in the South of China
　　contemporary with the Shang and Chou dynasties," *Archives of Asian
　　Art*, XXVIII (1974/75), pp.77-107.

(12) 清江見≪文物≫，1975(7)；盤龍城見≪文物≫，1976(2)。

案：北亳、南亳分別不大，……所應考慮的是商丘的亳
與偃師的亳那個眞實？……徐旭生在此調查前頗疑西亳
的說法，但因爲它是漢人的舊說，未敢抹殺。又由於乾
隆《偃師志》對於地點指的很清楚，所以想此次順路調
查它是否確實。此次我們看見此遺址頗廣大，但未追求
四至。如果鄉人所說不虛，那在當時實爲一大都會，爲
商湯都城的可能性很不小[13]。

自1960年開始，二里頭經過多次的較大規模的發掘，出土遺物豐
富，並且有顯著的殷商特色，已在上文說過了。考古學者有鑑於
此，對偃師商城爲湯都之亳的信心，逐漸增强。在1965年所發表
的二里頭遺址調查報告裏便說，"總結以上諸點：㈠遺址的範圍
廣大，在遺址的中部有宮殿。㈡遺址的位置與文獻上的記載是相
符合的。㈢遺址的文化性質與該段歷史是相符合的。因此，我們
認爲，二里頭遺址是商湯都城西亳的可能性是很大的。"[14] 到了
1974年發表了二里頭的宮殿遺跡時，作者更進一步的說，"通過
對二里頭遺址的發掘，尤其是最近的三次發掘，進一步確定了遺
址中部的夯土臺基是一座商代早期的宮殿建築、爲湯都西亳說提
供了有力的實物證據。"[15] 在1975年發表同遺址三、八兩區資料
時，作者也說，"二里頭遺址決不是一個普通的聚落，它的規模
是巨大的，布局是有致的，內容是豐富的，因而是一個重要的都
邑。從而爲我們關於這個遺址就是湯都西亳的推斷增加了新的證

[13] 《考古》1959(11)，頁598-600。

[14] 《考古》1965(5)，頁224。

[15] 《考古》1974(4)，頁248。

據"⑯。

　　如果二里頭一帶的商代遺址便是湯都的亳，那麼從二里頭到安陽殷墟文明發展史便正是我國歷代史書上所說的自湯立國到紂失國的整個商朝的歷史。《書盤庚》說"于今五邦"，是指盤庚遷殷以前商王朝有過五個都邑；第一個是亳，在亳與殷之間還有四個。鄭州的商城，如果是個王都，便可能是仲丁所都的囂（《書序》），一作隞（《史記殷本紀》）；其他三個與考古遺址上如何扣合，還少線索可尋，但關係不大。

　　殷商考古經過學者數十年來的努力，材料非常豐富，內容十分複雜，自然不可能在上面這幾頁篇幅裏能介紹完全的。但從這甚為簡短的說明，我們已經可以清楚看出，過去二十餘年的新發現，尤其是鄭州與偃師的新發現，已經將殷商文明的起源問題，提供了若干甚為重要的線索。殷商文明顯然並不是陡然地在新石器時代文化之後出現的一個爛熟的文明。它自新石器時代文化的基礎之上一步一步的發展過程，已經有了相當的考古資料可循。在殷商文明起源研究的現階段，有許多考古學者，似乎都持這樣的一個看法：殷商文明是在河南龍山文化的基礎之上發達起來的。最早的殷商時代的遺址分布在河南的西北部與山西的西南角；其中的偃師二里頭遺址可能便是商湯的亳都。隨著商文明的繼續發達，它很快的便在地域上做了很大很顯著的擴張；到了鄭州商城所代表的中商時代，殷商文明已向北達到了河北省中部，向南達到了長江中游的雲夢大澤地區。這個地域上的擴張，到了

---

⑯　《考古》1975(5)，頁308。

安陽殷墟所代表的晚商時代，更向北伸及於長城以北，向南達到
了湖南的南端。 在這個廣大的區域之內，殷商文明自然也可以
分爲若干大同小異的地方性或區域性的文化，同時當時的政治組
織，多半還在各國各自爲政的階段，但商王朝的勢力似乎最大，
在若干階段中與各地的部落或國家之間也可能有聯盟甚至分封的
關係。但是此中的詳情，還有待更進一步的研究與討論。

我在本文開首所提的問題（"以河南北部安陽殷墟和殷墟以
南的鄭州的商城爲代表的殷商時代中晚期的文明，如將它的歷史
向上追溯，是應該追溯到河南的西部，還是應該追溯到河南的東
部以及山東境內？"）在這種看法之下，應該已經得到初步的解
答了，卽：應該追溯到河南的西部，卽以偃師二里頭遺址爲代表
的早商文化的分布地區。既然如此，何以上文還說"這是殷商文
明起源研究現階段中的一個關鍵問題？"

我們學上古史的人自然早就知道，殷商民族起源於東方（河
南東部和山東境內）的說法，在文獻記載中一直有很大的力量。
早在安陽殷墟發掘的初期，徐中舒便根據小屯殷文化的內涵，推
測殷商文化起源於渤海灣一帶，亦卽山東省境內：

> 《史記殷本紀》載殷人遷都之事前八後五， 就此傳說
> 看，殷民族頗有由今山東向河南發展的趨勢。小屯遺物
> 有鹹水貝與鯨魚骨，卽殷人與東方海濱一帶交通之證。
> 秦漢以前齊魯爲中國文化最高區域， 必有文化上的憑
> 藉。《左傳》昭二十年述齊國的沿革說，"昔爽鳩氏始
> 居此地，季萴因之，有逢伯陵因之，蒲姑氏因之，而後
> 大公因之"。這個傳說必含有若干可信的史實在內。我

以爲小屯文化的來源當從這方面去探求 ， 環渤海灣一
帶，或者就是孕育中國文化的搖籃[17]。

徐氏作此說的時代，正是龍山文化在山東半島發現的時代；龍山
文化裏有夯土與卜骨的遺存發現，普遍的引起了討論殷墟文化來
源的學者的注意。李濟在城子崖發掘報告裏便提到骨卜與中國早
期文字演進的密切關係：“構成中國最早歷史期文化的一個最緊
要的成分顯然是在東方──春秋戰國期的齊魯國境──發展的”
[18]。從今日的考古資料來看，城子崖的夯土建築固然仍舊可以看
做殷商夯土的前身，它的絕對年代其實未必一定比偃師二里頭的
爲早，而很可能比後岡龍山文化的夯土村牆爲晚。至於卜骨，這
個習俗在中國新石器時代的分布是很廣的，而年代最早的考古發
現是在內蒙古而不在山東[19]。到了鄭州和偃師殷商遺址發現的時
代，山東境內已經沒有什麼特別顯著的爲殷商祖型的考古遺跡遺
物了；可是唐蘭在最近討論商代前期文化的時候，還是持著商人
源於東方的說法，這便是傳統文獻資料的分量十分沉重的緣故：

從文獻考查 ， 除安陽殷墟外 ， 商代前期曾有過五個王
都，……首先是亳都，《書序》所說：“湯始居亳，從
先王居”，是商王朝建立之前，“自契至於成湯八遷”中
的最後一遷。這個王朝在什麼地方，過去有很多說法，
清代雷學淇認爲要從成湯所伐的韋、顧和昆吾等國的地
望來考查，從而確定商湯的“景亳之命”，是從現在河

(17)　徐中舒：《再論小屯與仰韶》，《安陽發掘報告》第 3 期(1931)，頁523-557。

(18)　《城子崖》（南京，中央研究院歷史語言研究所，1934） ，頁XV-XVI。

(19)　《考古》1964(1)，頁3；1974(5)，頁336。

南省商邱縣之北，山東省曹縣之南這個亳發出的，這個推證很可信；後來王國維的說法，也大略相同。商邱是商代先王相土住過的，所以說"從先王居"。從成湯到太戊，一直住在那裏。

《書序》說："仲丁遷于嚻"，《史記殷本紀》作"遷于隞"，隞也作敖。北魏酈道元注水經濟水說："濟水又東徑敖山北，……其山上有城，卽殷帝仲丁之所遷也"。這個在北魏時代還能看到的殷代古城，是在鄭州市附近一帶。在這個地方只住過仲丁和外壬兩代，據《太平御覽》，他們一共只有二十六年。河亶甲卽位就遷到相。在現在河南省北部內黃縣附近，……就在安陽的東南，中間隔著衞河。這次遷都時間最短，只住了河亶甲一代，據說只有九年。

第三次遷都是中宗祖乙，這次新都，《書序》說是耿，《史記殷本紀》說是邢，……王國維認為隞和相都在河南北數百里內，祖乙所居，不得遠在河東，因而根據《說文》所說邢"地近河內懷"，而定爲《左傳》、《戰國策》的邢丘，……其地在漢代懷縣的東南，現在河南省武陟縣之南，與隞都夾河相望。據《竹書紀年》，這次遷都，住了祖乙、祖辛、開甲、祖丁四代，時間是最長的了。

最後遷的一個都是奄。……《盤庚》說："盤庚作，惟涉河以民遷"，過去都解釋不出來，現在知道是從奄遷殷，那就是由曲阜一帶向西北渡河到安陽，更是有力的

> 證據。……在這裏住的有南庚陽甲兩代，然後盤庚遷到
> 殷。綜合起來，商代前後共六個王都，南面是靠近商邱
> 的亳，西面是鄭州附近，夾河對峙的隞和邢，北面是安
> 陽一帶夾著衛河的相和殷，東面是曲阜的奄[20]。

照這樣說來，殷商文明的發展，自湯到紂，全以河南東部與山東
西部爲中心，而洛陽偃師一帶只是治內，並非王畿；如此則以二
里頭爲中心的早商文化，便不能說是以成湯以來的王都爲中心的
商代初期文化了。唐蘭此說，自然並非他的獨創，而可說是代表
大部分古史學者的意見；湯之亳都在商邱一帶，一向取爲定說
[21]，但唐文之發表是在1973年，是考古學界多以爲二里頭的商代
遺址便是湯都西亳的遺跡的時代。唐先生未提以偃師爲亳的說
法，顯然仍是不加信服的。可是唐文中並沒有對後說加以駁斥，
也沒有舉出新穎的考古資料來支持在商邱的舊說。

可是過去數年來在山東和蘇北的新的考古資料，卻再一次對
於殷商文明與東海岸的密切關係有了重要的啓示。這便是近年來
發掘的所謂青蓮崗晚期諸文化。按近年來在東海岸所發現的比龍
山文化爲早的新石器時代文化很多，其分類分期問題頗感紛亂。
最近吳山菁氏將江淮平原與長江下游海岸一帶這一類文化統稱之
爲青蓮崗文化，下分江北江南兩類型。其中江北類型又分爲四期：

---

(20)　《文物》1973(7)，頁7-8。

(21)　見董作賓：《卜辭中的亳與商》，《大陸雜誌》，第6卷第1期 (1953)，頁8-12；
屈萬里：《史記殷本紀及其他紀錄中所載殷商時代的史事》，《國立臺灣大學文
史哲學報》第14期 (1965)，頁87-118。

(22)　《文物》1973(6)，頁45-61。

青蓮崗期、劉林期、花廳期與大汶口晚期或景芝鎮期[22]。 這個分類系統所含的問題很多，此地不遑詳敍；專就江北類型來說，已發表的材料裏面很難看到如此整齊可分四期的傾向。我自己的初步意見，是將山東蘇北的新石器時代文化分成下面諸期[23]：

　　　1. 靑蓮崗期（4500—3200 B. C.）

　　　2. 花廳村期（3200—2500 B. C.）

　　　3. 龍山鎮期（2500—1850 B. C.）

其中花廳村期包括吳山菁的劉林、花廳與大汶口晚期三期在內，主要的遺址有江蘇新沂花廳村（1952年發現，1952、1953年發掘），山東滕縣崗上村（1952年發現，1961年發掘），山東安丘景芝鎮及曲阜西夏侯（1957年發現），江蘇邳縣劉林（1959年發現），山東泰安縣大汶口（1959年發現），江蘇邳縣大墩子（1962年發現），山東鄒縣野店（1965年發現），和山東臨沂大范莊（1973年發現）。其中以大汶口的材料最爲豐富，其報告已在1974年發表[24]。

　　花廳村期的新石器時代文化（簡稱花廳文化），與較早的靑蓮崗文化和稍晚的龍山文化都有相像之處，可說是在山東蘇北新石器時代裏承先啓後的一個重要階段。這種文化的特徵，可以大汶口文化爲代表[25]。

　　㈠墓葬：1.死者都埋葬在氏族公共墓地裏，頭向一般向東。

⒇ K. C. Chang, *The Archaeology of Ancicnt China* 3rd ed., (Yale University Press, 1977).

⒇ ≪大汶口≫（文物出版社，1974）。

⒇ 同上，頁115-116。

2.葬式以單人仰身直肢爲主，亦有側身葬，偶見俯身葬和屈肢葬。3.有成對的成年男女同坑合葬墓出現。4.有拔牙和頭骨人工變形習俗。5.死者多數手持獐牙，有的用豬牙束髮器束髮。6.有用龜甲和豬頭隨葬的習俗。7.部分墓葬使用原始木槨。8.隨葬品比較豐富。墓葬規模大小，隨葬品的多寡、質量水平相當懸殊。

㈡工具：1.石器製作精緻，一般稜角齊整、通體磨光。穿孔用琢穿和管穿兩種方法。主要品種有扁薄長方形有穿石鏟、剖面作梭形的有穿石斧、斷面近方形和長方形的石磷，有段石磷、石鑿、長方和斜三角形石刀，亦有矛、錘、磨棒、紡輪、礪石等工具。遺址採集物中有打製盤狀器和石磨盤。2.骨（角）器亦精，器類有骨矛（短矛）、骨（角）錐、骨鑿、骨針、梭形器、骨鏢、骨魚鉤、骨匕等。3.亦有豬牙、獐牙製做的工具和蚌器，包括牙刀、牙鐮、獐牙鉤形器和蚌鐮（刀？）

㈢裝飾品和雕刻工藝品：1.裝飾品有石料和骨料的臂環、指環、有穿串飾（包括長方形石片、環飾、珠飾）、笄、月牙形束髮器等。2.有精細的玉器，包括玉鏟、玉指環、玉臂環、玉笄和玉管飾等。3.骨牙雕嵌工藝品尤其特色。如透雕象牙梳、象牙筒、象牙琮、鑲嵌松綠石的骨雕筒，均極罕見。

㈣陶器：1.陶色複雜，紅、灰、黑、白各種色陶共存。晚期大量出現白陶。2.器形多樣，有鼎、豆、壺、背壺、罐、杯（筒形、單把、高杯和瓠形）、鬶、尊、盃、瓶（晚期）、鉢、盆、匜、盉形器等。最有代表性的器物是背壺、鬶、杯、大鏤孔豆等。3.以素面陶爲主，缺乏繩紋。4.紋飾以鏤孔和彩繪最具特色，還有弦紋、附加堆紋；偶見方格紋和籃紋（晚期）。5.陶器製法主要處於手製階段，晚期開始出現輪製器。

上面開的這張單子，並不完全（例如大汶口墓葬中的二層臺墓制便沒有列入），而且只限於大汶口。再加上上列的其他的花廳文化主要遺址的內容，這個單子便可以開得更豐富些。但就從這上面看，我們已經可以看出來，殷商文化有不少非常重要的特徵，在河南龍山文化裏不見或很罕見的，很清楚的可以在花廳文化裏找到祖型或原型：

　　1.厚葬

　　2.木槨及二層臺

　　3.龜甲

　　4.若干陶器形制與白陶

　　5.骨匕、骨雕、綠松石嵌鑲及裝飾藝術中的紋樣

我們不妨便將殷商文明中這些文化成分與花廳文化的關係一一加以簡述。

殷商時代大人物墓葬裏殉葬物品之豐盛，是大家都知道的。安陽侯家莊西北岡大墓裏所殉的奴婢、武士、動物、車馬、銅器、陶器、木器、骨角牙器、玉器和石雕美術品等等多不勝數。固然殉葬隨葬物品之多寡與埋葬人物的社會地位有關，而商王墓葬之厚葬固然是商代社會構造的一種新現象，但厚葬也可以說是一種文化上的風氣。比較河南的新石器時代文化的墓葬與山東和蘇北的花廳文化的墓葬，很顯然的在厚葬之風上面花廳文化遠遠的跑在前面。大汶口的一三三座墓葬裏，"各墓隨葬品的數量和質量極不平衡，多寡懸殊，……少的只有一兩件簡陋的器物，……多的五、六十件，甚至多達一百八十餘件，而且品質複雜，製作

精緻，往往採用貴重質料"[26]。曲阜西夏侯十一座墓葬中，隨葬品最多的有一二四件，最少的有二十六件[27]。

殷商時代大墓的形制，在基本上有三項特徵：土坑豎穴、木槨室和生土二層臺。大致的挖掘程序如下：自地面直著向下挖出一個長方形土坑出來，但快到底時土坑縮小，在沿壁留出一層平階來，供置殉葬器物或埋葬殉人之用（二層臺）。小坑再挖到底後，沿坑豎用木板搭成槨室，而木棺及其他殉葬人物再放在槨室之內。新石器時代的墓葬，不論是河南東部還是西部，還是山陝山東各省的，都是土坑豎穴墓，但木槨室和二層臺的構築則是花廳文化的兩項特點。大汶口的墓葬裏有好多是有木槨痕迹的（確數因保存情況不一而不明），又有十八座是有二層臺的[28]。西夏侯墓地的墓葬似以有二層臺的為常例[29]。

殷商文明裏面最有代表性的成分恐怕是甲骨文了；甲是龜甲，骨是肩胛骨，二者在占卜上的使用大致相等。用肩胛骨占卜是華北龍山時期新石器文化常見的習俗，而龜甲的使用則在新石器時代較為罕見。胡厚宣談殷代卜龜之來源云："當殷以前之'黑陶時期'，雖已普知占卜，然皆用牛骨，絕不用龜。及殷人襲東方之黑陶文化，仍行占卜，並大加革新，因與南方已有繁盛之交通，乃廣取龜甲而用之"[30]。自從花廳文化發現之後，我們才

---

(26) 《大汶口》，頁8-9。

(27) 《考古學報》1964(2)，頁61。

(28) 《大汶口》，頁5-6。

(29) 《考古學報》1964(2)，頁60。

(30) 《甲骨學商史論叢初集》，(1944) 第 4 冊，第14葉下。

知道龜甲之使用早在那個時候便已開始。

　　大汶口的墓葬裏有的有“龜甲出現，位置多數在人架的腰側，背、腹甲多穿有圓孔，有的還塗朱彩。……標本四七：一八與標本四七：二八甲殼內各有砂粒數十顆，小的如豆，大的如櫻桃”[31]。

　　大墩子的墓葬中出土了穿孔龜甲三副，“都是腹甲和背甲共出。墓二十一出土的一副，發現時正套在人架的右肱骨上，其中還有許多小石子，背甲上有穿孔。墓四十四出土兩副：一副發現在人架左腹上，內裝骨錐六枚，背甲上下各有四個穿孔，分布成方形，腹甲一端被磨去一段，上下部有‘×’形繩索磨痕。另一副發現在人架的右腹上，內裝骨針六枚，背甲偏下部有四個穿孔，分布亦成方形，下端邊緣有八個穿孔，列成一排，當中的兩孔未穿透，腹甲下端有三角形繩索磨痕，外腹表還有五個環形磨痕，分布呈梅花形。這些龜甲的穿孔可能是爲了便於穿紮繩索或繫綴流蘇之用。當時龜甲可能用繩索捆紮，故遺有繩索磨痕”[32]。

　　邳縣劉林的墓葬也出了“龜甲六副。都是背腹甲共出。……有的背甲上穿有若干小圓孔。墓一八二發現的兩副龜甲內均盛有小石子。龜甲的放置似無固定的位置。其用途可能係在皮帶或織物上作爲甲囊使用”[33]。

　　從這些發現看來，當時龜背甲、腹甲湊成一副，上面塗朱、穿孔或以繩索爲飾，並用繩索紮在一處成一容器，中放小石子或

---

(31)　《大汶口》（1974），頁103。

(32)　《考古學報》1964(2)，頁29-30。

(33)　《考古學報》1965(2)，頁29-31。

骨針骨錐，掛在腰間。它的用途不甚明白，是實用物還是儀式用物也不能確定。但這些發現清楚的說明了經過製作過的龜甲在花廳文化中有一定的地位；殷人用龜甲於占卜，一方面可說是原有占卜文化的擴大，另一方面也可以說是原有龜甲文化的擴大使用。

　　殷商的陶器的製作、形制與花紋極為複雜，其祖型在全華北新石器時代中可能遍佈，此地無法詳說。上文已經說到殷商陶器由河南龍山文化而來的承繼關係。在另一方面，山東的龍山文化對殷商陶器的貢獻，是大家公認的。連二里頭的陶器亦不例外：〝二里頭類型應該是在繼承中原的河南龍山文化的基礎上，吸取了山東龍山文化的一些因素而發展成的。其中有的器形是在河南龍山和山東龍山文化中都可以見到的，如平底盆和鬹等。有的器形能夠在山東龍山文化中找到它們的祖型，如三足盤和鬹等。又有些器形和紋飾可以在河南龍山文化中找到它們的祖型和承繼的因素，如澄濾器（？）、觚、直筒深腹罐、甕、豆、斝以及籃紋、方格紋、繩紋等〞[34]。在新發現的花廳文化的陶器中最值得注意的是白陶，〝有的純白，也有的帶點淡淡的粉紅色〞。發掘大汶口的考古學者試行複製這種白陶，使用的窰溫高達 1200～1400 度[35]。這種白陶在大汶口的墓葬裏越晚期越增多；它與殷墟的白陶有無關係，還有待進一步的研究才能決定。

　　花廳文化裏的骨器和骨質的藝術品，與殷商美術比較起來，尤其值得我們的注意。殷墟骨器之中佔很大數量的一種器物是稱

---

[34]　《考古》1965(5)，頁223。
[35]　《大汶口》(1974)，頁51。

爲枓或匕的取食器[36]；這是與古代“食道”有關的器具，在殷商
時代上層階級的飲宴與儀式生活上有重要的意義。因此在花廳文
化遺址中出土的大量的骨匕是有顯著的重要性的；在大墩子遺址
出土了八件，“多與陶鼎等器物放在一起，應爲食具”[37]。花廳文
化遺址裏常見的骨梳和骨笄，也可以說是預兆了骨笄在殷墟的重
要性。此外在大汶口出土的各種骨和象牙的雕刻物，也很值得注
意，尤其是四號墓出土的一件骨雕筒，三角形，“弦紋帶之間各
嵌松綠石圓餅五個”[38]，是我國最早的松綠石鑲嵌工藝品，可以
說是開了殷商文明中松綠石鑲嵌美術的先河。至於裝飾美術的圖
樣，新石器時代的材料尚少，但殷商美術裏的獸面紋樣，在山東
的龍山文化裏也已找到類似的例子[39]。

　　關於花廳文化裏所包含的可能是殷商文明成分的祖型的研
究，我還僅只做了一些非常初步的工作。除了上舉諸項之外，如
果把二里頭也考慮爲殷商文明的一部分的話，我們還可以舉出夯
土建築、玉器的大宗使用，以及陶文等項來做二里頭文化與花廳
之間關係的詳細分析。甚至於青銅器，在花廳文化裏也有存在的
可能；大汶口墓葬裏“晚期的成年男女合葬墓一號墓，曾發現一
件帶有孔雀綠色的骨鑿，經……化驗，含銅量爲 0.099，證明爲
銅質所染汙。一號墓墓坑，人架和遺物，都保存得很好，沒有被

---

[36]　呂承瑞：《殷盧骨栢形制之分類》，《國立臺灣大學考古人類學刊》第 25-26 期
　　　合刊 (1965)，頁33-58。

[37]　《考古學報》1964(2)，頁28。

[38]　《大汶口》(1974)，頁101-102。

[39]　《考古》1972(4)，頁56。

擾迹象。這時候是不是已經有了銅器，很值得研究"(40)。但是就已能比較確定的各項文化看來，殷商文明中間有一批很重要的文化成分，從歷史來源上追溯起來，又可以向東海岸追溯到龍山文化甚至於比龍山文化更早一個階段的花廳文化（包括一般所稱劉林文化和大汶口文化在內）中去。

總結上文看來，殷商文明的起源與發達問題，顯然不似一開頭所說的那樣簡單。由考古學上來看，一方面殷商文明可以在很基本的一些現象上去追溯到晉南豫西的早商時期(二里頭類型)，甚至更進一步追溯到河南龍山文化。另一方面殷商文明中很重要的一些成分（絕大部分是與統治階級的宗教、儀式生活和藝術有關的）很清楚的起源於東方；後面這一件事實又使我們對殷人起於東方及殷商都邑全在東方的舊說（如上引唐蘭的文章）重新發生了興趣。

到底殷商文明的起源是在東還是在西？還是東西兩個源頭合流而成？從考古學的材料上說，在目前這個階段我們只能提出這個問題，而還不能回答。因此我把這個問題叫做殷商文明起源研究現階段的一個關鍵問題。

拋開將來的新材料必定會帶來的新的（甚至現在根本想像都想像不到的）史實不談，專從目前已有考古材料來看，我相信這個關鍵問題只有一個簡單合理的解決方式，就是說二里頭類型的文化在基本上是夏代的文化，而自二里頭類型的末期或鄭州商城初期開始才是目前考古資料中存在的殷商文化。真正的 "早商"

---

(40)　《大汶口》(1974)，頁124。

文化恐怕還埋在豫東與魯西地區的地下，尚待將來的發現；它的形態可能是接著花廳文化與山東龍山文化一線下來的。

　　說二里頭類型文化是夏，並非我的新說。如上文所引徐旭生所說，河南西北的伊、洛兩河流域是傳說中的夏文化分布區域，因此他才有1959年調查"夏墟"之舉，結果調查出來了的偃師二里頭文化卻一直認為是早商文化，大概是因為(1)商湯建都的亳有在偃師的傳說，(2)二里頭文化內容如上文所敘與後來的殷商文明是一線相承的。但考古學者之間認為二里頭文化裏至少有夏代文化成分者頗不乏人。遠在十數年前，二里頭類型文化（當時又稱為洛達廟類型文化）初現的時代，考古學者已開始討論它是夏是商的問題：

　　　　洛達廟類型的文化遺存是屬於夏文化，或屬於商代先公
　　　　先王時代的商文化，在考古工作者之間也還沒有取得一
　　　　致的認識。有的認為洛達廟類型文化本身還可以進一步
　　　　作出分期，它的上層比較接近商代早期文化，因而可
　　　　能是商代早期以前的商文化。它的下層比較接近"河南
　　　　龍山文化"，有可能是夏文化。有的則認為這種文化遺
　　　　存的絕對年代還不易確定，而且具有較多的商文化的特
　　　　點，因而，洛達廟類型文化的下層仍然是商文化，而更
　　　　早的"河南龍山文化"才是夏文化[41]。

最近因為二里頭遺址一期與三期各出了放射性碳素標本一件，佟柱臣據而對這個問題再加討論，相信一期是夏文化，而三期是商

---

[41]　《新中國的考古收穫》（文物出版社，1961），頁44-45。

文化：

　　夏文化的年代斷限，有兩個 C_{14} 測定數據，是值得重視
的，一個是二里頭一期蚌片，測定距今3585±95年，卽
公元前1620±95年，樹幹校正年代範圍是公元前1690至
2080年。一個是洛陽王灣三期七九號灰坑的木炭，測定
距今3965±95年，卽公元前2000±95年。公元前十六世
紀之前是夏積年，《竹書紀年夏紀》："自禹至桀十七
世，有王與無王，用歲四百七十一年" 約爲五百年左
右。所以夏約當公元前廿一世紀——公元前十六世紀，
上記兩項標本的測定年代，均在夏積年之內，那麼無論
二里頭一期，或者王灣三期，作爲探索夏文化的對象，
是有一定的科學根據的。……

　　二里頭三期出有大片宮殿址夯土臺基，更進一步證實了
當時國家的形成已發展到成熟階段。二里頭三期經 C_{14}
測定距今3210±90年，卽公元前1245±90年，樹幹校正
年代範圍是公元前1300至1590年。所以這片夯土臺基應
是商代早期的大都邑。《史記殷本紀》："湯始居亳，
從先王居"，《括地志》："河南偃師爲西亳"，……。
湯的先人已經居亳，而武丁又自殷遷亳，可見商人居亳
的時間是很長的[42]。

把二里頭類型文化拉長以早期爲夏，後期爲商，固然是照顧到
各方面資料所得的一個取其中庸的推論，卻面臨一個相當大的難

_____

[42]　《文物》1975(6)，頁30-32。

題，即如果二里頭類型文化後期爲商，那麼這種文化的分布爲什麼僅限於夏境而不見於河南的較東部分？上引佟柱臣一文說得很清楚：「二里頭類型文化，在偃師除二里頭外，還有灰嘴，洛陽有東乾溝，鞏縣有稍柴，鄭州有洛達廟，滎陽有上街，陝縣有七里舖，共幾十處，在晉南也有與豫西近似的遺址。所以這個類型文化分布的地域是很廣的。值得注意的是二里頭類型文化分布的範圍也恰恰是文獻上所記的夏族活動的地方——伊、洛、河、濟之間」[43]。既然如此，索性把二里頭類型文化當作夏代文化，而將二里頭類型文化的結束作爲夏商兩代文化之交替，似乎更爲簡單明瞭些。

二里頭遺址的夯土基址，或代表亳都，但也可能是夏代王族或貴族的建築。古稱桀都安邑，在山西，而清金鶚（《求古錄》禮說八桀都安邑辨）早已引《史記》吳起對魏武侯所說「夏桀之居，左河、濟，右大華，伊闕在其南，羊腸在其北」地望考證桀都實在河南的洛陽。今人趙鐵寒綜合舊說，考桀都地望最詳：

太康、桀、居斟鄩。仲康、少康，可能亦居之。

斟鄩在今河南鞏縣。

《史記夏本紀》正義引臣瓚曰：「汲冢古文云：（太康居斟鄩，桀亦居之）」斟鄩之所在，自來史家多以今山東平度縣之漢平壽縣說之，此蓋受應劭、杜預之影響，……。

《尚書序》云：「太康失邦，昆弟五人，須於洛汭。」此即太康所居爲近洛也。又吳起對魏武侯曰：「夏桀之居，左河、濟，右大華，伊闕在其南，羊腸在其北。」

---

[43] 《文物》1975(6)，頁29。

河南城為值之。又《周書度邑篇》曰："武王問太公
曰：吾將因有夏之居，南望過於三塗，北瞻望於有河，
有夏之居，卽河南是也"。……以上許慎、杜預、徐
廣、酈道元、魏王泰五說相合，明斟鄩在於偃師、鞏縣
之間，而不在北海之平壽。……

湯伐夏，起師於商丘。……北距顧國所在之范縣二百餘
里，西北距昆吾所在之濮陽，與韋國所在之滑縣，近二
百里，西距桀都之斟鄩五百餘里，蓋乘勝韋、顧、昆吾
之威，然後密須，然後伐桀者(44)。

依金、趙說桀都斟鄩卽在洛陽、偃師與鞏縣之間，與偃師二里頭
遺址所距不遠。二里頭的宮殿建築未必便是王都，但如果桀都便
在此間，則這一帶是夏代王族貴族聚居之處自有很大可能。湯伐
桀後，或卽在此地立了商社，因此產生偃師西亳的說法(45)。

　　商湯如果出於豫東，滅夏以後聲勢大振，文明廣布，造成了
鄭州商城所代表的中商文化廣布黃河中下游與長江中游的有利局
勢。如此看來，所謂"早商"文化也許實在是夏文化，而中商與晚
商實際上乃是早商與晚商，但這是次要之話。中國古代夏、商、
周三代實在是一氣呵成的歷史發展。《禮記禮器》："三代之禮一
也，民共由之，或素或青，夏造殷因。"《論語為政》："殷因於
夏禮，所損益可知也。周因於殷禮，所損益可知也。"數十年來
的古史與考古研究都充分的證明了從殷到周之間中國的文明史上

(44)　趙鐵寒：《夏代諸帝所居考》，《古史考述》（臺北，正中，1965），頁62-73。
(45)　據趙鐵寒：《殷商羣亳地理方位考實》，《古史考述》，頁159-210的說法。

可以說是沒有什麼顯著的變化，甚至於從考古學上說從考古遺物上去辨認晚商與早周的分別常常會有很大的困難。夏商之辨，可能也是如此。從考古學上判斷爲一脈相傳的二里頭、鄭州商城、安陽殷墟的一線，在政治史上分爲夏商兩代，不是不可能的。

　　但考古學上的夏商文化，仍然是有相當大的差異，而如上文所示，這些差異代表一個新興的統治集團之崛起，來源可以向東追溯到山東的花廳文化與龍山文化。如果大家公認以湯都的亳爲商邱與曹縣之間的舊說是可靠的，我相信殷商文明裏這一組新成分的來源將來很可能直接的要追溯到河南東部與山東運河以西這一片平原地區的一種新文化裏去。這個區域是中國歷史上的黃泛區的一部分，並且爲黃河舊道所經，其遠古遺物很可能深埋在多少世紀以來的沉積物的下面，所以華北考古學上開封以東，運河以西這一大片地區是出土資料最少的區域。我相信在這個地區將來如果能夠發現眞正的“早商”的文化，它的面貌一定是一方面與二里頭類型的夏文化有基本上的相似，在另一方面又構成花廳文化與龍山文化向較晚的殷商文明過渡的一個橋樑。後日的殷商文明，也可以說是東西文化混合的結果。四十年前陳夢家曾提出“夏世卽商世”的說法，以“《史記夏本紀》叙禹至帝癸凡十四世，《殷本紀》叙帝嚳至示癸凡十四世，竊疑夏之十四世，卽商之十四世，而湯武之革命，不過親族間之爭奪而已”[46]。成湯以前夏商世系的相近，不一定便表示夏商出於一源，但是很可能代表成湯滅夏統一中原之後夏商文明的混合趨勢。這種趨勢在現有的考古材料中似乎已經可以看到若干值得注意的跡象了。

[46]　《商代的神話與巫術》，《燕京學報》20 (1936)，頁491。

四

殷商關係的再檢討[*]

作者附記：李濟之和屈萬鵬兩先生都是研究殷周史的，所以選了 "殷
周關係的再檢討" 這個題目來紀念他們。濟之先生著作等身，在中國
考古學史上是開山的一代宗師，可是他透過寶雞枝禁器物羣對西周古
代文化的研究，倒還沒有引起後學者的普遍的注意。萬鵬先生之主張
考古與經學並進研究古史，則是大家所熟知的，我相信他們兩位對這
篇文章所討論的題目，一定是會有很大的興趣的，可惜我再也得不到
他們的教益了。（一九七九年十二月九日）。

一 前言

　　最近三年以來陝西中部前鳳翔府地區扶風、岐山等縣境周代
早期文化遺址的發掘 ，在中國古史的研究上 ，是件劃時代的大
事。有人說，"岐邑的發掘，在考古工作中的重要性不亞於殷墟，
它的學術研究前景，在某種意義上說，可能優於殷墟" ⁽¹⁾。二十
世紀之初由甲骨文的發現而導致殷墟的發現與發掘，從而證實了
殷商這一個朝代的信史地位，並且把中國古史與史前史基本上銜

＊　原載≪中央研究院歷史語言研究所集刊≫第51本 (1980)，197-216頁。
(1)　陳全方：≪早周都城岐邑初探≫，≪文物≫1979(10)，頁50。

接了起來(2)。最近周原的調查與發掘導致了周代甲文的發現，在武王伐紂以前周人開國時期的文化與歷史上提供了新的資料；這批資料不但在周人的早期歷史上有重大的意義，而且對中國三代期間城市文明的整個形成過程有非常要緊的啓示。這個啓示的焦點，可以說是在殷周關係的上面的。

在古代文明的萌芽階段，國家與國家對立關係，是國家與文明產生程序中的一個重要條件。"國家的產生不可能是孤島式的，而是平行並進的。……夏商周等列國在華北所占居的位置不同，所掌有的資源也不同。三個或更多發展程度相當的國家彼此在經濟上的連鎖關係造成全華北自然資源與生產品更進一步的流通，對每個國家之內的財富集中和剩餘財富的產生造成更爲有利的條件。同時，依靠國外的威脅來加強對內的團結是古今中外共同的統治技術。……夏商周等列國彼此競爭關係，以及各國由此在長期歷史上所造成的國家意識，因此也是使各國內部政治穩定的一個必要條件"(3)。周原考古的新資料，使我們對於早周文明和社會（卽伐紂以前的周代文明與社會）增加了新的了解，使殷周關係的研究有了事實上的基礎，其重要性是顯然的。

周原甲文的發現，在這上面的意義更是空前的。殷墟的甲骨文使我們看到了在殷周關係上商人的一面；周原的甲文又使我們

---

(2) 李濟：《安陽發掘與中國古史問題》，《中央研究院歷史語言研究所集刊》40 (1969)，頁913—944；"Importance of the Anyang discoveries in prefacing known Chinese history with a new chapter"，《中央研究院院刊》2 (1955) 頁91—102。

(3) 張光直：《從夏商周三代考古論三代關係與中國古代國家的形成》，《屈萬里先生七秩榮慶論文集》（臺北，聯經出版事業公司，1978），頁305—306。

看到了在這個關係上的周人的一面。在全世界古代文明史的研究
上，國家起源問題以及國與國之間關係問題，自然也有第一等的
重要性，可是在其他的最早的古代文明中心，像我們所有的這樣
兩個鄰國都有文字史料而提供兩方面不同看法的這種情形，如我
所知的，是沒有前例的。所以岐山新出的這批甲文，從全世界古
代文明起源問題上看，也是第一等的重要資料。

　　周原考古和甲文發現還只有兩三年的歷史，所發現的資料也
還只有初步的報告(4)。可是我們今天對中國古代史的知識，比起
殷墟甲骨文初現的時代，要豐富一些，所以材料雖少，卻不妨一
邊開始作初步的討論。本文的目的，是就殷周關係問題上，自舊
史料、考古、殷墟卜辭、和周原甲文各方面檢討一下新舊問題之
所在及前景。

二　舊史料中所見殷周關係

　　舊史料中所見周開國經過是大家都很熟悉的(5)，但其中也有
若干難以解決之問題。因最早期史料裏沒有殷周接觸，而武王時

(4)　陳全方：《陝西周原考古的新收穫》，《文物與考古》（《光明日報》副刊），第
　　107 期（1979 年 7 月）。《陝西岐山鳳雛村西周建築遺址發掘簡報》，《文物》
　　1979(10)，頁27—37；《陝西岐山鳳雛村發現周初甲骨文》，《文物》1979(10)
　　頁38—43；徐錫台：《早周文化的特點及其淵源的探索》，《文物》1979(10)，
　　頁50—59。

(5)　重要的研究論文有：徐中舒：《殷周之際史蹟之檢討》，《中央研究院歷史語言
　　研究所集刊》7（1936），頁137—164；顧頡剛：《周人的崛起及其克商》，《文
　　史雜誌》第 1 卷第 3 期（1941），頁 8—17；許倬雲：《周人的興起及周文化的基
　　礎》，《中央研究院歷史語言研究所集刊》38（1968），頁 435—458；屈萬里：
　　《西周史事概述》，《中央研究院歷史語言研究所集刊》42（1971），頁775—802。

代的接觸關係資料則又非常豐富而且集中在伐紂上，所以這裏只檢討太王、王季、和文王三代。

太王自豳遷都到岐下的周原，開始與東面的殷商發生較密切的直接接觸關係，這是史料中所公認的。《詩魯頌閟宮》說：

> 后稷之孫，實維大王，
>
> 居岐之陽，實始翦商。

關於大王(卽太王、古公亶父)居岐之陽事，《史記周本紀》有較詳的敍述：

> 古公亶父復脩后稷公劉之業，積德行義，國人皆戴之。薰育戎狄攻之，欲得財物，予之。已復攻，欲得地與民，民皆怒，欲戰。古公曰：有民立君，將以利之。今戎狄所爲攻戰以吾地與民。民之在我，與其在彼，何異。民欲以我故戰，殺人父子而君之，予不忍爲。乃與私屬遂去豳，度漆、沮，踰梁山，止於岐下。豳人舉國扶老携弱，盡復歸古公於岐下。及其旁國聞古公仁，亦多歸之。於是古公乃貶戎狄之俗，而營築城郭宮室，而邑別居之，作五官有司。民皆歌樂之，頌其德。

類似的描寫，亦見於較晚的《帝王世紀》（《太平寰宇記》卷二十七及《長安志》卷二引），這一段故事的來源，顯然是《詩經》和《孟子》。《詩大雅緜篇》：

> 緜緜瓜瓞，民之初生，自土沮漆。
>
> 古公亶父，陶復陶穴，未有家室。
>
> 古公亶父，來朝走馬。率西水滸，至于岐下。
>
> 爰及姜女，聿來胥宇。

周原膴膴，堇荼如飴。

爰始爰謀，爰契我龜。

曰止、曰時，築室于此。

迺慰迺止、迺左迺右、迺疆迺理、迺宣迺畝。

自西徂東，周爰執事，乃召司空，乃召司徒，俾立室家。

其繩則直，縮版以載，作廟翼翼。

捄之陾陾，度之薨薨，築之登登，削屢馮馮。百堵皆興，

　鼛鼓弗勝。

迺立臯門，臯門有伉。迺立應門，應門將將。迺立冢土，

　戎醜攸行。……

關於古公亶父遷都到周原的原因，據≪孟子梁惠王≫下所說是受
了狄人壓迫的緣故：

昔者大王居邠、狄人侵之，事之以皮幣，不得免焉；事
之以犬馬，不得免焉；事之以珠玉，不得免焉。乃屬
其耆老而告之曰：狄人之所欲者吾土地也。吾聞之也：
君子不以其所以養者害人。二三子何患乎無君，我將去
之。去邠，踰梁山，邑於岐山之下居焉。邠人曰：仁
人，不可失也。從之者如歸市。

古公亶父雖然被迫去邠，到了周原以後卻大興起來；娶太姜爲后
(≪史記正義≫引≪國語注≫及≪列女傳≫)，"生太伯、仲雍、王季。太姜
有色而貞順，率導諸子，至於成童，靡有過失。太王謀事必於太
姜，遷徙必與"(同上引≪列女傳≫)。照≪今本竹書紀年≫的說法，
太王遷到岐周是在殷王武乙卽位之後。武乙三年之後，"命周公
亶父，賜以岐邑"，是正式的承認了周人的地位。這雖與≪魯頌≫

上所說"實始翦商"的精神不同，都說明了自此殷周正式交往。《今本竹書紀年》並云武乙二十一年時"周公亶父薨"。他死後傳位於三子季歷，再傳文王、武王，很快的便取殷而代之了。

　　古公亶父在岐陽定居開國這一段故事，雖然簡單，卻包含了好幾個在古史學家之間爭訟不一的問題。首先，古公亶父是否卽是太王？舊史料中自《孟子》起一致說是，顧頡剛卻以爲不然。他認爲古公亶父是周國開創時期的一個王，而太王則已是興盛時期的周王了[6]。實際上，自太王到文王只有三代，其文化則自"陶復陶穴未有家室"突然飛躍到三分天下有其二的泱泱大國，早已引起學者的懷疑。依顧氏的說法，則古公亶父屬於周國的早期歷史，其文化原始便不足爲奇了。另一個解決這個問題的辦法，是將《緜篇》裏"陶復陶穴"以前的"古公亶父"四字視爲衍文，將"陶復陶穴，未有家室"視作"自土沮漆"這個區域的原始狀況[7]。可是專從舊文字史料上看，這個問題是無法充分解決的。第二個問題是逼迫太王自豳遷徙到岐下的狄人，是不是便是殷高宗（武丁）所伐的鬼方？徐中舒嘗云"鬼方之本據原在山西，晉地之近境。當武丁之世，鬼方不勝殷人之壓迫，轉而西侵，故豳地首當其衝。以此大王不得不南遷於岐，以避其鋒"[8]。這個問題也牽涉到太王到文王、武王時期甚短的現象。上文引《今本竹書》謂太王遷岐乃在武乙之世。卽使《今本竹書》全不可靠，自武乙上到武丁，要經歷祖庚、祖甲、廩辛、康丁四世，其中祖甲

(6)　上引顧頡剛：《周人的崛起及其克商》，頁14，註5。

(7)　錢穆：《周初地理考》，《燕京學報》第10期(1931)，頁1986。

(8)　上引徐中舒：《殷周之際史蹟之檢討》，頁140。

一世，依《無逸》所說便達三十三年之久。因此徐說在年代學上
遭遇到很大的困難[9]。最後一個爭訟的問題，是太王所遷去的周
原的位置。過去古史家多以周原在今陝西岐山、扶風縣境[10]。惟
錢穆置岐於洛水下游之富平一帶，在渭水下游，以符合他的周先
世起源於山西汾河流域之說[11]。從新發現的岐山、扶風縣境的
"宮殿基址"和周初甲文看來，傳統的說法恐怕是比較可靠的；
這且留到後面再談。

　　繼太王為周人領袖的王季，在舊史料裏也有不少事蹟，看
來曾在周人勢力之擴張上有過很大的貢獻，在其擴張過程之中也
就與商人的關係日趨密切。按王季之繼位本身便有一段衆知的故
事；《史記周本紀》云：

> 古公有長子曰太伯，次曰虞仲。太姜生少子季歷。季歷
> 娶太任，皆賢婦人，生昌，有聖瑞。古公曰：我世當有
> 興者，其在昌乎！長子太伯、虞仲知古公欲立季歷以傳
> 昌，乃二人亡如荊蠻，文身斷髮，以讓季歷。

徐中舒"疑太伯仲雍〔卽虞仲〕之在吳，卽周人經營南土之始，
亦卽太王翦商之開始"，因為"大王之世，周為小國，與殷商國
力復乎不侔。當其初盛之時，決不能與殷商正面衝突。彼必先擇
抵抗力最小而又與殷商無甚關係之地經略之，以培養其國力"[12]。
這個說法，在原則上是非常合理的，只是"荊蠻"所在的江漢流

(9)　見上引許倬雲，《周人的興起及周文化的基礎》，註43。

(10)　齊思和：《西周地理考》，《燕京學報》30(1946)，頁79—82；陳全方《早周都
　　　城岐邑初探》，《文物》1979(10)，頁44—50。

(11)　錢穆：《周初地理考》，《燕京學報》10(1931)，頁1985—1992。

(12)　上引徐中舒：《殷周之際史蹟之檢討》，頁139。

域卻不能說是"與殷商無甚關係之地"。

　　≪古本竹書紀年≫中關於王季紀載頗為不少：

　　　（武乙）三十四年，周王季歷來朝。王賜地三十里、玉
　　　　　　十穀，馬八匹。（≪太平御覽≫卷八三引）

　　　　　　三十五年，周王季伐西落鬼戎，俘二十翟王。
　　　　（≪後漢書西羌傳注≫引）

　　　（大丁）二年，周人伐燕京之戎，周師大敗。（同上）

　　　　　　四年周人伐余無之戎，克之。周王季命為殷牧
　　　　　　師。（同上）

　　　　　　七年，周人始伐始呼之戎，克之。（同上）

　　　　　　十一年，周人伐翳徒之戎，捷其三大夫。（同上）

　　　文丁殺季歷（≪晉書束皙傳≫、≪史通疑古篇、雜說篇≫引）

≪今本竹書紀年≫略同，僅在文丁時代增加了一條"五年，周作
程邑"。以≪古本≫所記來說，季歷時代，周人最重要的活動，
一是"伐諸戎"（≪通鑑前編≫卷五注引≪帝王世紀≫），一是受殷王之封
為"牧師"，或為≪帝王世紀≫（≪毛詩周南召南譜正義≫引皇甫謐）所
說為"西長"。除此以外，王季的妃太任，也是自殷商娶來的；
≪詩大雅大明≫：

　　　摯仲氏任，自彼殷商。

　　　來嫁于周，曰嬪于京。

　　　乃及王季，維德之行。

　　　大任有身，生此文王。

≪大雅思齊≫：

　　　思齊大任，文王之母；

　　思媚周姜，京室之婦。

這位文王之母，王季夫人的任姓女子來自摯國。顧頡剛早曾指出
周王的妃子不止一次娶自殷國境內，不但文王的一個妃子可能是
帝乙的妹妹（見下），而且 "王季的妻……雖不是商的王族，也是
商畿內的諸侯" [13]。殷墟武丁時代卜辭有婦妊[14]，也有子摯（或
子執）[15]，可見這個摯國的任姓女子與殷商王室的關係是很密切
的。

　　國與國王室公族之間的通婚在周代的後期，屢見不鮮，構成
所謂 "甥舅之國" [16]；甥舅之間的政治地位，似乎以甥爲高，卽娶
婦國高於嫁女國[17]。殷周之間如果有婚姻關係，則其相對的政治
地位正與此相反 ， 卽嫁女國高於娶婦國 。 其間變化的原因與細
節，一時恐難搞得清楚，但這現象是值得注意的，因爲文王的一
個妃子似乎也是自殷商娶來的；《詩大雅大明》：

　　天監在下，有命旣集。

　　文王初載，天作之合。

　　在洽之陽，在渭之涘。

　　文王嘉止，大邦有子。

　　大邦有子，俔天之妹。

(13)　顧頡剛：《周易卦爻辭中的故事》，《燕京學報》6(1930)，頁979。

(14)　丁山：《甲骨文所見氏族及其制度》(1959)，頁28。

(15)　島邦男：《殷墟卜辭研究》（東京，汲古書院，1977），頁444。

(16)　芮逸夫：《釋甥舅之國》，《中央研究院歷史語言研究所集刊》30 (1959)，頁
　　　237—258。

(17)　張光直：《商周神話與美術中所見人與動物關係之演變》，《中央研究院民族學
　　　研究所集刊》16 (1963)，頁125。

> 文定厥祥，親迎于渭。
>
> 造舟爲梁，不顯其光。
>
> 有命自天，命此文王。
>
> 于周于京，纘女維莘。
>
> 長子維行，篤生武王。
>
> 保右命爾，燮伐大商。

對此詩較明顯的解釋，是文王自莘國娶了姒姓的妻（又見≪思齊≫：「太姒嗣徽音，則百斯男」）生了武王。莘國是伊尹所出，與殷商王室的關係也很密切；殷商以王畿內的摯、莘等國異姓的女子（妊、姒）嫁給周王，也許是在婚嫁兩方的相對政治地位上看來比較合適的做法。可是顧頡剛根據≪易≫卦爻辭中的"帝乙歸妹，以祉，元吉"（≪泰≫六五）和"帝乙歸妹，其君之袂不如其娣之袂良，月幾望吉"（≪歸妹≫六五），認爲"≪周易≫中的帝乙歸妹一件事就是≪詩經≫中的文王親迎的一件事"[18]。

> 帝乙爲什麼要歸妹與周文王呢？……自從太王……以來商日受周的壓迫，不得不用和親之策以爲緩和之計，像漢之與匈奴一般。所以王季的妻，就從殷商嫁來，雖不是商的王族，也是商畿內的諸侯之女。至帝乙歸妹，詩稱"俔天之妹"，當是王族之女子（依≪左氏≫哀九年傳的話，這個妹是"帝乙之元子"）。後來續娶莘國之女，也是出于商王畿內的侯國的，……周本是專與姜姓通婚姻的，而在這一段"霸商"的期間，却常娶東方民族的女子了[19]。

---

(18)　上引顧頡剛：≪周易卦爻辭中的故事≫，頁979。

(19)　同上。

據此高亨也說，"文王元妃，乃殷帝之子，……文王次妃卽大姒，武王之母也。……帝乙所歸之妹，疑因故大歸，……故文王又娶大姒乃生武王也"[20]。又說，"帝乙歸妹與文王，其娣媵從，其君之貌不如其娣之貌美"[21]。

這種種說法，都是非常有意思並且有重要性的，我們不妨把它們都記下來以"立此存照"。上面顧頡剛所說"商日受周之壓迫"，也就是商周兩國之間開始有嚴重的衝突，恐怕是王季與文王初年周王的一連串的征伐擴張行動所逐漸引起的，亦卽《書序》《西伯戡黎》所說的"殷始咎周"。兩國通婚其實是其衝突的一個象徵；"文丁殺季歷"的傳說，是其更爲直捷的一個表現。但文王時周人勢力之增大，"實開滅殷之基。《論語》謂：文王之時，已三分天下有其二，以服事殷……。大抵至文王之時，周之勢力已達於陝西全省，甘肅、山西、河南之一部，似可斷言"[22]。文王擴張之經過照比較可靠的史料看來，初服虞、芮（《大雅緜》），齊思和先生以爲今隴縣境，在岐都之西北[23]。《書經》所記《西伯戡黎》之黎，一說是在驪山之下[24]。司馬遷在《史記》裏所列舉的征伐有犬戎（犖觚之後，當在南方）、密須（《正義》引杜預謂在安定陰密縣，在隴東）、耆國（卽上述之黎）、邘（《正義》引《括地志》置於懷州河內縣屬今河南沁陽）和崇侯虎（《正義》

---

(20) 高亨：《周易古經今注》（香港，中華書局，1975），頁44—45。

(21) 同上，頁189。

(22) 上引齊思和：《西周地理考》，頁89。

(23) 同上，頁83-84。

(24) 屈萬里：《尚書今註今釋》（臺北，商務印書館，1972），頁66。

云在豐鎬之間）⑵。伐崇之役，規模很大，《詩大雅皇矣》有生動的描寫。這一役是成功的，其後便在崇地一帶作豐邑，文王自岐下徙都於豐，作了向東進一步征服的準備。

周文王這一連串的征伐，自然引起殷商的關心。邘國已深入商王田獵區，是殷商經濟的一個重心；《史記》只說"伐邘"，當未敗滅，但用兵至此，已是很明顯的拔商人的虎鬚了，正如李學勤所說的，"周文王伐邘一事是周商勢力對比轉換的標誌，因爲邘卽沁陽的盂，文王伐此地，可以直驅而至商郊"⑵。滅黎（耆）之後"殷之祖伊聞之，懼以告帝紂，紂曰：不有天命乎，是何能爲"（《周本紀》）。在這種威脅之下，帝紂何以尙有心情和力量大舉征人方，把兵力集中於東南，則是不可理解的。大概在文王時代，商周兩國關係還在敵友之間。《史記殷本紀》和《周本紀》都記帝紂封西伯爲三公之一，但忽囚西伯於羑里，忽釋西伯並賜以矢、斧、鉞，大概二者之間的關係，在文王治周期內，已自大邦與附庸的關係，演進到相與拒抗的程度，殷商對周只好軟硬兼施，虛與委蛇。《古本竹書》記帝乙二年周人伐商（《太平御覽》卷八三引），但乏帝辛時代記述。照《今本竹書》所列，商周關係在帝辛時代的發展如下：

　　命九侯、周侯、邘侯。

　　六年西伯初禴于畢。（據《漢書劉向傳》注，在豐西卅里）

　　二十一年春正月諸侯朝周。

⑵　國名現地參陳槃：《春秋大事表列國爵姓及存滅表譔異》（增訂本），中央研究院歷史語言研究所專刊52（1969）。

⑵　李學勤：《殷代地理簡論》（1956），頁97。

二十三年囚西伯於羑里。

二十九年釋西伯，諸侯逆西伯歸于程。

三十年春三月西伯率諸侯入貢。

三十一年西伯治兵于畢，得呂尚以爲師。

三十三年密人降于周師，遂遷于程。

　　　　　王錫命西伯得專征伐。

三十四年周師取耆及邘，遂伐崇，崇人降。

三十五年周大飢。

　　　　　西伯自程遷於豐。

三十六年春正月，諸侯朝于周，遂伐昆夷。

　　　　　西伯使世子發營鎬。

三十九年大夫辛甲出奔周。

四十年周作靈臺。

　　　　　王使膠鬲求玉于周。

四十一年春三月西伯昌薨。

《今本竹書紀年》的記述，大家都公認是不能作爲歷史討論的唯
一基礎的；事實上連《古本竹書》的可靠性都有人懷疑[27]。不過
上面所述事件，多半在其他史料中也有出現，似乎不是宋以後學
者完全憑空僞造的，事件發生的順序也大致合乎我們的理解，只
是其確實的年代不盡可靠而已。

---

[27] David N. Keightley, "The Bamboo Annals and Shang-Chou Chronology," *Harvard Journal of Asiatic Studies*, 38 (1978), pp. 423-438.

三　考古遺物中所見殷周關係

　　從考古學上看殷周關係可有兩個研究的方面。其一，周因於
商，周滅商以後中原文化遺物（以銅器爲主）有多少是繼承殷商
一緒下來的，有多少是有所損益變化的？其有損益變化之處，
是由於年代較晚所致之變化，還是反映著伐商以前周人文化的特
質？其二，滅商以前的周文化遺物與同時的殷商文化異同如何？
在中國考古學史上，滅商以前的周文化的發現是較較近的，所以
第一個問題是先有，而第二個問題是在近年才逐漸出現的。

　　首先有系統的討論西周銅器形制花紋與殷商銅器異同的是高
本漢。照他的說法，殷商與西周早年的銅器都是屬於他所謂“古
典式”的，中間實在沒有什麼重大的分別。他一度提出少數幾點
形制和花紋上的特徵作爲西周的新發明，如彎耳、鈎狀稜、擧尾
鳥、和盤，但後來又根據較新的考古發現取消了這個說法而將殷
到西周初年這一段的青銅器當作一個連續的整體來看待[28]。但關
於武王伐紂以後西周青銅器及其銘文特徵有何新發明的問題，陸
續有其他的研究[29]。現在看來，新成分雖然不多，卻是有的；問
題是這些成分是不是代表原先存在的一個“周文化”的個別傳統？

---

[28]　B Karlgren, "Yin and Chou in Chinese Bronzes," *Bull. Museum of Far Eastern Antiquities*, 8(1936), p. 110; "New Studies on Chinese Bronzes," *Ibid.*, 9(1937), pp. 3-4.

[29]　陳夢家：≪西周銅器斷代㈠≫，≪考古學報≫9(1955)，頁138；M. von Dewall, "New data on Early Chou finds: Their relative chronology in historical perspective"，≪慶祝李濟先生七十歲論文集≫（臺北，清華學報，1967），頁503-568；黃然偉：≪殷周青銅器賞賜銘文研究≫（香港，龍門書店，1978）。

　　把西周銅器特徵問題自周初變化有無提高到商代周人個別傳統，是李濟之先生在研究寶雞柂禁器羣時明顯的提出來的。這一羣銅器一共有十四件，傳是端方（陶齋）於1902年在陝西寶雞鬥雞臺購買的。1924年端方後人將它們賣給了紐約市博物館。照李先生的研究，這十四件器物（觶四、尊一、卣二、觚一、爵一、角一、盃一、斝一、斗一、禁一）原來出土於一處的可能性是有的，但諸器製造的年代頗有先後。其中較晚的可能遲到西周初年，但多數都可能是屬於殷商時代的。值得注意的是這些屬於殷商時代的器物有若干具有它們的特色，很可能是當地周人的製品：

> 　在青銅業在安陽地區高度發達的時候，在西北的西安府地區，周國都城所在，當時也有一個平行的發展。雖然當時在二區之間也許有過不少貿易和文物的交換，當初也一定有各區個別所有的地方產物……。
>
> 　〔地方性的青銅器〕兩個例子可舉斝和盃。在這兩例上，雖然它們在功能上是相似的，端方器組與安陽器組之間在結構上的差異卻特別顯著。……安陽殷商時的斝的標本都具鼎足，而柂禁組中的斝則具鬲足。〔盃足亦同〕。
>
> 　……此外，柂禁組中沒有方彝或角形器，而此組中的禁和所謂尊也在安陽發掘品中找不到類似的[30]。

從上述的分析李濟所得的結論，是周文化在武王伐紂以前已經存在，並與殷商王朝有部分的對立，而這種文化中便可能包括了

---

[30] Li Chi, "The Tuan Fang altar set reexamined," *Metropolitan Museum Journal*, 3(1970), pp. 70-71.

若干有地方色彩的青銅器。寶雞枳禁器羣雖是西周初年的埋藏，其中個別銅器的製造卻顯然的是在殷商時代。李濟作此推論的當時，早周文化已經開始在關中文化史中建立，而屬於殷商時代的銅器也已散見在關中各處[31]，而且最近在渭水流域中游的考古遺址中所發現的青銅器，不但有安陽殷墟時代的殷商式的，而且有鄭州時代的殷商式的[32]。這些新的發現，證明了青銅器至少在殷商中期便已在關中出現。值得注意的是這個新發現的青銅器中所見的斝多具鼎足，也許還代表殷商對關中周文化影響的早期階段。要專從考古學的證據上看關中的殷商時代周人青銅器的特殊形像，我們還得等待更多材料的出現。

　　這些材料必將隨著關中早周文化考古的進展而大量出現。關中地區西周時代青銅器（尤其是有銘文的）出土的歷史已很悠久[33]，但周代及周代以前的田野考古則事屬較近。1943年一月到九月，中研院史語所的石璋如在關中的涇、渭、雍三水流域作考古調查，共發現了六十六處遺址，石氏分之為七期：龍馬、邠縣、豐鎬、澔西、斗門、張家、和鳴玉。當時對陝西史前和古史的層序還只有初步的了解，這七期文化的絕對年代及其與早周和西周的卡合，還不清楚，但斗門期的"遺物中以灰色繩紋陶爲多，其形制與安陽小屯殷商文化層中之遺物相類似"[34]，可供斗門及其

---

[31]　陝西省博物館：《青銅器圖釋》（1960）；《扶風白家窖水庫出土的商周文物》，《文物》1977（12），頁84-86。

[32]　《陝西省岐山縣發現商代銅器》，《文物》1977（12），頁86-87。

[33]　其在岐都地區的，見陳全方：《早周都城岐邑初探》〔《文物》1979（10）〕一文中的"兩千年來岐邑出土西周青銅器簡目表"。

前後數期斷代的一個據點。石氏調查的區域，包括雍水流域的扶
風、岐山縣境；石氏在這個地區調查以後的觀察如次：

> 岐本是山的名字，因爲雙峯對立故名岐，就是現代的箭
> 括嶺。岐的太王遷徙的地方，在岐山之陽，大家一致的
> 認爲是現在的岐陽堡，大概沒有什麼錯誤，因爲北面的
> 岐山和南面的周原，確定了它的位置。三十二年六月十
> 七日來此調查。從扶風的北關，上到了原頂之後，一直
> 到北面的清華鎮，是一個遼濶的平原，再由清華鎮向北
> 直到岐陽堡仍是這個平原向北的延展，北自岐陽堡南至
> 扶風城北，相距約二十五公里左右。在這遼濶的平原
> 上，盡是肥美的農田，所謂周原膴膴眞可爲名符其實
> 了。……
>
> 這裏盜掘的情形，不算很利害，地形的變化，也不如安
> 陽小屯那樣的劇烈，如果他們眞的在那裏如此的經營建
> 設，那麼那裏的地下可能埋藏著比較完整的宮室遺址，
> 從那些基址上或者可能把周初的宮室復原起來[35]。

石璋如的這個預料，在三十多年之後已經開始爲大規模、有系統
的考古工作所證實了。自 "1976年2月開始，省文管會和有關市
縣文博單位，結合北京大學、西北大學歷史系考古專業教學實

---

(34)　石璋如：《關中考古調查報告》，《中央研究院歷史語言研究所集刊》27
　　　(1956)，頁315。

(35)　石璋如：《周都遺蹟與彩陶遺存》，《大陸雜誌特刊》(1)(1952)，頁 368-370。
　　　〔同文又見《傳說中周都的實地考察》，《中央研究院歷史語言研究所集刊》20
　　　(1949)，頁91-122〕。

習，對周原西周文化遺存進行了考古發掘……同時在岐山鳳雛村和扶風召陳村、雲塘村進行"[36]。目前已經報告的工作只有鳳雛村的一片大型建築基址；其始建年代，"有可能在武王滅商以前"，其使用下限，則"延長到了西周晚期"[37]。很可能的這批材料包含著太王、王季和文王三代周國國都岐邑的一部分遺物，其中的器物在討論殷周關係上自然是非常重要的材料。這批材料尚未詳細發表，但在一個貯藏室中所發現的一批卜甲卜骨中有若干有文字的已經問世，見下文的討論。專從基址的形狀上看，其夯土技術及方向定位是和殷商的基址相同的，但這裏的基址較大，它的四合院式的布局也與安陽小屯的有若干差異。

除岐邑的大型基址以外，早周遺址近三十年來"在陝西渭水和涇水及其支流的寶雞、鳳翔、岐山、扶風、眉縣、武功、興平、周至、鄠縣、長安、邠縣、長武等地區"都有發現[38]，其中包括居住遺址、墓葬、和窖藏，在墓葬和窖藏中多有青銅器的發現，已在上文提到。尤其值得注意的是這些遺址中出土的陶器有以下幾個特徵：

㈠夾砂粗灰、紅陶，方唇、高斜領，帶把手，或附加鋸齒狀泥條橫耳以及無耳空心分襠袋足鬲，或圓唇高捲領癟襠尖足鬲。

㈡有些盆罐的壁中部飾方格紋，有的有雷紋中套乳釘紋；在陶器上飾雷紋的作風可能受了殷商銅器的影響。

㈢泥質灰（紅）陶盆、罐的腹壁較薄，肩腹上部素面磨光。

⑶. 上引《陝西岐山鳳雛村西周建築遺址發掘簡報》，頁27。

㈲ 同上，頁34。

㈳ 徐錫臺：《早周文化的特點及其淵源的探索》，《文物》1979（10），頁50-59。

㈣早周文化層內不見豆、盂，也無腰坑和狗架[39]。

照研究者的看法，"早周文化遺存存在著客省莊第二期文化中的某些因素的特徵，再根據周文化遺存直接疊壓著客省莊第二期文化遺存的關係，因此我們認為早周文化可能是在客省莊第二期文化的基礎上接受了齊家文化的一些因素發展起來的。換言之，早周文化起源於客省莊第二期文化，在它發展的後期受了殷商文化的影響而形成西周時期的社會經濟形態"[40]。

這種說法，似乎很有些道理，但要具體詳細證明恐怕還得等待許多材料與研究結果的發表。目前不妨用作為進一步討論基礎的一個假設，是早周文化與殷商文化都是在中原龍山文化的基礎上發達起來的；在發展過程中互相都有影響。殷商的發達程度可能較早，其較發達的物質文化與社會經濟形態都對早周有一定的影響，但周文化自始便有其若干獨特的特徵。周文化是什麼時候達到了青銅器時代與王國形態的政經組織，考古學上還不能判定。我們只知道：㈠殷商中、後期式的青銅器已在關中出現，並且有可能是在當地製造的，而且有些有本地的特色；㈡岐山的周原有大型宮殿基址和甲文發現，其時代可能早到伐紂之前。

四　殷墟卜辭中所見殷周關係

殷墟卜辭裏有地名作 囷 或 甾 者，自吳大澂起釋為周，今無異說[41]。島邦男氏《殷墟卜辭綜類》中收入有周字的卜辭八十

---

(39) 上引徐錫台，《早周文化的特點及其淵源的探索》，頁58。

(40) 同上，頁59。

(41) 李孝定：《甲骨文字集釋》，中央研究院歷史語言研究所專刊50（1965），頁383-388。

二片，多屬第一期，但第二、四兩期的也有[42]。卜辭中之周自是三代夏商周中之周，所以卜辭中有關周的資料是從殷人的立場看殷周關係的最上資料。

卜辭中的周，在殷的西方，與文獻和考古中所見的相符。島邦男氏分析第一期（武丁時代）甲骨文中周人位置在"蒲縣與秦州交界一帶"[43]，定周方就是以岐山為中心的地方。這是岐山周原名周的最早的證據。《史記集解》引皇甫謐云："邑于周地，故始改國曰周"。這與傳統史料中太王遷岐下之後才逐漸建立周國的說法是相符的。武丁與太王時代不符這一點上面已經提到。從殷墟卜辭的證據來看，周原的住民在武丁時代已是周國；當時的周人的首領是古公亶父（與太王或非一人）還是古公亶父遷來以前的周原原有住民的首領，則目前沒有辦法知道。

從殷墟卜辭所見周人的政治地位與殷周關係，自來有胡厚宣[44]、陳夢家[45]、島邦男[46]、與鍾柏生[47]等氏的研究，其說法多集中在武丁時代殷周有無敵對關係這一點上。但 David N. Keightley 的研究後出為上，擇其有關的討論較詳細的譯引如下：

　　有的材料較不規則：在一個例子中周稱為周方，是一個

---

(42) 島邦男：《殷墟卜辭綜類》（東京，汲古書院，1971，第二版）；《殷墟卜辭研究》（東京，汲古書院，1958），頁412。

(43) 同上引《殷墟卜辭研究》，頁406。

(44) 《殷代封建制度考》，《甲骨學商史論叢初集》，（成都，齊魯大學，1944），頁24-25。

(45) 《殷墟卜辭綜述》(1956)，頁291-293。

(46) 上引《殷墟卜辭研究》，頁409-413。

(47) 《武丁卜辭中的方國地望考》（臺北，書恒出版社，1978），頁18-20。

殷商以外的稱呼，而且在另一個例子中商人期盼對周人
有損害。但其他的材料（除另外註明的均屬一期）都提
供比較一致的以周人如商國成員的一幅圖畫：周人自商
王並自另一國家分子接受命令；周人支持商王的行動；
商王占卜周人將士及周人田獵；周人受封號；周人一般
不稱方；周人參與商祀；商王對周人生病表示關心並祈
求周人無禍無祟……；商人可能在周舉行祭祀；周人為
可能性的盟國；商王盼周人在戰役中無傷亡；商周之間
似乎有婚姻關係；周人並入貢占卜用的龜甲。……

另一方面，很清楚的周人不在商國的核心。周人未被
"呼"作任何事，亦即他們不在呼喚範圍之內；周人未
曾來告；周人未嘗來賓；亦未曾禮備商王所用卜甲。殷
周之間的地理上與政治上的距離亦有見於下舉證據：在
第一期到第四期商王未曾在周人區域田獵、巡視、或訪
問，也未在周人區域占卜、出行或召集軍士；也未指揮
周人兵卒或命令其他將領來指揮周人兵卒。在農業活動
上，周人未嘗參加商王儀式，商王也未卜問周人受年。
在周人服役方面，商王所用貞卜人物中沒有叫周的，周
人除龜甲外也未進貢其他財物。……換言之，商人對周
人或周地直接的接觸不多。……

根據〔島邦男氏所收集的〕八十二條卜辭，我們可以作
結論說，在第一期周人是構成商國一部而比較遙遠的羣
體之一，商人對周人之控制既不堅強亦不是連續的，可
是商人對周人確有興趣和關注⑷。

Keightley 並繼續指出從卜辭中所見殷周關係所牽涉的方面甚廣，這也是周人在商王控制範圍之內的一種跡象。

　　周人到底是商國之內的一個地方區域，還是與商國有密切接觸關係的一個單獨的國家？這是一個難以回答的問題，但這個問題卻是研究殷周關係的出發點。中國古代"必也正名乎"的習慣，在殷墟卜辭中表現為商人對各地各人稱為方還是稱為侯、伯、田。第一期卜辭中稱周方的有好幾個例子：《乙》3536："周方弗其有禍？"《乙》2170："周方其無禍？"《丙》444："丙辰卜，賓貞：王叀周方正？貞：王勿隹周方正？"卻沒有稱周為侯伯田的。（稱周侯有一例，在第四期：《甲》436："命周侯今生月無禍？"）固然武丁對周表示過關心，也曾令周"固王事"，另一方面也曾對周施過征伐[49]。看來鍾柏生的結論是可靠的：

> 我們可以說武丁時期，在某段時間周人曾不服於殷，經
> 過征伐後，周亦臣服於殷，是故殷人才令周往于〔某
> 地〕並貢龜於殷。這種不穩定的關係，在第四期卜辭亦
> 然[50]。

但第四期卜辭中無周方而有稱侯的一例，已見上。看來自武丁征伐之後周一直臣屬於殷，甚至為殷的侯國，這與文獻上周文王稱西伯是一致的。但名義上的對立關係與臣屬關係是一事，實際上

---

(48) "The Late Shang State : When, Where, and What?" Unpublished paper for the Conference on The Origins of Chinese Civilization, June 1978, Berkeley.

(49) 見上引胡厚宣、島邦男和鍾柏生諸文的討論。

(50) 上引《武丁卜辭中的方國地望考》，頁20。

的敵友關係又是一事。第四期周雖偶稱爲侯，卜辭中仍有"戋周"
的說法（《甲骨續存》下317）。

五　岐山甲文中所見殷周關係

　　岐山甲文的發現在中國古史學上的重大意義，在文首已經談
過。這批材料發現的經過和概況如次：

> 1977年7-8月，周原考古隊在發掘岐山鳳雛村甲組建築
> 基址時，發現了大批甲骨文。……甲骨文出土于建築基
> 址內西廂房第二號房間的一個窖穴裏，編號爲77 QF-
> F1-H11。……窖穴打破了房屋臺基，時應晚于房屋臺
> 基。……
>
> 窖穴內共出土甲骨一萬七千餘片，其中卜甲一萬六千七
> 百餘片，爲龜的腹甲，卜骨三百餘片，爲牛的肩胛骨。
> 目前已清洗出有字卜甲一百九十多片，在卜骨上未見有
> 文字的，……目前發現的卜甲的總字數爲六百多字，每
> 片上的字數多寡不等，少的一字，多的三十字。(51)

這批材料雖然重要，卻尚未詳細的發表。卜用甲骨的形製，有無
鑽鑿，龜甲部位等都沒有描寫，而有字的一百九十多片卜甲中，
只有三十二片有釋文、照片、或描文刊出。現只揀數片在殷周關
係上較有意義的提出來作初步討論。

　　㈠岐山甲文 H11:1

　　　癸巳彝文武帝乙宗。貞：王其邓祭成唐？□鼎祝示艮二

---

(51)　《陝西岐山鳳雛村發現周初甲骨文》，《文物》1979 (10)，頁38-43。

　　女？其彝血牡三？豚二？卣有足。

這片卜辭長達三十一（或三十二）字，大概是岐山甲文中最長的
一片，其中所包括的問題也較多。報告者謂文武帝乙（即殷王帝
乙）是周人祭祀（"彝"）的對象，如此則此片一定是帝辛時代
的，亦即文王時代的。但"文武帝乙宗"亦可能是宗廟中的一個
特定的祭祀地點；𣄰其卣二銘文曰："乙已，王曰障文武帝乙俎"
[52]，與此片卜辭文義相似，也可能指祭祀（"障"）的一個地點
（"俎"）。在周廟裏這個地點，當是指定給"文武帝乙"的。既然
後文貞問祐祭成唐，可見成唐（大乙）是可以在文武帝乙宗來祭
祀的。這又使人聯想到商王宗廟祭祀中的乙丁制[53]。換句話說，
文武帝乙可能指帝乙，但也可能不是專指帝乙的。這片卜辭的時
代當不致於在武王伐紂之後；它可能是帝辛時代的，也可能早於
帝辛。

　　"王其祐祭成唐"這一句中的王，想是指周王而不是指殷王，
如此則這句話的意思便很大了。周王的卜人稱他爲王；這在過去
經學與金文學者中多有爭辯，但岐山的材料可以定案。可是周王
不但在他的宗廟裏擺設了專祭殷商文武帝乙的地點，而且還要用
三羊兩豕來祐祭成唐，這可以說是在這片卜辭書刻的時代周王在
儀式上臣屬殷商的表現了。

　　成和唐兩個名字都在殷墟卜辭中常見，但把兩字放在一起則
這片卜辭還是首見。成湯這個名字來自成唐，過去早已推定，得

---

[52]　赤塚忠：《稿本殷金文考釋》（東京，1959），頁14-18。

[53]　張光直：《商王廟號新考》，《中央研究院民族學研究所集刊》15 (1963)，頁
　　　65-94；《談王玄與伊尹的祭日並再論殷商王制》，同上刊35 (1973)，頁111-127。

以片可完全證實。

　　㈡岐山甲文 H11:84

　　　　貞：王其奉佑大甲？晋周方伯□唯足，丕左于受有佑。

這片亦稱周王爲王，但周王乞佑於殷王大甲（大甲又是乙丁制下乙組的王，又是值得注意的一點）。又說此王實爲殷王，待考。

　　㈢岐山甲文 H11:3

　　　　衣王田，至于帛。王隻田？

衣王，卽殷王，周人稱殷爲衣，見大豐（天亡）𣪕（"丕克乞衣王祀"）。殷王田所至之帛，不知何地。殷墟卜辭中亦有帛（《前編》二、一二、四），亦地名。

　　㈣岐山甲文 H11:20

　　　　卣亡咎。祠自萬于壹。

H11:27

　　　　□于𢁉洛，

H11:9

　　　　大出于河。

H11:18

　　　　出自龜。

H11:22

　　　　虫白。

H11:45

　　　　畢公。

H11:8

　　　　□鬼棄乎宅商西。

以上這七片中有若干地名與國名，對周之四至有所啓示。
"河"在殷墟卜辭中指黃河，在此當同。"洛"當指陝西涇洛之
洛。"蒿"或指鎬京。"虫白"據報告者推測或卽"崇伯"，不
知何所據？崇伯之崇來自嵩或自柳，似與虫字無關⑸。《左傳》
昭公十九年有蟲，但在邾境內，今山東濟寧縣境，不會是岐山周
文所指。又甲文之睸，卽龜字。卜辭有龜氏，地望不明⑸。畢，
"文之昭也"（《左傳》僖二十四），亦在咸陽縣境⑸。鬼，或卽鬼
方；商，當卽大邑商之商；此地據文義，或指殷商之商。

(五)岐山甲文 H11:4

其微、楚□芟黃，師氏受黃。

H11:83

曰今秋楚子來告……。

這兩片中都有楚。上文引徐中舒主張太王開始翦商，實以向江南
之開闢爲始。岐山甲文中重複提到楚國，並云楚子來告，是非常
值得注意的。

(六)岐山甲文 H11:68

伐蜀，絲。

H11:110

征巢

這裏所征伐的兩國，都不是在舊籍中季歷與文王所伐的對象之中，
可見當時記載遠不完全。同時兩國都在南方，進一步的加强了徐

⑸ 上引陳槃：《春秋大事表列國爵姓及存滅表譔異》，頁377。
⑸ 丁山：上引《甲骨文所見氏族及其制度》，頁22。
⑸ 上引陳槃：《春秋大事表列國爵姓及存滅表譔異》，頁329-330。

中舒周初經營南土的說法。周初之蜀，一說在漢水上流[57]，而巢亦楚地羣舒之國[58]。

　(七)岐山甲文 H11:2

　　　自三月至于三月月唯。五月宙尚。

H11:13

　　　匕貞：既魄？

H11:26

　　　匕貞：既吉？

H11:55

　　　隹十月既死□，亡咎？

H11:64

　　　六年。

以上五片說明周人的曆法與殷商有顯著的不同，而與西周金文中的曆法有關。《爾雅釋天》："夏曰歲、商曰祀、周曰年"。岐山甲文中已有年，又金文中月相名稱的詞彙如既、吉、魄、死、月唯等，在岐山甲文也有，這也是討論殷周文化異同上極爲珍貴的資料。

　　岐山的這批甲文資料，可作之問題至多，將來資料陸續公布，當可繼續研究，從目前已經發表的材料看殷周關係問題，至少有值得注意的兩點：其一，早周的文字、文法、占卜制度、地名、祭祀等文物制度與殷墟所見大同小異，但其中所見曆法及另

(57)　陳槃：《不見于春秋大事表之春秋方國稿》，　中央研究院歷史語言研究所專刊 59 (1970)，頁17-32。

(58)　上引陳槃：《春秋大事表列國爵姓及存滅表譔異》，頁369-371。

外一種文字（不識，未引）表現了周文化的地方特色。其二，衣
王的祖先，爲周王祭祀求佑的對象，是周王在祭儀上臣屬於商王
的具體表現。但凋王自稱王，同時進行征伐及經營南土。可見殷
周關係，錯綜複雜，不是簡單的"敵對"或"臣屬"兩字便可以
包括完全的。

六　小結

　　近年來考古資料出土很多，不但在古史研究上供給許多新的
史料而且供給了對舊史料重新加以評價、吸用的新證據和新標
準。在殷周關係上，新史料給了我們這樣的新認識：

　　從考古材料上看，殷周文化各淵源於不同區域的龍山文化，
而且在形成過程中互有影響。因此兩個文化是屬於同一個文化傳
統──中原文化──的，但殷文化形成較早，影響力較強，同時
周文化也有他的地方性、區域性的特色。武王伐紂以後，西周文
化繼承了殷商文化的一緒，同時也將他們的固有文化加入了中原
文化的主流。

　　從殷墟卜辭上看，周人自成一個政治體，自武丁時代便在殷
商的西方活動，與殷商的關係一直是比較密切的臣屬關係，第五
期帝乙帝辛的卜辭中還沒有看到關於周人的紀錄，這是比較難解
的。周人之成爲殷商心腹大患應該是在這一個時代發生的。

　　從周原新出土的甲文看，周人在武王伐紂之前已自稱王，對
殷商王朝而言是在祭儀上有臣屬的關係。但同時甲文裏亦富有征
伐與開闢江漢的跡象。從文化上看，他們屬於殷商的一系，但也
有顯著的區域特徵。

　　從各方面新資料來看，傳統的文獻對周人開國經過的記述，以及近人對這些資料的研究，在基本上有許多可信之處。《詩經》裏面周人的自述，更證實了它的歷史性。目前所看得到最大的問題，是武王伐商以前周人開國的時代。看來周人之興起，成一強大國家，不止太王、王季、文王三代。文王以前周人系譜究竟如何，他們在岐山定都多久，這都恐怕得等更多的資料出現以後才能得到解答。

五

中國考古學上的聚落形態
──一個青銅時代的例子*

　　"聚落形態"到現在爲止還沒有在中國考古學上成爲重要的
討論題目，而這方面的研究還只能說是遠景大於成果。在稍早發
表的一篇回顧中國考古學發展的論文裏，我對考古研究的這一方
面作過這樣的評論：　"在考古學上最可能有成果的研究題目之一
是聚落形態──包括歷史與史前某一時期的聚落形態與通過較長
時期能够辨認出來的聚落形態。中國考古學已經找到足够開始這
種研究的材料，但目前的成果還只局限在少數文字歷史上熟知的
城市之內。……我相信考古學在中國經濟史所能做到的最大的貢
獻是在各個時期大小不同的各種聚落之間的關係上面，因爲在這
方面考古學能提供一種全新的資料。中國歷史上的名城──殷、
長安、或洛陽──不是孤立的存在的；它們一定是由許多大小不
同功能各異的聚落所構成的較大的網狀系統的一部分。……東周
時代的城址已有許多發現，如果把它們與關於列國之間在許多方
面的關係上很豐富的文獻資料放在一起來研究，很可能有重要的

---

* 原文英文，在1980年 8 月奧地利 Burg Wartenstein 關於 Prehistoric Settlement
　Patterns：Retrospect and Prospect 國際學術討論會(Wenner-Gren Foundation
　for Anthropological Research主辦) 上宣讀。會議論文集印刷中。

成果" (1) 。

　　這一類的研究自然可以施用於中國史前時代與歷史時代的每一個階段。事實上，陝西中部渭水流域的仰韶文化已經有很好的材料可以做 "大規模聚落形態" 的研究(2)。可是一直要到 "聚落形態" 成為田野考古設計上的一個主要焦點而且要到這種研究能在科際的局面之下進行以前，我們只好繼續倚仗那非常豐富的文字史料，而這種史料當然只有在歷史時才有。在這方面，青銅時代的聚落形態可以提供一個很好的例子，來證明聚落形態這種研究法在中國可以使用，而且還證明中國境內的材料對這種研究法的可能的貢獻。

　　中國青銅時代聚落形態的仔細研究顯示在青銅時代社會基本單位——城邑——之內。在幾乎兩千年的期間中有相當程度的空間的連續性，但在另一方面它也能揭露出來這些城邑之間的相互關係——卽它們彼此相連續的在變化著這件事實。空間方面的資料是有關聚落彼此連結起來的資料的一部分，但僅憑空間上的資料在這些變化或變化的原因上絕對提不出來任何線索。

一　中國青銅時代的城邑

　　"中國青銅時代" 一詞指中國歷史上約2200—約500 B.C. 這個階段；這個階段期間青銅器（主要是禮器與兵器）在考古遺物中占有顯著的重要地位，而且可想而知是上層階級生活中的一種

---

(1)　K. C. Chang, "Chinese archaeology since 1949," *Journal of Asian Studies* 36(1977), pp. 642-643.

(2)　史念海，《河山集》 (1963)

中心事務(3)。這也是區域性的王朝競爭顯要權位的時期；在紀錄上有過三個王朝──夏、商、周──在不同時期取得顯要地位，因而中國青銅時代又可稱爲三代。

整個青銅時代的基本社會單位是有城牆圍繞的城邑；華北的黃土地貌上點布著數以千百計的這種城邑。在外形上看，這些城邑都很相似。每一個城都在四周爲土牆所圍繞。土牆是夯築而成的：長條木板縛在一起形成槽伏，黃土放入槽中用石頭或金屬夯具捶實，然後木板解下向上移位以後再形成一級空槽，其中塡夯黃土之後又形成較高的一段土牆，這樣一層層加高到築成爲止。城牆平面布局多半成方形或長方形，依東、南、西、北四方築成。因使用木板所以牆是直的而牆角多成直角。四牆上開城門，南門通常是主要的城門，而全城可稱坐北朝南。城的這種定位在華北來說應該是比較自然的，因爲太陽自南方照下。

固然這種土城的許多特徵可以用物質上與環境上的因素來解釋，它仍不失爲在很快的時間之內，一次設計之下在大地上建築起來的的莊嚴的人工物。在商代卜辭裏"作邑"是個常見的詞(4)。周代的文獻裏對這重要作業有比較詳細的描寫，其中也含有占卜定位的材料：

> 古公亶父，來朝走馬，率西水滸，至于岐下，
> 爰及姜女，聿來胥宇。周原膴膴，菫荼如飴，
> 爰始爰謀，爰契我龜，曰止曰時，築室于茲。

(3)　Chang, "The Chinese Bronze Age: A modern synthesis," in: *The Great Bronze Age of China,* Wen Fong, ed. (New York: The Metropolitan Museum of Art, 1980)

(4)　島邦男：《殷墟卜辭綜類》（東京，汲古書房，1971，第二版），頁43。

迺慰迺止，迺左迺右，迺疆迺理，迺宣迺畝，
自西徂東，周爰執事。乃召司空，乃召司徒，
俾立室家，其繩則直，縮版以載，作廟翼翼。
捄之陾陾，度之薨薨，築之登登，削屢馮馮，
百堵皆興，鼛鼓弗勝。迺立臯門，臯門有伉，
迺立應門，應門將將，迺立冢土，戎醜攸行。

（《詩‧大雅‧緜》）

在這首詩裏描寫如此生動的這座城邑現在已爲考古學者找到，而
它的發掘也已開始[5]。但這裏所描寫的作邑情狀對三代期間的其
他城邑也應同樣適用。可是城邑的建造不但是建築的行爲也是政
治的行爲，而古代的城邑也好像現代的城邑一樣，用費孝通的話
來說，是"在權力居於力量這樣一種政治系統中統治階級的一種
工具。它是權力的象徵，也是維護權力的必要工具"[6]。

　　青銅時代的城邑是建來維護宗族的權力的。中國古代社會是
以社會人類學者稱爲"分支宗族"（segmentary lineages）[7]
的親族系統爲特徵的。中國古代的父系氏族實際上是許多由系譜
上說眞正有血緣關係的宗族組成的；這些宗族經過一定的世代後
分支成爲大宗與小宗，各據它們距宗族遠祖的系譜上的距離而具
有大大小小的政治與經濟上的權力。當宗族分支之際，族長率領
族人去建立新的有土牆的城邑，而這個城邑與一定的土地和生產

---

[5]　《陝西岐山鳳雛村西周建築遺址發掘簡報》，《文物》，1979（10），頁27-37。

[6]　*China's Gentry* (Chicago: The University of Chicago Press, 1953), p. 95.

[7]　M. G. Smith, "On segmentary lineage systems," *Journal of the Royal Anthropological Institute* 86(1956), No. 2.

資源相結合。從規範上說，各級宗族之間的分層關係與各個宗邑的分層關係應該是相一致的。

宗族的地位與城邑的地位表現在各種的象徵物上。因為系譜是地位的基礎，所以在儀式上重新肯定個人在系譜中地位的祖先崇拜乃是最高的宗教　，　而在祖先崇拜中使用的青銅禮器乃是最高的象徵物。中國古代青銅禮器在形式上與在裝飾花紋上的複雜性，以及將這麼多的財富投入這種象徵媒介這件事實，充分的表現了宗族宗教以及宗族制本身的精緻多樣和複雜。

但是儀式上的認可只是權力維護的一面　，而另一面則涉及"力量"本身。青銅在中國古代的另一主要用途是用在兵器上：青銅鑄成矛頭、戈頭、刀、鉞、和鏃。城邑的夯土城牆，再加上它的城門、望樓和護城河，顯然是為了防禦的目的而建造的。

中國青銅時代聚落形態的研究以城邑與城邑之間在空間上的彼此關係為中心。大小與複雜程度不同但根據同樣的定向原則與社會及儀式性的布局而建造的任何一個城邑，都以一個個別的共同體的單位的身分與相似的其他單位發生種種關係。在三代的兩千年間，許多的城邑都為人連續的居住著，而且城邑與城邑之間在空間關係上的資料始終沒有變化。但是它們之間在分級制度上的相互關係則常常變化，而且有時變化劇烈。

二　城邑間的分級制度及其變化

青銅時代在華北的地貌上散布的成百成千的城邑（有的僅知其名，有的有遺址發現）是如何有系統的組織起來以反映它們內部的秩序？也就是在它們占居期間在一個分級分層的網狀結構之

內的相互關係如何？有鑑本文的目的，我們尤感興趣的乃是下面
這個問題：如果沒有其他的考古或文獻上的資料，專用"空間分
析"（spatial analysis）的方法在這種相互關係的決定上能有
什麼程度的肯定的貢獻？

　　就這個目的來說，最好的材料來自中國青銅時代的一個較小
的段落，卽自722到481B.C.的春秋時代。這些材料是在魯國的國
家檔案裏面，卽《春秋》，一般傳說是孔子（551-479B.C.）所
作。這部書記載了城與城之間的征伐，及國與國之間的征伐。約
一百年以後的一位左丘明又爲《春秋》作傳，增加了許多有用的
材料。根據《春秋》經傳所載的資料，再加上歷代對這部書研究
的結果——尤其是陳槃的《春秋大事表列國爵姓存滅表譔異》[8]
——我們可以辨認出來許多春秋時代的列國並且斷定它們彼此之
間的關係。

　　每一個國有一個若干城邑的網狀結構；國內的首邑稱爲都：

從理論上說，每國都是由周王室建立的。周人封建的程序在《左
傳》的兩段文章裏有基本的說明：

　　　　"天子建德，因生以賜姓，胙之土而命之氏。"（隱公八年）
　　　　"昔武王克商，成王定之，選建明德以藩屏周，故周公
　　　　相王室以尹天下，於周爲睦。分魯公以大路、大旂，夏

---

(8)　中央研究院歷史語言研究所專刊，第52號，（1969）

后氏之璜，封父之繁弱，殷民六族：條氏、徐氏、蕭
氏、索氏、長勺氏、尾勺氏，使帥其宗氏，輯其分族，
將其醜類，以法則周公，用即命于周，是使之職事于
魯，以昭周公之明德，分之土田陪敦，祝宗卜史，備物
典策，官司彝器，因商奄之民，命以伯禽，而封於少皞
之虛。分康叔以大路、少帛、綪茷、旃旌、大呂，殷民
七族：陶氏、施氏、繁氏、錡氏、樊氏、饑氏、終葵
氏，封畛土略。自武父以南及圃田之北竟，取於有閻之
土以共王職，取於相土之東都，以會王之東蒐，聃季授
土，陶叔授民，命以康誥而封於殷虛。皆啓以商政，疆
以周索。分唐叔以大路、密須之鼓、闕鞏、沽洗，懷姓
九宗，職官五正，命以康誥而封於夏虛，啓以夏政，疆
以戎索。（定公四年）

從這兩段文字，我們可以很清楚的看出；在周初周王將他的親屬
或大臣封到外地去建立他自己的城邑時，周王所賜的物事至少有
下列諸項：

　1.他原來的氏族的姓

　2.土地

　3.以宗族爲單位的人民

　4.新的氏名以標志他的新政治單位

　5.適合他新政治地位與其新城邑的政治地位的儀式性的徽章

---

(9)　以上據自 K. C. Chang, *Shang Civilization* (New Haven and London：Yale
University Press, 1980),p. 161. 關於商周封建宗法及氏姓制度的古今文字不勝
其數，但說明清楚、內容合理、證據豐富者則稀少；見徐復觀：《周秦漢政治社
會結構之研究》（臺北，學生書局，1974再版）。

與道具⑼。

這些物事不但給了新封建領主的生活來源（土地與人民），並且把他在周王國之內的正式地位給予官方的與儀式性的肯定。他的統治範圍是他的"國"，而他居住的城邑是他的"都"。所有的國都將周天子（居住在他的國都）看做是他們共同的最高統治者，但各國有强弱之分，强者逐漸形成區域性的霸主。依此，周王國之內各國各邑之間的關係至少分爲四層：

　　周王——周王都

　　大國——有大國的都

　　小國——有小國之都

　　邑——個別的城邑

這種分層分級的系統是根據周代的文獻而建立起來的，但顯然在整個青銅時代都有相當程度的適用性。在較早的階段，國的數目較多，而每個國的轄區較小。當朝代改變，時間前進，國變得較大，統治的城邑加多。到了春秋時代，我們所知道的國只賸了一百多個。依顧祖禹的綜述，中國古代列國的歷史可以撮要如次：

　　　　傳稱禹會諸侯于塗山，執玉帛者萬國。成湯受命，其存
　　　　者三千餘國。武王觀兵，有千八百國。東遷之初，尚存
　　　　千二百國。迄獲麟之末，二百四十二年，諸侯更相吞
　　　　滅，其見于春秋經傳者，凡百有餘國，而會盟征伐，章
　　　　章可紀者，約十四君：魯、衛、齊、晉、宋、鄭、陳、
　　　　蔡、曹、許、秦、楚、吳、越；其子男附庸之屬，則悉
　　　　索幣賦，以供大國之命者也：邾、杞、茅、滕、薛、
　　　　莒、向、紀、夷、郳、鄫、遂、偪陽、邿、鑄、郜、

鄩、宿、任、須句、顓臾、郜、州、於餘邱、牟、郭、
郕、鄅、極、根牟、陽、介、萊、虞、虢、祭、共、南
燕、凡、蘇、原周、召、毛、甘、單、成、雍、樊、
尹、劉、鞏、芮、魏、荀、梁、賈、耿、霍、冀、崇、
黎、鄧、申、滑、息、黃、江、弦、道、柏、沈、頓、
項、邾、胡、隨、唐、房、戴、葛、蕭、徐、六、蓼、
宗、巢、英氏、桐、舒、舒鳩、舒庸、鍾吾、穀、貳、
軫、鄖、絞、羅、賴、州、權、屬、庸、麇、藝、巴、
邢、北燕、焦、揚、韓、不羹。又有九州夷裔則參錯于
列國間者也：戎蠻、陸渾、鮮虞、無終、潞氏、廧咎
如、白狄、驪戎、犬戎、山戎、茅戎、盧戎、鄋瞞、北
狄、淮夷、肥、鼓、戎、濮。（《讀史方輿紀要》卷一）

這裏所包括的十四個大國和一百一十三個小國不是每一個都能在
地圖上找到準確方位的，但大多數是可以相當準確的找到。圖
一依李宗侗示各國大致位置[10]。圖中兩個方形黑塊示周的東西兩
都；較大的黑點示十四大國位置，較小黑點示能斷定的各小國位
置。每一黑點可能代表一個城邑，但在大多數情形下代表一羣或
一組城邑。依我們所知的，這些個國邑在 700-400B.C. 這一段時
期內都存在，因此可以當做同時的聚落對待。

　　從這些城址的分布上我們可以提出兩種問題出來：它們為什
麼分布在它們所分布的地點？它們彼此之間如何發生關係？這兩
個問題都是有關過程（process）的問題，而圖一只表現形式。

─────────────
[10] 李宗侗：《春秋左傳今註今釋》（臺北，商務印書館，1971），上冊，春秋列國
總圖。

〔空間考古學〕種種難題……之一是從形式推測過程的困
難。同一個空間上的形態可能是各種不同的空間上的過程
所造成的……。我們常常得自空間以外的證據上來找材料
以支持或反對關於空間過程的理論⑾。

關於春秋列國分布形態很有趣的一點是對它們的解釋一定要根據
很少是空間性的證據。因爲在 700-400B.C. 這段時間裏面的材料
與個別列國的來源無關（因爲它們都在這個時期以前便已形成）
而僅與它們之間關係的變化有關，我們僅討論上舉兩個問題中的
第二個，卽在圖一所示的列國是如何在彼此之間發生關係的。

　　將列國加以分組的頭一個也是儀式上最重要的方式是照它們
的統治者的氏族起源來區分。上面已說過，在三代期間當宗族膨
脹分裂時，分開的支族被送出去建立它們自己的城邑，而這些城
邑經過若干時間之後成爲大小列國。春秋時代，在政治上和儀式
上最重要的兩個氏族是姬姓和姜姓。姬姓爲周朝王室所出，而姜
姓爲周王室男性成員經常娶妻的來源。圖二示最重要各國的諸姓
分布，從這裏可見姬姓國最多 ， 而姜姓的也分布甚廣 。 子姓是
商朝的氏族，其成員在其所統治的城邑的數目上說還有一定的力
量。風、曹、嬀、偃等爲較古的姓，而嬴則爲在 221B.C. 統一中
國建立第一個大帝國的秦國的姓。

　　氏族來源不但在國的起源上而且在個別的國的儀式上的地位
上也有重要性 。 但列國之間重要的政治 、 經濟上的交互關係則
主要爲軍事力量所決定的有規則的分羣所控制。≪春秋≫在這方

⑾ Ian Hodder and Clive Orton, *Spatial Analysis in Archaeology* (New
York: Academic Press,1976), p.8.

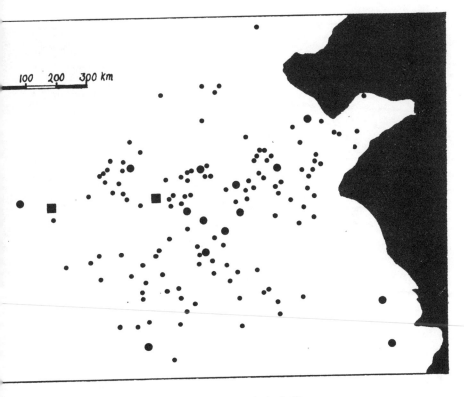

圖一　春秋主要城邑分布圖

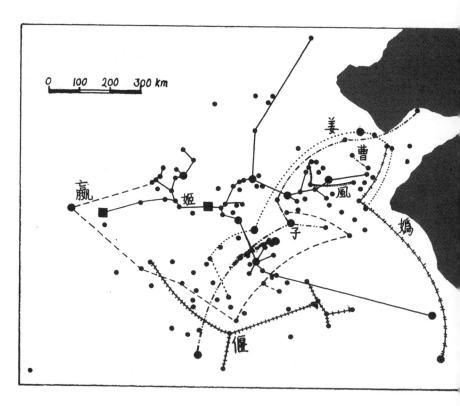

圖二　春秋主要列國的姓屬

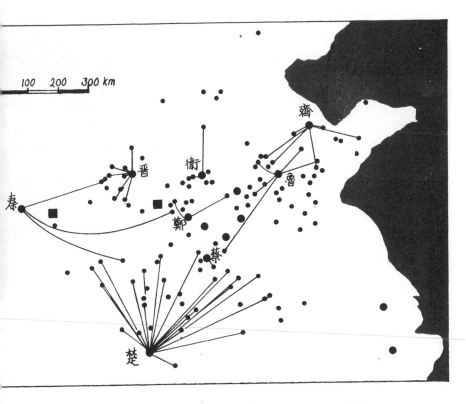

圖三 a　春秋主要城邑政治隸屬形勢（600B.C.）

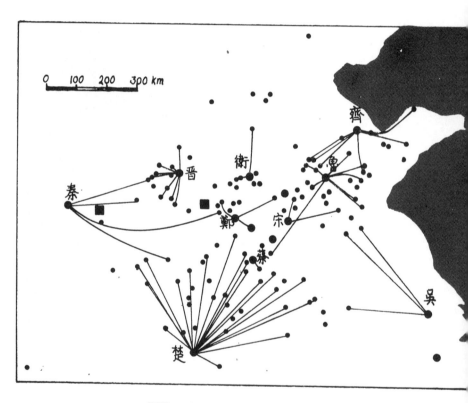

圖三 b　春秋主要城邑政治隸屬形勢 (500B.C.)

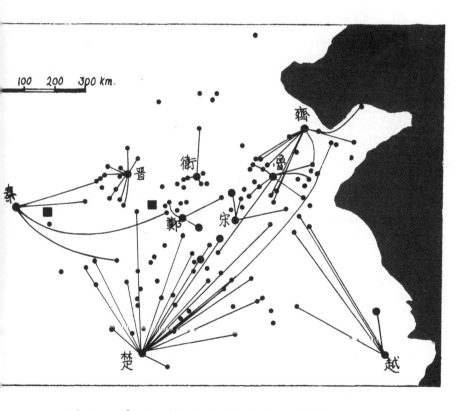

圖三 c　春秋主要城邑政治隸屬形勢（400B.C.）

面特別有價值，因爲它含有這三百年間互相吞併的詳細紀錄。圖三a到c表示中國從 700B.C. 到 400B.C. 中變化很快的局面。在700B.C. (圖一)，列國在理論上可說是平等的保持著它們在周王國這個客觀環境之內的虛構的地位。但根據現在資料，700B.C.以後不久列國便開始互相征伐，常常造成永久吞併的結果。到了 600 B.C. (圖三a) ，魯、齊、鄭、衞、晉、秦、蔡和楚將許多其他國家（常爲較小國家）合併在它們的政治領域之內而成爲比較大的列國。這些大國到了500B.C. (圖三b) 及400B.C. (圖三c)仍然是大國，但在這期間許多較小的國家及個別城邑的政治從屬關係上已發生了無數的變化。在這三百年間這些春秋列國及其城邑之間的政治關係的重要變化是用任何一個 "空間分析" 的方法都測查不出來的。

這些城邑與城邑羣（"列國"）的政治從屬關係的變化——政治性的但顯然有經濟意義的——是整個三代期間常見的現象，

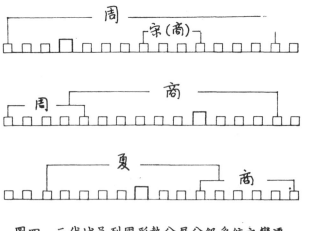

圖四　三代城邑列國形勢分層分級系統之變遷

雖然作分析研究只有在春秋時代才有最好的資料。事實上，所謂
"三代"在某一種意義上正是指中國古代歷史上一些城邑和列國
作了不同的分級安排的三個時期。上圖示在夏代夏國的都城統治
(卽作為首都)在夏統治範圍內所有列國的諸城邑，而在商代及周
代則首都的地位變遷到商國的都城或是周國的都城去了。城邑之
間與城邑的網狀結構之間在空間上的關係始終未變──不論原來
決定它們的因素如何──但是它們之間的分級分層關係則經歷了
劇烈的變化，而這些變化才真正影響到權力與經濟資源的流動。

三　理論上的一些意義

　　在聚落形態的考古學研究上，有兩種互輔但有尖銳區別的學
派。其一可以稱為聚落考古學，強調對聚落居民生活與行為的了
解，包括他們與其他聚落之間的關係行為在內。另一派可以稱為
空間考古學（spatial archaeology）或位置考古學（locational
archaeology），主要強調"空間性"本身，以自聚落的空間上
或位置上的特徵而取得解釋性的模型為目的。我要在這裏提出的
意見，是這兩個學派在關於文化與社會行為的基本前提上有很大
的不同，而且它們導致不同種類的結果。照我的意見，空間或位
置考古學本身不能供給對考古學上的聚落形態作人類學解釋的充
分的模式。

　　照已故的戴維克拉克氏（David Clarke）的看法，近年來空
間考古學的成長代表考古學理論的一次在概念上的進步。雖然美
國的聚落考古學對"空間"的觀念有強烈的興趣，他卻認為"在
這種研究的大多數情形下，社會學的、經濟學的、與生態學的目

的仍然是考古學上主要的考慮，而空間的資料、空間的結構、與
空間的變異性的任務仍然是附帶的"。因此他主張一次"考古學的
革新"，以求 "在考古學上的空間關係與空間變異性的因素的清
楚說明的調查，同時還要調查它們的基層的假定與其他的可能理
論"。他進一步的認為"只有現在考古學上的空間分析的整個重要
性才眞正被認識到，而且一個共通的理論和方法的融合才開始從
徐緩的內部發展及與涉及空間的諸種社會科學——地域行為學、
區域生態學、位置論的經濟學、地理研究、聚落學 (ekistics)、
建築理論、距離學(proxemics)——的零星接觸中產生出來"。
照他的看法， "考古學上空間研究的理論的大融合" 的時間現在
已經成熟了⑿。

　　雖然依克拉克的意見空間考古學只不過在現狀考古學上增加
一個新的（或者說是新使之嚴密化的）方面，我卻以為將聚落考
古學與空間考古學的區別辨認得非常清楚，和把空間分析方法可
以提高為行為解釋的理論的可能程度弄明白，都是非常重要的。
尤其是從當代考古界中在空間考古學上非常令人感興趣的許多新
研究的出現⒀看來，這些問題是相當迫切的。

　　由於這種考慮，靑銅時代的中國在城邑與城邑之間的關係的
資料在考古學理論上，尤其是在聚落形態的討論上，有很大的重

⑿　David Clarke (ed), *Spatial Archaeology* (New York: Academis Press, 1977), pp. 3-9 passim.

⒀　如 Clarke上引書；Hodder and Orton, 上引書；Carole L. Crumley,"Three locational models: An epistemological assessment for anthropology and archaeology," in *Advances in Archaeological Method and Theory*, Michael B. Schiffer, ed., vol. 2 (New York, Academic Press, 1979)

要性。首先，它們證明僅僅是空間的因素並不能決定聚落與聚落之間的關係——不論是爲古人也好還是爲現代研究者也好。因爲聚落與聚落之間的關係決定每一個參加互相作用關係的聚落的角色，整個的聚落形態——包括小聚落形態（即聚落內）與大聚落形態（即聚落間）——都要倚靠關於聚落分級分層關係各種事實的正確理解。

　　有關的各種"事實"必須在每一個聚落本身去搜集——它的物質組成、它每一現實部分的功能、它的居民的社會組織、以及爲了了解住在那裏的人的各種行爲和他們與其他聚落居民如何發生關係所需的其他各項資料。在考古學的情況下，這便指每一個遺址的仔細發掘及其過去文化與社會的充分重建。兩個城邑之間的關係的歷史上正確的理解只有在每個城邑本身有了充足的知識以後才能得到。不用說，對外的關係也是城邑生活的必要的一部，因此城邑本身的研究和城邑與城邑之間關係的研究，必須並進。我們在任何情況之下所辦不到的是僅僅根據對城邑平面位置的觀察而使用計量方法或任何其他方法來斷定這個或這些城邑應該歸屬的一個幾何形的空間圖樣。空間分析而沒有個別聚落的仔細了解不是聚落考古學上的有用工具。

六
古代貿易研究是經濟學還是生態學？*

　　在貿易的考古研究上，"空間"和"自然資源"顯然是有焦
點性的概念。貿易可以稱爲原狀或加工過的自然資源通過空間移
動的一種必要方式，而貿易在考古學上加以辨認的一種方法是由
開發原料的地點或貨物製造的地點或兩者一起的尋認而將這項移
動加以追蹤。美國的考古學在近年來開始強調史前文化的生態系
統（ecosystemic）研究，而在這種研究上貿易的重要性就不可
避免地成爲新研究計劃的核心。在考古學上，生態系統的觀點必
須把焦距放在自然資源的空間分布上，而貿易乃是它們空間移動
的一項重要動力。

　　我們與生態系統派的目的或者與企圖以生態系統的立場來研
究貿易者都沒有什麼可以爭論的。像貿易這種長期性的考古研究
題目的科學處理是早該進行了。但是我們對於個人從來不在沒有
有意義的社會介入的情形下與自然環境發生關係這一點實在無法
過分強調。生態系統派的考古學者常常好像假設整個人口或其生

---

* 原文英文"Ancient trade as economics or as ecology"，載 Jeremy A. Sabloff
　　and Clifford C. Lamberg-Karlovsky 編 *Ancient Civilization and Trade*
　　(Albuquerque: University of New Mexico Press,1975),PP. 211—224.

產部門依照生存的需要而共同一致地行動。而且就其生存利益整體而言,該人口的統一性也是不言而喻式地假定了下來。如果沒有這些假設的話,我實在無法知道考古學者怎能僅僅根據環境的資源、開發的技術、與空間關係的考古資料而在變化過程上作解釋。

　　從長久的立場上看,只要自然選擇還在作爲進化的程序,上述的那些假設也許都是可靠的。但是從比較短暫的立場看,(在作業這一層看),一個生態系統的解釋一定要將個人組織成人口的方式做適當的考慮,而這些人類的組織機構才經常決定那些自然資源需要開發、加工、和分配,以及採取什麼樣的方式。人類常常與他的環境以相當不尋常的方式互動,而有時某些方式損害到他自己的利益或是其羣體中若干成員的利益。尤其在所謂"文明"的階段更是如此,在這階段裏人類的組織變得更爲複雜了。照柯林倫福儒(Colin Renfrew)的看法:

　　　　一個文明的生長程序可以看做是人類逐漸創造一個較大
　　　　而且較複雜的環境,而不僅是生態系統中較廣範圍中的
　　　　資源的進一步開發。在自然境界中如此,在社會與精神
　　　　的境界中亦然。而且,雖然野蠻的獵人居住的環境在許
　　　　多方面與野獸沒有什麼不同(縱然這個環境已爲語言以
　　　　及一大套文化中其他人工器物的使用所擴大),而文明
　　　　人則住在一個差不多是他自己創造出來的環境。在這種
　　　　意義上,文明乃是人類自己創造出來的環境,他用來將
　　　　他自己與純然自然的原始環境隔離開來[1]。

----

(1)　Colin Renfrew, *The Emergence of Civilization* (London:Methuen,1972),
　　　p.11.

我對這個定義是可以贊同的，至少其中"人類自己所創的環境"
在質上增加的重要性那一部分。也許讀者會以我為過激，但我進
一步相信史前和古代貿易必須在進行貿易的社會單位的環境之內
加以研究；界說為考古材料在社會關係的框子裏加以研究的聚落
考古學最能供給這種環境；尤其是史前和古代的生態學必須與史
前和古代經濟學一起研究或將其吸收為自己的一個重要成分。尤
其在古代文明的研究上，沒有經濟學的文化生態學是不能成立的。

　　佛德烈、巴斯（Fredrik Barth）大概是最早鄭重提倡生態
考古學的人；他在1950年曾寫過。

　　　現在，繪製文化的年代表不該再是考古學者的最終目的
　　了……考古學者能够對一般人類學這一門有所貢獻是問
　　"為什麼"這種問題，而為此他們需要一個一般性的框
　　架。一個簡單而且可以直接應用的方法是文化適應的生
　　態分析，來處理生態區域、人羣結構、與其文化特徵之
　　間關係的種種問題(2)。

以生態分析為目標的考古研究者有沒有充分考慮到"人羣結構"
呢？我們常常將他當作"想當然耳"來看待。其實我們不應如
此，因為沒有人羣結構就沒有"生態區域"與"文化特徵"之間
的接觸──換言之，不了解人羣的結構，便無有用的生態分析。

　　如果這種看法被接受的話，我們便可作這樣一個結論，即貿
易只有在原狀或加工過的自然資源在一個社會框架裏分配的整個
環境之內才能加以研究。關於以各種形式出現的自然資源的認定

─────────

(2) Fredrik Barth; "Ecologic adaptation and culture change in archaeology,"
　　American Antiquity 15 (1950), pp. 338—339.

與分布的考古資料僅只揭出問題。而解決的起點是從考古學上將下數諸點弄明白：

    1.有牽連的各種社會單位，及其分層分級的關係；

    2.資源在有關單位之間流動的互惠性(平衡的或不平衡的)；

    3.實行交換的方式，即流動是否雙面的，是否再分配式的；流動的方向與品質是志願性控制的還是強迫性控制的；等等。

顯然，上面這些不同的行為不全是貿易。什麼是貿易什麼不是貿易也許只是一個語義學上的問題，但是我覺得只有在武力強制性以外的力量下進行的羣體之間貨物的平衡、互惠性的流動，才能當作貿易來加以研究，因為這種流動與其他種的流動受不同的因素統制而產生非常不同的結果。

    給貿易下這樣一個定義所引起的問題是：在考古學上衡量互惠性可能是無法克服的困難。"互惠性"這個字在這裏是指平常我們所謂平衡的、交互的交換。例如我們很容易能發現麥粒從它的出產處（如一個農舍）被移到一個消費地點（如城裏面一個穀倉）。它是怎樣從一地移到另一地去的，在我們對這件空間上的事實予以意義時有很大的重要性。它們之搬移可能是下列諸種情形之一的結果：

    1.為農人獻納給地主或縣政府土地稅的一部分；

    2.為貢賦的一部分；

    3.為掠奪物的一部分；

    4.在市場上的以物易物或用貨幣購買而來；

    5.為鄉村親戚帶給城裏人的 "禮物" 的一部；或者是：

6.以其他方式造成的。

以上各種情形之中，有的（4.、5.）具有確定的平衡互惠性；有的（3.）沒有；還有的可能有也可能沒有（1.、2.）。從考古學上來分辨這些不同情形幾乎是不可能的，因此互惠性從貨物的個別單位來說是很不容易搞清楚的。

另外一點困難是：貨物在加工過程中，由於量的加入（馬克斯學說中的“勞動”）而增加其價值，可是其增加量要靠在考古學上很難準確計算的一些因素來決定。價值除了用貨物來衡量以外還可以用“服務”或“出力氣”來衡量，勞動也好服務也好，在考古學上都不留什麼痕跡。

由於這許多的原因，我不相信在考古學研究上貿易應該當作與文化系統的其他亞系統(subsystem)如生業、技術、社會、與象徵等亞系統相平行的另一個亞系統來處理[3]。事實上，雖然將文化系統分為亞系統是必要的，但沒有任何分法完全避免嚴重缺點，因為各亞系統之間是太密切而且太多方面性的交織起來了。但是因為我們在這裏只討論貿易，我們只需要說貿易在考古學上只能當做古代社會整個經濟行為的一面來研究。我們將原狀的或加了工的自然資源在各層社會單位中通過空間的流動式樣重建了以後，我們可以用貿易當作一種機構來解釋我們所見到的式樣。我們甚至可以推測貿易在我們所研究的某一文明或一般文明的形成上所扮演的角色。我們甚至可以再進一步根據上述的推測而制定研究設計與試驗可能性（test implications）來把這種想法在

---

(3)　Renfrew, *op. cit.*, pp. 22—23.

田野裏去試驗。但是我看不出來如何將貿易可以當做在地面上劃
界出來的單一考古現象，而且我也不相信貿易這個概念可以直接
使用到原狀的與加工過的自然資源的空間分布式樣上來解釋這種
式樣。換言之，我懷疑我們有把任何對貿易的生態系統研究不當
作一個古代社會的更大的生態系統研究之一面的這種能力。

上面所說的多半牽涉到關於考古學一般的基本態度和認識論
上的立場。我們現在已經逐漸認識到在考古學上許多這類的態度
與立場是彼此矛盾的，甚至到不能調和的程度。同意我的人會
覺得我所說的稀鬆平常，而不同意的人會覺得我的想法驚人或幼
稚。但是爲了給這些一般性的討論以若干考古學上的意義，我們
不妨使用商代中國的一個例子。

我試問我自己這個座談會所要問的問題：貿易在商代文明的
結構與形成上的地位爲何？我相信這個問題是必要的。但是我覺
察到我們無法從這個問題直接伸入商代貿易的研究上去，因爲貿
易在考古學上無法作先驗性的界說。我們一定得囘到更大範圍的
商代社會中去考察它的許許多多方面（自然包括原形與加工過的
自然資源的空間性流動這整個問題），才能够認準若干可能與貿
易有關或者可以稱爲貿易的討論範圍。

首先，自然資源在空間上流動這個現象，如果流動的距離較
大，倒是不難辨認的。可是資源流動並不以長距離的流動爲限。
事實上，這種流動多半是在極短的範圍之內的。但是距離並不是
唯一有關的因素；距離還要同所牽涉的社會單位一起來研究。貨
物在一個或大或小的地域內的社會單位之間流動，要不然便在占
據同一地域的一個社會單位之內流動。在每一個單位之內，貨物

在次一級的單位之間或之內流動，或是在另一類的單位之間或之
內流動。但是那在空間之上流動來流動去的是什麼東西？因為我
們根本不可能希望將我們所發現的每一樣物事的足跡追溯出來，
我們只能在較高的一個水平作業，涉及少數焦點性的範疇。為
了便於目前的討論，我將商代文明的物質遺存分成下列的幾個範
疇：

（一）農產。糧食的遺留與裝糧食的器物是所有考古遺址裏都有
的，包括有農耕活動的遺址和顯然沒有農耕活動的遺址。沒有疑
問的，在農村與農村之間及農村與城鎮之間是有糧食和其他農產
物的大規模流動的。

（二）有特別用途之動物。魚類、野獸肉類、家畜肉類和野生植
物產品的流動顯然和農產的流動是相似的。但若干有特別用途的
動物值得我們特別的注意。甲骨卜辭裏提到牛、羊、和馬向王廷
的貢入(4)；這都在儀式上有重要性，而馬更用於戰車。考古遺物
裏的動物骨骸包括若干目前只在南方生活的動物，如象、貘等(5)。
有人推測這些動物是自南方輸入到殷王的園囿來的，但牠們也可
能證明古代北方的氣候比現在的為濕暖。鯨魚骨也發現過；這無
疑是由海邊轉運過來的。

（三）手工業品。陶器、石器、木器、和青銅器是從考古學上看
來比較最重要的手工業產品。在商代遺址裏發現過不少手工業作

(4)　胡厚宣，《武丁時代五種紀事刻辭考》，《甲骨學商史論叢》第1輯 (1944)。

(5)　C. C. Young and P. Teilhard de Chardin, *On the Mammalian Remains
　　from the Archaeological Site at An-yang, Palaeontologia Sinica, n. s.
　　C12 (1936), no, 1.

坊。這至少牽涉到兩節自然資源的流動：第一節從原料(木、石、黏土、銅礦、錫礦)的原產地到手工業作坊，第二節從手工業作坊到消費場所。

　　㈣貴重物品。這項包括子安貝、龜甲、玉石、松綠石、鹽、和錫礦石（最後一項在上面已列舉，但值得再提）。這些物品大概都是本地不產的，而僅只這一點便可說明它們的寶貴價值。

　　子安貝(*Cypraea moneta, C. annulus*)出產在中國東南海岸及南海岸外海中，而商人所用的多半來自此地。依商代文字，五個貝通常串在一起，而兩串形成一個標準單位[6]。商王將幾個單位的貝送給臣屬便是一件大事，須卜問祖先看看送禮者是否當送，而收禮者須鑄銅器來加以紀念。若干紀征伐的辭中也提到俘貝若干[7]。

　　龜甲磨光修整以後作爲王室占卜的基本工具[8]。有的龜甲屬於一種現在只產於中國東南海岸的龜類（Ocadia sinensis），而另外還有一種據說只生產於馬來半島。有的龜甲上刻有文字，註明是自某進貢國或進貢城來的："某某入"或"某某入五十"[9]。這裏所注的國或城常在華北，因此它們想必是向他們的南方弄到龜甲後再貢入殷王的。

　　玉一般認爲來自新疆南部，但另外的產地也有[10]。玉產地的

----

(6)　郭沫若，≪卜辭通纂≫（東京，文求堂，1933），頁100-102。

(7)　王毓銓，≪我國古代貨幣的起源和發展≫ (1957)，頁11-19。

(8)　張秉權，≪甲骨文的發現與骨卜習慣的考證≫，≪中央研究院歷史語言研究所集刊≫，第37本 (1967)，頁827-879。

(9)　胡厚宣，上引文 (1944)。

(10)　B. Laufer. *Jade* (Chicago: Field Museum of Natural History, 1912)

科學分析據我所知尚未在商代玉石上使用，但商玉產自本地的可能性很小。錫礦究竟是那裏來的也不清楚。河南及華北其他地點據說是產錫的[11]，但古代中國文獻上說好錫來自南方[12]。松綠石據說也是南方來的[13]。鹽只產於東海岸和山西南部一處。

除了以上諸項以外，我們也許不妨把奴隸或戰俘列入這個可動資源的單子中去。人力可說是商代社會中最重要的"自然資源"之一。殷王將一羣羣的人送給他的叔父或弟弟帶到他們新封的城邑中去，而且有些戰役造成數百或數千戰俘，多半是帶回來參加勞動或用作祭祀犧牲[14]。從考古學上說，"人貨"採取祭祀犧牲的骨骸的形式。但也許這些應當放在勞動和服役項目下；這些項目在互惠性的問題上有其重要的意義。

上列各種材料在空間上流動的規範在商代考古學上供給了一些基本的研究資料。我們一旦把遺址畫在地圖上，把各種貨物歸劃到各個遺址上去以後，我們便可以進一步將空間的規範加以解釋了。我們是不是就該通過各個遺址的個別內容的性質來企圖將諸個遺址連接起來成為資源開發與交換的系統了呢？照我的意見，這項連接的工作還得等待一下。我們可以用許多不同的線把各個遺址聯接起來，可是那些顯然的線、最短的線，或對我們而言應該是最好的線，卻不見得是正確的線。為了使"位置分析"

---

[11] 石璋如：《殷代的鑄銅工藝》，《中央研究院歷史語言研究所集刊》，第 26 本 (1955)，頁95-129

[12] 郭沫若，《青銅時代》(1965年版)，頁252。

[13] 董作賓：《甲骨學六十年》(臺北，藝文印書局，1965)，頁17。

[14] 陳夢家：《殷墟卜辭綜述》(1956)。

(Locational analysis) 能够在內容上有意義的實行，在一個生態系統的網狀結構能够建造起來以前，有若干工作必須先辦到：社會單位要弄出來，它們之間貨物與勞役流通的互惠性要斷定下來，而且這種流通的方法與方式要研究出來。事實上這些研究方向在考古學上任何徹底性的生態系統研究上都是必須的，因此考古學生態系統的研究必須基於發掘資料而不能僅基於調查資料。在我們將人口聯繫於自然資源的時候，或者在我們將人口依照它們與自然資源開發的關係而加以區分以前，我們得首先弄清楚這些人口是如何在內部組織起來的，因為這些人口的成員或單位可能根據人工性的經濟地位而不根據自然的伴生關係而與自然資源作不同的關聯。

在這裏所要處理的是在商代的研究上較大但很少研究的一些題目。這裏不擬詳細討論這些問題，但不妨提出一些重要的事實與推測。

㈠商代社會裏有經濟意義的政治單位可能是這樣的：在最低的一層有像安陽叢體這樣的聚落網。以小屯為行政與儀式的軸心，由若干散布在約二十四平方公里地區之內的分工村落來加以支持。有些村落是各種手工業的作坊區，而其他的可能是農村[15]。這樣的一個聚落網，如果是單獨存在而不屬於更大單位的一部，也許便是在進化階梯上比自給自足的村落再高一層的政治單位——卽"部落"(tribe)，而我們可以借用柯林倫福儒的名詞"早期國家單位"(Early State Module 或 ESM) 來稱呼它。

[15] K. C. Chang, *The Archaeology of Ancient China* (New Haven and London: Yale University Press, 1968), p. 214.

商代的 ESM 當然更進一步地組織成更高一級的較大的單位。最高的一級則是商國，分布在華北廣大的地域裏，西自晉南和關中，東至山東；北自河北北部，南至江西北部，安徽北部，及湖北中部。商人將商國以外的政體稱爲方（如工方，土方等），從王都（在晚商爲安陽ESM）來說，商代其他的ESM則稱爲"多伯與多田"；伯、田等名稱到周代衍變爲封建制下的伯和男[16]。在個別的 ESM 與商國之間大概還有若干在經濟上有重要意義的中間級的組織水平。因爲商代的文字都是在都城裏發現的，地方性ESM的組織很難復原。但至少在王都ESM之上要有一層區域性的單位。晚商文字中常提到所謂"田獵區"中的活動，也許指河南北部、西部一帶以沁陽爲中心的地區[17]。在這個區域之內的各ESM之間的關係很可能便比其中任何或甚至所有ESM與山東或湖北中部較遙遠的 ESM 之間的關係要來得密切。

㈡當一個個的商代遺址組織成 ESM, HSM（更高的國家單位，Higher State Modules, 學倫福儒的名詞來說），和商國這幾級組織以後，我們再囘頭來看看自然資源流通的方向和品質。這裏面的問題非常複雜，而且不是都能在考古學資料裏看得清楚的。根據卜辭我們可以相當合理的推測，農產品在 ESM 之內的流動是自村落向中心流動，在HSM內是自次級的ESM向主要的ESM流動，在全國之內是由全國各地向都城流動[18]。手工業產品

⑯ 見胡厚宣：《殷代封建制度考》，《甲骨學商史論叢》（成都齊魯大學，1944），第 1 集。

⑰ 郭沫若，《卜辭通纂》（東京，文求堂，1933），頁iv。

⑱ 束世澂：《夏代和商代的奴隸制》，《歷史研究》1956 (1)，頁49。

基本上也依照這類向心性的流動方式，可是若干原料如錫之類則可能自更遠處運來，自一個 HSM 到另一個或甚至自國外而來。貴重的手工業產品如青銅禮器和白陶之類則只有在 ESM, HSM, 或國家的中心城市才有，但有時它們自中心回流到較爲僻遠的單位去作爲一份王賜或貴族賜給的禮物。至於子安貝、龜甲、和玉這類的貴重物品，則多半是國外運輸進來的。

　　一旦交易的社會單位被清楚判定之後，我們便比較能看出來某一項流動是不是有平衡互惠性，和如果是不平衡的流動哪一方面占了便宜。在商代這一方面的材料裏，我們很深刻的看到兩件事實。其一是空間上各異的社會單位間的經濟交易中，人工能量占很大的比重。我這裏所指的是精美的手工產品集中分布在少數中心和由此而來的不同遺址之間和同一遺址不同部分之間在物質財富上尖銳的對照；爲王族和貴族服用的鉅大建築（如城牆、宮殿式建築 、大型陵墓）；以及在王室儀式中使用的大量祭祀人牲。

　　第二項突出事實是自然資源流動的顯然的不平均性，尤其是將能量的流動（勞動和服役）放入這個等式之內後更是如此 。固然這些交換的許多部分是從考古學上找不著的，甚或根本不是物質上的。但是當我們面臨在安陽這個 ESM 之內小屯和西北岡（可能所有鉅大建築、所有精美手工品，和所有貴重物品之百分之九十以上的所在地）與一個作坊遺址或是一個農村（有幾個半地下式的房屋和少數石器和陶器）之間的對比；或是安陽 ESM 與一個地方性ESM（例如邢臺，在那裏鉅大建築、精美手工品和貴重物品都稀少而文字缺如）之間的對比——我們自然認得出來一種無疑的、嚴重的不平等的情況。固然安陽給與和它有關係的城邑及國家以保護和威望，但它們爲此所付的代價是很高的。我們對商代這一類偉大文明的辦認主要是根據鉅大建築、精美手工品，和貴重物品的。我們可以很輕易的達到下面這個前提：其他因素（如自然環境貧富、位置、人口等）不變，則資源的流動愈不平均，愈不平衡，則傳統上認爲偉大的一些文明的成就也就愈偉大。古代世界上所謂偉大的文明是將它們的人民區分成供給能量的，與使用這些能量來製造"偉大文明"的標誌的。就如孟子所說，"或勞心，或勞力；勞心者治人，勞力者治於人"（《滕文公》上）。很可能有若干古代文明從考古學上看是非常枯燥無味、貧乏，不是那麼偉大的，但是在這些文明之下也許餓死的人也比較少。也許我們應該檢討一下我們稱爲"偉大"的應該如何解釋。

　　(三)在同一個 ESM 之內的各村落之間以及在國內各 ESM 之間的不均勻性的流動只有靠高壓統治（而非志願）才能維持，而商代的戰爭機器必是當時世界上最大與最強者之一。靑銅器大槪有一半是兵器，而且在任何考古遺物中馬骨和戰車都是顯要的成份。甲骨文裏紀錄了與一向敵對的西北疆和北疆的方國之間的戰鬥，但在商的末期也有過一次向東南方淮河流域的人方大規模征伐的記載，而這個區域一向是友善的甚至是國內的 ESM 所在之處(19)。可見，武力也可以用在國內自己人身上。

　　假如子安貝的單位曾經用爲貨幣，當時很可能有好幾層以貨幣爲基礎的交換：在 ESM 之內，在 HSM 之內，在國內，與國

---

(19)　董作賓：《殷曆譜》（李莊，中央硏究院歷史語言硏究所，1945），第 9 章。

外。在金文的族徽裏有一組是人揹著貝串的圖象的[20]。它可能代表一個以貿易或企業爲職業的宗族或氏族，，而且貿易好像是一種特別與親族相連鎖的職業。既然他們的族徽在貴重物品（靑銅器）上出現，我們相信貿易業的成員或至少其中的高層人物，有相當令人尊敬的社會地位。

關於貿易在商代文明的結構與形成上扮演了什麼樣的角色這個問題我們該如何囘答呢？也許我們首先要決定的一點，是以上所描述的各種資源流動之中那一種才是貿易？由高壓統治所維持的糧食與人力的單方面流動自然不是貿易，但國家政權很可能用糧食在互惠貿易的原則下又換來了貴重物品（如錫、玉、龜甲）。有些手工業者也許是上層階級的一部分，而他們可能用他們的產品和技藝換來錫一類的原料。用來製作貴重物品的原料絕大多數都是由國外貿易而來的，很可能是要經過職業商人的努力。在它們進來以後，原料便經過加工而成爲貴重物品，而這些物品便集中在上層階級的手中。因此，關於商代貿易的考慮只能限於商國與國外之間，以及在國內各地的統治階級之間與各個職業之間的資源在空間上的交換，以及所有雙方之間達到質量平衡性的交換。所有這些交換都以貴重物品爲主，而生活必須品（糧食和勞動）的流動則主要是內部的，極不平衡的，與强制性的。古代貿易在內部經濟不平衡性使它能够達到顯要地位的時候才達到顯要地位，而所貿易的項目也就換過來在商代社會內扮演一個重要的角色，造成或至少幫助了那項內部經濟不平衡性的產生。

---

[20] 李亞農，《殷代社會生活》(1955)，頁54-55。

七

商王廟號新考 *

一　商王廟號的意義

殷代以十干（甲至癸）與十二辰（子至亥）結合為紀日週期
之單位，而十干尤為重要：十日稱為一旬，卜辭中常有 "卜旬"
的記錄；卜辭雖以干支紀日為常，卻有省支之例[1]。商王自上甲
微以後，都以十干為謚[2]；在殷王祭祖的祀典上，以各王之謚干
定其祭日：祭名甲者用甲日，祭名乙者用乙日[3]。此皆可見十干
在商人觀念上的重要性。

商王世系，在甲骨文的發現與研究以前以《史記殷本紀》所
載的為最重要的史料；此外，《三代世表》、《世本》（注疏引
文）、及《漢書古今人表》中也有少數重要的資料。現在且把
《殷本紀》裏的世系抄在下面（表一、橫線表世次，在左之名為
父，右為子；豎線示兄弟關係，在上為兄，下為弟）：

---

* 原載《中央研究院民族學研究所集刊》，第15期 (1963)，頁65—95頁。

[1]　董作賓：《論商人以十日為名》，《大陸雜誌》2卷3期，(1951)。

[2]　屈萬里：《謚法濫觴於殷代論》，《中央研究院歷史語言研究所集刊》，第13
本，(1948)。

[3]　王國維：《殷禮徵文》，殷人以日為名之所由來節。

表一　殷本紀殷王世系

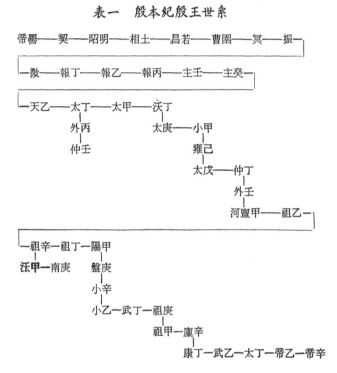

　　依上表可見，自帝嚳到振的一段，商王不以十干爲名。微，
《魯語》作上甲微，《山海經大荒東經》郭璞注引《竹書》作
"主甲微"。王國維認定卽卜辭之王[4]，亦有甲字。是自上甲微至
帝辛止，三十七王，無不以十干爲名。帝辛子武庚，亦不例外。
現在卜辭學者多同意，殷王世系自上甲以上無徵，爲神話時代或
傳說時代[5]；卜辭周祭祀典亦始於上甲[6]。因此下文的討論，亦

(4)　《殷卜辭中先公先王考》。

(5)　如陳夢家，《殷虛卜辭綜述》，(1956)；周鴻翔，《商殷帝王本紀》，(1958，香港)。

(6)　見董作賓，《殷曆譜》。(史言所專刊，1945，李莊)。

自上甲開始。

　　商王以十干爲名，是死後而非生前，這是研究這個問題的人都一致同意的[7]。商王的名字，用於生時的，也見載於史，如天乙之名履，帝辛之名受，而以《紀年》所存最全。死後始用十干爲廟號。司馬貞《殷本紀索隱》引《古史考》："譙周以爲死稱廟主曰甲也"。又引同書："譙周云：夏殷之禮，生稱王，死稱廟主，皆以帝名配之。天亦帝也，殷人尊湯，故曰天乙"。在卜辭所見的殷王祀典中，祭祀各個先王的日子依其在世系中的次序及其日干廟號而定，故商王之以天干紀日爲決定祭日的因素，而祭日在後，起諡在先。因此祭日雖與商王以十干爲名有密切的關係，卻非後者來源上的解釋。

　　自上甲以下商王爲什麼以十干爲諡？古今學者提出過不少的解釋，歸納之可以分爲四說，列舉如下：

一　次序

　　陳夢家作《商王名號考》[8]及上引《殷虛卜辭綜述》（下文簡稱《綜述》）主張此說。《綜述》頁404-05云："我們從周祭祀譜中，知道周祭先王先妣的次序，主要的是依了及位、死亡和致祭的次序而分先後的。……卜辭中的廟號，旣無關於生卒之日，也非追名，乃是致祭的次序；而此次序是依了世次、長幼、及位先後，死亡先後，順著天干排下去的。凡未及王位的，與及

---

(7)　如上引屈萬里：《諡法濫觴於殷代論》；董作賓：《論商人以十日爲名》；楊君實：《康庚與夏諱》，《大陸雜誌》，第20卷第3期。

(8)　《燕京學報》，第27期 (1950)。

位者無別"。這段文字，費解得很，作者承認沒能看懂。大意似
乎是說，同代則自長而幼，異代則自父而子，先死者，謚甲，甲
日祭之；次死者，謚乙，乙日祭之，以此順推，至癸為止，再囘
到甲，反覆不歇。後日祀譜中的名字並不依十干的次序，乃是因
死者太多，不重要者逐漸被淘汰之故。

　　李學勤《評綜述》[9]謂此說實創於淸吳榮光的《筠淸館金
文》卷一："甲乙丙丁猶一二三四，質言之如後世稱排行字"。

二　卜選

　　李學勤上引文反對陳夢家的次序說，主張"殷人日名乃是死
後選定的"，並引祖庚時代卜辭中小勄故事爲例。按小勄死於八
月己丑：

　　　　〔癸〕未〔卜〕□〔貞：旬〕亡禍？己丑小勄死，八月
　　　　（《明》1983）

　　　　〔丁亥卜〕□貞：其有〔來〕艱？二日己〔丑〕，小勄
　　　　死，八月（《摭》1,210）

七日後丙申卜"作小勄日"，貞問以"癸"爲其日名之可否：

　　　　丙申卜，出貞：作小勄日，叀癸？八月（《後》下，9,3,10,1；
　　　　　《籃》人4）

卜問的結果似得祖先之同意，小勄的廟號乃定爲癸，祭小勄在癸
日（《籃》人5，《珠》1055）。此外李氏又舉下例：

　　　　乙巳卜，帝日叀丁？叀乙？叀辛？（《庫》985＋1106）

―――――――――――――
(9)　載《考古學報》，1957(3)，頁123。

謂是武乙爲其父康丁選擇日名之卜："帝日"是宜在丁？乙？抑辛？乙辛二名之下均記曰："有日"，故選定"丁"爲康丁的廟號。

三　生日

此說出現最早，亦最通行。《白虎通姓名篇》云："殷人以生日名子何？殷家質，故直以生日名子也。以《尚書》道，殷家太甲、帝乙、武丁也"。《易緯乾鑿度》亦云："帝乙則湯，殷錄質，以生日爲名，順天性也。"同說亦見於皇甫謐《帝王世紀》；司馬貞《史記索隱》引："微字上甲，其母以甲日生故也；商家生子以日爲名，蓋自微始"。又《太平御覽》卷八十三亦引："帝祖乙以乙日生，故謂之帝乙"。屈萬里上引《謚法濫觴於殷代論》，從之，但糾正"生日名子"之誤，謂謚號乃在死後依生日而定的。

四　死日

董作賓主張此說[10]，在上引《論商人以十日爲名》文中謂（頁10）："漢人以爲甲乙乃生人之名，所以解以'以生日名子'，這是合理的。現在旣由甲骨文字證明了甲乙不是生前的名子，只是死後神主之名，當然以死日忌日爲神主之名、祭祀之日，最爲合理。若說甲乙是死後的神主之名而取生日爲標準，就未免迂遠而不近人情。固然，從殘缺的貞卜文字裏，找出某人的生日，以

---

[10]　又見《殷曆譜》、《斷代研究例》。

證明神主甲乙命名的來源，是絕不可能之事；找死日也同樣不可能"。

上舉的四個說法，到底那一個是合乎事實的，似乎是卜辭學者之間尚未有一致的意見的一個問題。其中似以死日說最為合理，但乏確證；小乙以己日死而癸日祭，受辛以甲日死而以辛為廟主，都是不利於此說的證據。生日說為古人之說，古人去殷較今人為近，所傳的說法值得鄭重的考慮；古人固然未見卜辭，而卜辭對廟號並無直接的說明。以生日為名，在世界其它各地亦不乏其例，古如中美文明，近如非洲之 Ashanti 。陳夢家的次序說，李學勤的書評中已作有力的反對。李氏本人的卜選說，倘所舉卜辭的實例可靠，倒是非常值得注意的。

但是，如果我們把殷王的世系拿來仔細的觀察，將各王的廟號彼此之間的關係加以考查，則我們馬上就發現，這四種說法似乎都不能對廟號世系中出現的方式作圓滿的解釋。以上這四說，固然彼此不同，卻有一共同之點，即以各王廟號序列為偶然的選擇的結果，統計學上所謂"抽樣"。生日、死日，都非商王本人所能控制的。次序說亦同：甲至癸的順序依出生及死亡的次序而定，亦非任何人所能任意先後的。卜選說，倘非把廟號的決定歸之於神意或祖先的意旨，則也非把它歸之於偶然的因素不可——如卜兆的形狀及對它的解釋。假如李氏所舉的例子可靠，我懷疑這很可能代表一種對社會習俗的儀式性的認可（ ritual ratifi-cation），而這種社會習俗的來源則另有所自。總而言之，現有的四說都不能解釋殷王世系中的廟號的一種現象，即廟號在世系中的出現是有規則的，似乎是經過縝密的計畫的結果。為了說明廟號出現的規律性，我們須把《殷本紀》的世系作一番檢討與修正，並考察世系以外的若干有關事實；這些都留在後面再說。在這裏我且只舉下列的四種現象。

㈠廟號雖以十干爲名，但各干在殷王世系中出現的次數不一。以《殷本紀》爲據：名甲的有七、名乙的有六、名丁的有八；上甲以後三十七個商王之中，甲、乙、丁三個日名占了二十一個，在半數以上。其餘十六王之中，名丙的二、名戊的一、名己的一，名庚的四、名辛的四、名壬的三、名癸的一。故十干之中的五個（甲、乙、丁、庚、辛）占了三十七王中的二十九，幾達六分之五。這是無論生日說或死日說都難以解釋的：何以殷王六分之五都生或死在一旬的甲乙丁庚辛五日？

㈡甲乙丁三個干，不但占商王廟號半數以上，而且在商王世系表上作極規則性的出現。自天乙到祖乙七世諸王廟號如下（仲丁到祖乙二世依卜辭改正）：

　　天乙──太丁──太甲──沃丁──小甲──仲丁──祖乙

又自祖丁到帝乙九世直系諸王廟號如下：

　　祖丁──小乙──武丁──祖甲──康丁──武乙──太丁──帝乙

在這兩段系譜裏廟號之使用天干似有極嚴格的規律性：甲或乙與丁作隔世代的出現。如以甲與乙爲Ａ，丁爲Ｂ，則二者歷世出現的規律如下：

　　Ａ──Ｂ──Ａ──Ｂ──Ａ──Ｂ──Ａ──Ｂ……

這個規律適用於上甲以後殷王直系的大牛。所未及的有三段，其一是上甲微到主癸，其二是祖乙祖丁兩世，其三是帝辛一世。第一段後文再談。第二段《殷本紀》如下：

仲丁
｜
外壬
｜
河亶甲——祖乙——祖辛——祖丁——陽甲
　　　　　　　　　｜
　　　　　　　沃甲——南庚

則乙與甲似相續出現於前後二代，以公式表之爲：

B（仲丁）——A（祖乙）——？（祖辛）——B（祖丁）——A（陽甲）
　　　　　　　　　　　　　　｜
　　　　　　　　　　　　A（沃甲）

但《殷本紀》以沃甲爲祖辛弟之說，在卜辭中證據不明。《佚》986 武乙卜辭曰："□未卜，彝自主甲、大乙、大丁、大甲、大庚、大戊、中丁、且乙、且辛、且丁十示，率牡"。其中且辛、且丁之間無羌甲（沃甲）。但《粹》250 祖庚祖甲卜辭則記曰："己丑卜，大貞，于五示告：丁、且乙、且丁、羌甲、且辛"。第一個名字當是父丁，卽武丁，其次爲武丁父小乙，再次爲祖丁、羌甲、祖辛。祖辛到武丁間五世，只有直系先王，如羌甲爲旁系，則不應躋身於五示之列（《綜述》頁 462 引此辭，以五示爲祖辛到小乙三直系，加上羌甲與武丁兄丁；其說無據。）而且卜辭祖甲祀典祀羌甲夾妣庚。按卜辭祀典一世只一直系，祀其先妣，無例外。依《史記》，祖辛沃甲兄弟都有子爲王，都够直系資格，故可說祖甲祀典中有羌甲爲直系，而帝乙帝辛時加強執行一世一直系的規則，不復祀羌甲夾妣庚。但卜辭世系在此與《殷本紀》不同，以南庚爲祖丁弟而未必爲沃甲子。因此倘沃甲如《史記》所說爲祖辛之弟，又無子爲王，其妣見於卜辭的祖甲祀典，與常例不合，無法解釋。因此，羌甲很可能是祖辛之子而祖丁之父：

B（仲丁）——A（祖乙）——B（祖辛）——A（沃甲）——B（祖丁）

如是前世甲（或乙）後世丁的規則至此並未破壞，並可證明"辛"與"丁"互不排斥，如是則帝辛之接帝乙，專就廟號的規則來說，一如帝丁接帝乙是一樣的。這樣看來，自湯開始，到殷之亡，商王直系諸王之選擇天干爲廟號，並不是偶然的，而是有規律性的：甲或乙名一世，丁（或辛）名其次世，再下一世又回到甲或乙，無一例外。上舉廟號四說任何一說對此無法解釋。（旁系諸王的問題下文再討論）。

㈢第三個廟號出現之規律性，是在同世兄弟諸王之間，甲或乙與丁或辛不同時出現；換言之，及位的兄弟中如有名甲或乙者，則必無名丁或辛者。按此一規律有三個例外：仲丁弟河亶甲；祖辛弟沃甲；陽甲弟小辛。但三個例外都可能有其他解釋。（辛的分組問題，見下節；此暫以辛爲丁組）。

先說仲丁弟河亶甲。按《殷本紀》云：帝中丁崩，弟外壬立；帝外壬崩，弟河亶甲立；河亶甲崩，子帝祖乙立。《書序正義》亦同："仲丁是太戊之子，河亶甲仲丁弟也，祖乙河亶甲子也"。但《古今人表》列祖乙爲河亶甲弟。倘依《古今人表》說，則有兩種可能：其一、仲丁、仲壬、河亶甲、祖乙四人爲兄弟；但此可能性不大，因卜辭祀典一世一直系，而仲丁祖乙先妣都見於祀典，是同爲直系，非屬於二世不可。其二則以河亶甲爲仲丁子，祖乙爲河亶甲弟。如是則仲丁之世的甲下移一世與祖乙同世，與上述原則又相合。

再說祖辛弟沃甲。上文已提到沃甲爲祖辛之子的可能性；則此一例外亦不必存在。

　　最後說陽甲弟小辛。《古今人表》謂小辛爲盤庚子，陽甲之次世，則又不構成上述原則之例外。但《古今人表》之說似不得卜辭的支持；見後文。作者並不主張這三處都如此的改訂。如不改訂，不妨視之爲例外。如不容例外，這三處正好在文獻中都有異說，則不足爲上述原則之有力的反證。

　　㈣廟號在殷王世系中出現之規律性的最後一項，是祖甲帝乙帝辛祀典中所記錄的先妣，沒有與其配偶的先王同廟號的；這一點楊樹達已先我而言[11]。先妣的廟號，不見於《殷本紀》，須求之與卜辭。據陳夢家《綜述》[12]，卜辭所見先王配偶名稱甚多，與先王亦可能有同廟號的，如武丁卜辭中的配偶名自甲至癸，包括名丁的在內。但其中多數不見祀典，其見於祀典的，所謂“法定配偶”，則爲數極少，且絕無與配偶先王同名之例。祀典中先妣之數，各參考書如《通纂》、《殷曆譜》、與《綜述》中所見有小異；以《綜述》晚出爲準，則乙辛祀典中先妣名稱及其配偶如下：

　　　　妣甲——示癸（主癸）、祖辛

　　　　妣丙——大乙（天乙）

　　　　妣戊——大丁（太丁）、武丁、祖甲、武乙

　　　　妣己——中丁（仲丁）、祖乙、祖丁

　　　　妣庚——示壬（主壬）、祖乙、祖丁、小乙

　　　　妣辛——大甲（太甲）、武丁、康丁（庚丁）

　　　　妣壬——大庚（太庚）、大戊（太戊）

　　　　妣癸——中丁（仲丁）、武丁、文丁（太丁）

[11]　《耐林廎甲文說》，說殷先公先王與其妣日名之不同節，（1954）。
[12]　頁447-448。

上表所示的事實至少有四項：其一，祀典中的先妣無以乙及丁爲
廟號的；其二，祀典裏僅直系先王的先妣有干名記錄，其餘先妣
的日名多不詳；其三、先妣與其配偶沒有同干名的；其四，先妣
的日名與其配偶先王的日名有一定的結合的規律的傾向，如甲不
配乙，癸只配丁，戊己庚辛則丁乙皆配，壬則乙丁俱不配。下文
對此再詳論。以上關于先妣的四點現象，又非解釋廟號四說之任
何一說所能說明的：倘使先王有半數以上生或死於甲乙丁三日，
而先妣則偏偏不生或死於乙丁兩日，這話是無論如何說不通的。
楊樹達上引文云：　"豈殷家王朝有同生日之男女不爲配偶之習
慣，與周人之同姓不婚相同歟"；這或不失爲一種說法，但我們
實有更爲合理有據的說法在。

　　上面所舉的四項廟號在商王世系中出現的規律性，使我們不
得不對既有的解釋廟號諸說表示極端的懷疑。但是我們又當作怎
樣的解釋？作者在本文裏擬提出一項新的假說。提出這項假說以
前，讓我們先複習一下關於廟號的兩件事實：

　　——商代先王先妣以日干爲諡；日干爲"廟主"（譙周說），
　　　　易言之，王及其配偶死後以神主代表，置於祖廟中享
　　　　祭，而神主以甲至癸稱之；
　　——商土世系中可以見到廟號在各世代中出現的規則性；易
　　　　言之，個別的先王先妣之以個別的十干稱之，受一定原
　　　　則的支配，而這原則自太乙至帝辛不變。
根據這兩項事實出發，我們擬提出的假說如下：

　　1、先王妣之以十干爲名，係商人藉用在日常生活中占重要

地位的天干（事實上亦卽號碼）⒀對祖廟或廟主的分類
的制度；王及其配偶死後之歸於何主，或其主歸於何廟
（換言之，分之於第一號廟，第一號主，之類）有一定
之規則。

2、商代廟主之分類，亦卽王妣之分類；分類的原則，係商
王室的親屬制度與婚姻制度，及王妣生前在此種制度中
的地位。

3、從廟號上所見商王室的親屬婚姻制度，與王位之繼承法
及政治勢力的消沉有密切的關係。

要證明與詳細解說我們所以作此說法的根據，頭緒相當的紛
繁，但其中的道理實甚簡單。下文試作一步步的分析與說明。

二　從商王廟號所見的王室親屬婚姻制度

本文不詳論商代的親屬制度；但爲說明廟號的意義，若干有
關的事實亦不能不涉及。我們先來看看，在商王室的親屬制度
上，有那些基本的事實，根據文獻的記錄或是卜辭的研究，可以
認爲是已經成立而可以作爲討論新問題的基礎的。

㈠第一點可以確立的事實，是商代王位的繼承是由父傳子或
由兄傳弟的；換言之，是男系的繼承法。卜辭裏所見的親屬稱
謂，多在王室的祭祀中運用，所以亦以男性爲自我（ego）；其親
屬的分別，向上伸兩世（父、母，祖、妣），向旁及於一世（妻、
妾、配、母、爽，及兄、弟）向下及於一世（子、婦、生）。再

⒀　郭沫若：《甲骨文字研究》，釋支干。

向外則爲這一個小圈子親稱的擴展，有時加以區別詞區別之；如
祖以上皆稱祖，其配偶皆稱妣；父母之親堂表兄弟皆稱父，父母
之親堂表姊妹皆稱母；己之親堂表兄弟皆稱兄弟，己之子與兄弟
姊妹之子皆稱子[14]。用 George P. Murdock[15] 的術語來看，卜
辭的親稱似乎旣不重視 collaterality 又不重視 bifurcation；換
言之，父與其兄弟之間，母與其姊妹之間，父之姊妹與母之姊妹
之間，與父之兄弟與母之兄弟之間，似乎都沒有分別的傾向。但
seniority 的原則則有時頗重要，如兄弟之分及小父小母之名；
六父戈的大父、中父、父三稱的分別，或亦與此有關。這些親
稱材料在本題的研究上有兩點意義：㈠王位的男系繼承，可能
伴以親屬制度上男系傳嗣的制度；換言之，所謂 "男系"，兼指
succession 與 descent；㈡卜辭所稱父不一定是生身之父，子，
不一定是親生之子，兄弟，不一定是同父之兄弟。次代之王之
爲前代之王的子或弟，固可能爲其親子或同父之弟，亦可能爲其
兄弟姊妹之子或其父的兄弟姊妹之子，而且此所謂 "兄弟姊妹"
均不必是同胞所生，亦不必是一父所生。這一點，李玄伯與陳夢
家等多人都已提到[16]。

　　㈡第二點可以確立的事實是商王都是子姓的，共溯其來源於
同一個神話中的始祖。《殷本紀》曰："殷契母曰簡狄，有娀氏
之女，爲帝嚳次妃。三人行浴，見玄鳥墮其卵，簡狄取吞之，因
孕生契。契長而佐禹治水有功……封於商，賜姓子氏"。《論衡

---

(14) 李學勤：《殷代的親族制度》，《文史哲》，(1957)；《綜述》，頁483-490。
(15) *Social Structure*, (New York, McMillian, 1949), pp. 141-42.
(16) 李宗侗：《中國古代社會史》，（臺北，1954），頁134；《綜述》，頁370。

姤術篇≫亦云：“古者因生以賜姓，……禼吞燕子而生，則姓爲
子氏”。子之爲姓，來源其說不一，不詳論(17)。卜辭記“族”，
約有四種，曰王族、三族、五族、及多子族(18)。王、三、五以稱
族皆易解，而多子族或卽逕指子姓衆族而言。無論如何，商王之
私名及廟號雖異，其同爲子姓則一。是則姓之繼承在商亦爲男
系。子姓的特徵，至今所舉已有三點：姓及始祖誕生神話；親稱
所示之範圍；及王位之傳承。

　　㈢第三點或可確定的事實，是天下土地與財富在理論上皆爲
王有，因此亦在子姓之內沿男系繼承。換言之，子姓亦爲一財產
所有之共同體。這一點在卜辭中不甚明，但西周時代“溥天之下
莫非王土”的觀念，恐怕亦見於商代。商王似在理論上對土地有
所有權，而賦使用權於諸侯，故王室卜辭卜受年卜及封君，可見
侯白之田爲王室注意所及，而侯白田的收成，王室當亦有份。卜
辭又有封君告邊患的記錄，足證封君雖用其土地，而殷王仍有防
患保土的義務。故胡厚宣謂：“殷代旣有封建之制，則其土地或
本爲國家所有，經王之分封，乃屬於封建侯白，或土地本爲諸部
落國族所有，經王之封而承認其爲自有土地”(19)。這段引文裏所
謂“屬於”及“自有”，恐怕都須加以引號，因爲我們未必能把
使用權與所有權加以明確的區別。

　　㈣由以上的三點，可見殷王室的子姓，合乎現代社會學及民

---

(17)　參見李宗侗：上引書，頁30-33。

(18)　≪綜述≫，頁496-497。殷始祖誕生神話之歷史，可參見作者≪商周神話之分類≫
　　　一文，載≪中央研究院民族學研究所集刊≫第14期，(1962)。

(19)　≪甲骨學商史論叢≫，初集，≪殷代封建制度考≫，(1944)。

族學上所謂 "氏族"(clan, sib, gens)的條件。我們可作結論說：
殷王上至少自上甲下及帝辛及其後裔屬於同一個男系的氏族，有
共名、共同財富、共同神話，王位的繼承也在氏族之內由男系相
傳。祖先祀儀之隆重，亦可以表示氏族共同祭儀之重要性。

　　但子姓之爲氏族，並不一定是說子姓氏族也一定是個外婚的
單位。"同姓不婚" 之說，見於東周以來載籍[20]；是否可以向上
推到殷代，卜辭中並無確證。《禮記正義》："殷無世繫，六世
而昏，故婦人有不知姓者"。王國維據之云："然則商人六世以
後或可通婚，而同姓不婚之制實自周始"[21]。胡厚宣則主張卜辭
中有殷人行族外婚之證[22]：

　　　殷代……男女……死後皆以甲乙爲其祭祀之廟號，但其
　　　生前則皆自有其名，如前舉子漁子畫之類，皆男子之名
　　　也，帚妌帚好之類，皆女子之名亦卽姓也。觀武丁之
　　　配，有名帚嫀、帚周、帚楚、帚杞、帚娞、帚媡、帚龐
　　　者，……皆其姓，亦卽所自來之國族。他辭又或言，取
　　　奠女子。奠卽鄭，取卽娶。此非族外婚而何？

丁山也同意，"凡是卜辭見的婦'某'，某也是氏族的省稱"[23]。
但指出武丁的諸婦中也有 "婦好" 準此。

　　殷商王朝可能是與古代埃及希臘一樣，也是實行族內婚

(20)　見作者《商周神話與美術中所見人與動物的關係》文中論證，將刊載《中央研究
　　　院民族學研究所集刊》第16期，(1963)。

(21)　《觀堂集林》，《殷周制度論》。

(22)　《甲骨學商史論叢》，初集，《殷代家族婚姻宗法生育制度考》，(1944)。

(23)　丁山，《甲骨文所見氏族及其制度》，頁28。

　　制。男女辨姓，禮之大防，而春秋時代的齊國，襄公與
　　其妹妹文姜的關係，喧傳於列國；桓公好內，姑姊妹不
　　嫁者多人；這多少反映出一點族內婚的遺跡，或者是染
　　受殷商的遺風[24]。

不論族外婚或族內婚之說，立說的根據都是卜辭中"帚"底下的
一字：碰到子字，則是族內婚，碰到周楚等字，則是族外婚。其
實，帚下的字到底是族名還是私名，恐怕還是未定的問題[25]。假
如是族名的話，則武丁的"婦"有數十個，個個不同，莫非各娶
自一族，合乎李玄伯所謂"多妻多姓制"？鄭樵《通志氏族略》
云："三代之前，姓氏分為二，男子稱氏，婦人稱姓"。準東周
文獻中孟姬齊姜等稱呼之例，卜辭中的帚某係指族姓，並非絕無
可能。但這項材料，顯然不是證明殷代族外婚有無的上等材料。
在民族學上，氏族常行外婚，但不行外婚的氏族也不少見，尤多
行於王族，與同一社會裏平民的氏族婚制或同或異。因此，假如
我們要說子姓王室在氏族內通婚，並非一件奇怪的事。

　　由以上的討論，我們對於殷王室所屬的男系子姓氏族的若干
特徵，有了若干具體而比較可靠的認識。以此為基礎，我們可以
再回到商王的世系上來看看，諸先王先妣的廟號可能代表怎樣的
一種分類，這種分類自然要合乎已知的親屬制度的規模，但不妨
加以補充說明。

　　《殷本紀》的世系表，十九都經卜辭證實，但卜辭對之不無
修正，同時加上了先妣的名號，如表二所示。

────────────

[24]　同上，頁56。

[25]　《綜述》，頁497-498。

表二　　卜辭殷王世系配偶表*

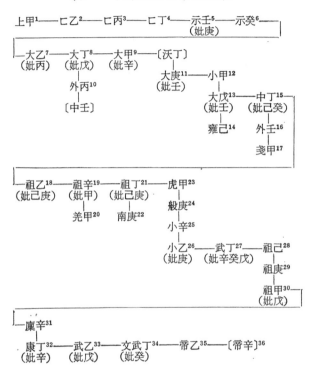

* 橫豎線意義同表一。王名右上角數字示及位次序，依《綜述》。方括弧內的王名係
卜辭周祭祀典中所缺。妣名依《綜述》，依《殷曆譜》則祖乙有妣己無庚，祖辛有妣
甲及庚，祖丁除妣己、庚外尚有辛、癸。此皆依丁辛祀典，惟文武丁妣癸依金文補。
依祖甲祀典則羌甲（沃甲）有妣名曰庚。此表與《殷本紀》世系（表一）比，相異諸
點如下：⑴⼷乙⼷丙⼷丁三世的次序；⑵大丁、外丙、中壬、大甲四王及位的次序；
⑶雍己大戊的長幼次序；⑷仲丁、河亶甲、與祖乙三人的關係；⑸祖丁、羌甲、南庚
三人的關係；⑹祖己雖未及位而見於祀典。

依表二所列舉的先王世系，再囘到上文已提過的問題上，我們馬
上注意到甲、乙、丁三個廟號出現的規律性。上文還提到過另外
兩個現象：其一，及位之兄弟的廟號彼此之間，有的有互相結合

的關係，另外有的有互相排斥的關係。其二，先王及其配偶廟號
之間的關係。對初民社會有興趣心得的人，看到這些現象，馬上
就會想到子姓氏族王室之內分爲兩組的可能性。我們試將各王廟
號依其不同的組合而排爲兩組如表三。

表三　商王廟號之分組

世　　　　代	A　組	不合規律及暫不分組之廟號	B　組
(每格代表一世)上甲			
			亡乙
		亡丙	
			亡丁
		示壬	
			示癸
	大乙		
			大丁、外丙、〔中壬〕
	大甲		
			大庚　〔沃丁〕
	小甲、大戊、雍己		
			戔甲　中丁、外壬

祖乙			
		羌甲	祖辛
	祖丁、南庚		
虎甲、小乙	盤庚、小辛		
			武丁
祖己、祖甲	祖庚		
			廩辛、康丁
武乙			
			文武丁
帝乙			
			帝辛

　　依表三，Ａ組有甲、乙、戊、己四干，Ｂ組有丙、丁、辛、壬、癸五干。以庚爲名的，依世次排下來，屬Ａ、Ｂ組者各二，暫不歸組。表中列三十七王，其合乎Ａ、Ｂ組之分劃的二十七王（Ａ組十三，Ｂ組十四），其不合的七王，其不定的四王（庚）。這個數字（27/37，或四分之三弱）已不是偶然的因素所能解釋的了。如以庚爲名的四個廟號歸于Ａ或Ｂ，則不合者與合者之比成爲29/39，或約四分之三。但不合的七王，再經檢討，則多有可爾，我們甚至可以把合乎規律之廟號的比例增加到百分之百。

今檢討這七王廟號如下：

㈠匚乙、匚丙、示壬：依《殷本紀》報丁、報乙、報丙的順序，則與本文的規律相合：（上）甲──（匚）丁──（匚）乙──（匚）丙。但祀典卜辭上甲到匚丁四世的順序，自王國維以來，已成定論，因此我們只好從這不合規律的卜辭，而棄那合乎規律的史記。但上甲到示癸六世，在湯立國之前，其可靠程度，遠不如大乙以後的世系。匚乙如爲上甲之弟或其孫，匚丁若爲匚丙之弟或其孫，示壬若爲匚丁之弟或其孫，則其依世次的分組亦與後世的規律相合。事實上，這幾世代表多少實際上的先王，恐怕還是未知的。總之，其次序與組合對本文的結論無大影響。（寫到此處，不免要提一句：《殷本紀》之錯，錯得奇怪！甲乙丙丁的次序，自殷到今日，中國人無不熟稔，何以在世系上搞錯成甲丁乙丙？而何以偏偏錯了以後又正好與後世之規律相合？我頗疑心這是太史公或其前人有意修改的──改的對，因改了以後合乎殷代後世的規律；但也改錯了，因爲殷人自己沒把這幾世先王的關係說清楚。）

㈡戔甲依廟號應屬於Ａ組，但依《殷本紀》爲仲丁之弟，應與仲丁同屬Ｂ組，與規律不合。按《古今人表》以戔甲爲祖乙之兄，上文已詳細討論。因此，我們不妨把戔甲拉下一世，放入祖乙的一格，則合。

㈢羌甲依廟號應屬於Ａ組，但爲祖辛弟、祖乙子，故按世次應屬Ｂ組，不合。按上文已詳細討論羌甲爲祖辛子的可能性；如是則廟號世次又無不合。

㈣祖丁依廟號應屬Ｂ組，依世次則屬Ａ組。倘如以上所推測，以羌甲爲祖辛之子，祖丁當爲羌甲之子，於世次廟號均合，屬B組。

　　㈤小辛依廟號似屬 B 組。辛之出現除小辛外雖只兩次（祖辛、帝辛）但其與B組其他廟號不相排斥則無疑義。依世次，小辛爲虎甲、盤庚弟、小乙兄，非屬A組不可。按《古今人表》以小辛爲盤庚子，如依之，挪小辛於B組，則小乙又非是小辛之子不可。這種辦法，似與卜辭不合。《乙》2523武丁卜辭文曰：“不隹父甲、不隹父庚、不隹父辛、不隹父乙”，其甲庚辛乙四父的順序與武丁四父全同，足證這四人實是兄弟輩而不是祖孫輩。固然倘以小乙爲武丁父，而以小辛爲其祖父，陽甲盤庚爲其曾祖父，也未必說不通，因小乙的兄弟仍可能有以甲、庚、辛爲廟號的。但如持此說，恐怕有些過分強辯，我們只好仍存小辛爲不合之例，或把辛提出來與庚同樣待遇，暫不分組。如是則先王廟號可以分爲兩組：

　　A組：甲、乙、戊、己；嗣後稱爲甲乙組（直系皆甲、乙）

　　B組：丙、丁、壬、癸；嗣後稱爲丁組（直系皆丁、僅一例
　　　　　外）

此外，庚、辛之分組暫不決定、或稱之爲第三組。以上的分組，照A－B歷世次順序輪流出現這一條規律而言，在商王世系中，可以說是沒有例外的。由此，我們發現商王世系廟號所透露的一個大原則：及位諸王隔世代有相同性；易言之，兄弟與祖孫屬於同組，而父子屬於異組。這條原則，在社會人類學上，是個常見的現象，所謂“祖孫世代相結合的原則”（The principle of the combination of alternate generations)[26]。但是，正因爲這個原則在各社會裏出現得太普徧了，要深究它在殷王室親屬制度上的特殊意義，我們還得發掘一些另外的事實出來不可。

廟號的分組在親屬制度上的意義，由祖妣廟號的關係上，應該得到更進一步的啓示。假如先王的廟號係以親屬制度爲基礎的一種分類，則先妣的廟號也應該是同樣的一種分類。固然，先王廟號與先妣廟號並不一定屬於同一個系統；換言之，先妣廟號中的甲，未必便與先王廟號中的甲是同屬一組的。但是上文已舉出過一個現象，卽先王及其祀典上的配偶的廟號不同；如果先王與先妣的廟號於兩個不同的系統，則無法對此加以解釋。因此我們不妨假定，先王廟號的分組，同樣的適用於先妣。

除此以外，先祖先妣的廟號中還包含兩個重要的現象。第一、在祀典中先妣排列的次序，依先王的長幼與世次而定；"妣某"的地位，全靠其爲"且某奭"，因此在祀典裏，商人所彡、翌、祭、壹、劦的永遠是"且（兄）某奭妣某"。換言之，商王及其配偶的世系，代表一個親屬系統；先妣在其中似乎不構成一套獨立的架子。第二、祀典中所祭先妣的數目及廟號，與下一代的先王的數目及廟號沒有直接的聯繫。祖丁有妣己與妣庚，卻有虎甲、盤庚、小辛、小乙四子，是一個例子。

上舉的若干現象，從現代社會人類學的知識來分析，可能有好幾種不同的解釋[27]。作者試從不同的角度作了好幾種不同的

---

[26] A. R. Radcliffe-Brown, *Structure and Function in Primitive Society* (Glencoe, the Free Press, 1952), p. 69.

嘗試，發現只有一種解釋，最爲簡單、合理、而不須更改旣有的史料。卽，子姓氏族的王室，不是個外婚的單位；王室本身包括兩個以上的單系親羣，互相通婚。通婚的方式，照我們的材料上看，可能性有兩種：雙方的交表婚配（bilateral cross-cousin marriage）或父方的交表婚配（patrilateral cross-cousin marriage）。若使前者講得通，我們必須把子姓氏族王室親羣擺成四個婚姻組，四組之間有一定的婚姻關係。若確立這個現象，我們非得把王室世系及王姓的關係作若干假定性的修改不可。假定後一種婚姻方式，卽每隔一世行父方的交表婚配（從男性說），則現有的材料全部可以講得通，但我們非得做兩個大膽的假設不可：㈠殷王世系中的"父子"全不是親的父子；子，在實際的血親關係上，全是甥，亦卽姊妹之子。㈡在世系中有地位，亦卽及位的王的親子，必有一以甲乙或丁爲廟號的配偶，與其本人屬於異組（卽丁之親子娶甲乙；甲乙之親子娶丁）。但此子決不及位爲王，其本人及其姓亦不在祀典中出現——亦卽祀典中無以乙及丁爲廟號的先姓之故。此子的親子則決不以甲乙或丁爲廟號的女子爲配偶，同時卻有資格及位爲王。換言之，商王世系中只有親祖孫的關係，而無親父子的關係；如下代名丁的王可能爲上代爲丁的王的親孫，卻不是上代名甲或乙的王的親子。其間的關係，如表四。

⑵ 最令人躍躍欲試的，是把 Marcel Granet 對西周制度的解釋搬上殷代；但如此作，遠不如本文的方法簡單。參見氏著："Catégories matrimoniales et relations de proximité dans la Chine ancienne", *Annales Sociologiques*, Série B, Fasc 1-3, (1939, Paris).

表四　商王父子祖孫關係

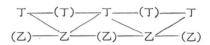

表中橫線爲父子關係，斜線爲王位繼承關係。我們現在把以上的假定試加以詳細的解釋。

上文已自商王廟號出現的世代看出，商王雖同爲子姓，卻可分爲兩大組及若干小組。大組之一以名甲乙者最多，且直系諸王屬於這一組的都以甲乙爲名，可稱之爲甲乙組。另一組以名丁的最多，且直系諸王之見於祀典的除祖辛外都以丁爲名，可稱丁組。這個“組”，相當卜辭中何字，亦即殷人自己用什麼名稱來稱呼它，一時不易決定；也許這就是“宗”字用法之一，爲姓以下族以上的一個單位[28]。商人在稱呼這些親羣時，未必以“甲”“乙”等十干稱之，而每一干所指者亦未必是一組或一羣。十干爲名的廟號，似乎只是對這些親羣的分類——一方面便於祭日的安排，一方面又使之在親屬上不相衝突而已。

關於這兩組以上親族的事實，我們所知的至少有兩件：㈠第一代王，如出於甲乙組，則第二代王必出於丁組，下一代再回到甲乙組；倘兄終弟及在一世之內，則王位或在甲乙或丁之內相傳，或傳入與甲乙或丁相近的其他諸號內，而決不出於對立的一組。換言之，甲乙組與丁組似乎是子姓王室之內政治勢力最大的兩支，隔代輪流執政。㈡祀典中的先妣無以乙丁爲名的。

---

[28]　見《綜述》，頁469；金祥恒，《卜辭中所見殷商宗廟及殷祭考》，《大陸雜誌》，第20卷第8期。

表五 殷王室二大支及其婚配親屬關係

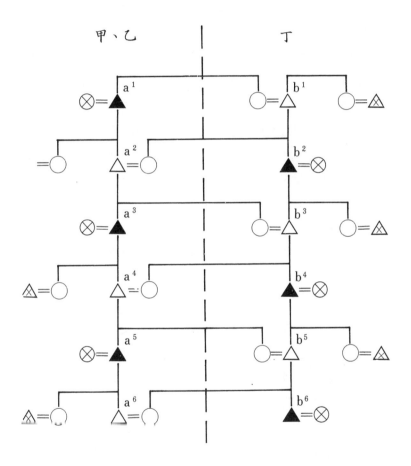

準此，則倘以甲乙、丁二組以外諸宗（丙，戊一癸）以×號表之，則子姓王室內的婚制，或可以表五示之（表內填黑的三角形示及位之王，空的三角形示及位王的親子）。

　　表五裏的甲乙與丁兩系，是子姓王室中政治勢力最大的兩支親羣。表中所示的婚姻關係及及位次序可以解釋商先王先妣廟號所示的各種現象（旁系問題，見下節）。倘以 a^1 爲王，出自甲乙組，則 a^1 不能娶丁組之女，因丁組同世代之女子皆屬 a^1 親母的宗族（見下），而以親母之父系宗族爲亂倫禁忌範圍爲世界各地父系氏族社會中所習見。不娶丁組之女的原因，也許還包括政治地位問題的考慮，因爲婚姻的關係常伴以政治地位與義務上的關係。但因 a^1 不娶丁組之女，而只能娶一異宗之女，則 a^1 的親子 a^2 的政治地位因之而減低；相反的，在丁組中則 b^1 可以娶甲乙組的女子爲妻（原因見下），因此其親子 b^2 以甲乙、丁二組爲父母，政治地位高於 a^2，因此繼 a^1 爲王。a^2 則因不是執政的王，同時 a^2 的親母不來自丁組，於是 a^2 可以娶丁組之女，以恢復其政治地位；但此一婚姻，因 a^2 未及位爲王之故，不記於祀典。a^3 則父母二人來自甲乙及丁組，政治地位又比 b^2 的兒子 b^3 爲高，於是又繼 b^2 爲王。以此類推，因此，$a^2, a^4, a^6,$ 及 b^1, b^3, b^5 未及位爲王，乃不見於祀典，也是以乙丁爲號的先妣不見於祀典的緣故。依此說，則王位之傳遞之自父傳子，乃是親稱上的父傳子，而實際上是舅傳甥。王之親子恒娶王之姊妹之女爲妻，王之孫乃又可以自王之甥傳接王位，因王之孫又成爲王之甥之甥也。這一系統可以把世系中直系廟號的所有現象說明清楚，而其本身亦不是特別奇怪的邪說，因這種婚制及繼承法則在初民社會中也有出現的例子。現舉殷王世系中自武丁至帝乙的一段爲例，把上述的原則作一具體化的表演（見表六）。

　　下表中塡實的三角爲及位的王，實線打圈的妣爲及位王的配

偶，均見於祀典；中空的三角及虛線打圈的姓均爲祀典上所不
見，但爲解釋廟號的各種現象不能不構想其存在。祖甲因而不是
武丁之子而是武丁的甥（姊妹之子），康丁是武丁之孫，也是武丁
的外甥女的兒子，又是祖甲的外甥。這麼一來，《殷本紀》及卜
辭上的世系，視似全部搞亂，其實一字不改，改的是父子兄弟等
字的切實意義，而如此看則世系上的廟號問題全通。

表六　武丁至帝乙婚姻親屬制度法則之構想

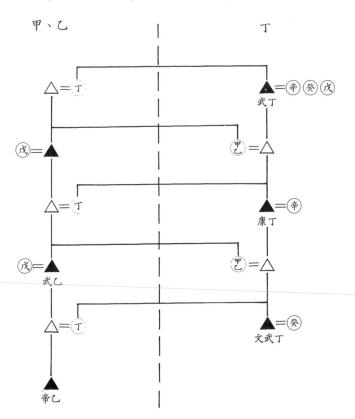

　　假如商代的王制，作如此的解釋，不但世系中的廟號問題可以迎双而解，在文獻及卜辭中關於殷代若干迄今不得解釋的史實，亦得作初步的解釋。這些史實中重要者留待下節再談，此地先舉兩件。

　　《尚書高宗肜日》記武丁肜日祀典有雊雉之異，王以爲不祥，祖己訓王稱："嗚呼，王司敬民，罔非天亂，典祀無豐于昵！"其中"罔非天亂"一句，不像商人的觀念，大概是周朝人代筆的。最後一句，典，常也；昵，舊有兩說。一說爲《僞孔傳》："昵，近也。祭祀有常，不當特豐于近廟，欲王因異服罪，改修之"。另一說爲《經典釋文》引馬融："昵，考也，謂禰廟也"。據《爾雅釋親》，考爲亡父之稱；父廟可稱爲近廟矣，二說並不衝突。何以武丁祭先父特豐而引起了災異，是千古的疑案。現在看來，很可能武丁祭祀時"豐"子生父卽丁組父廟，相對的就薄了乙組小乙的廟，爲殷王制典祀所不容。如此《高宗肜日》這句話乃得一說得通的解釋。

　　另外一件，是殷代的所謂"舊臣"在政治上似乎有很大的力量。如伊尹權勢之盛，可以放逐大甲，同時在宗族上亦有相當大的地位，爲武丁時代王室祀典所收。假如我們認爲子姓王室之內兩大政治集團的交替，依照嚴密的法則，始終殷代數百年間不變，則其中必有極大的維持力量在。社會傳統、宗敎信仰、與婚姻制度，都是使王位在甲乙、丁二組之間作規則性的輪流的維繫力量。但除此以外，很可能也有政治上的實力加以維持，而或卽一種氏族長老的評議會 (council of the elders) 之類的機構。於是舊臣之具有實力，是亦有其原因在。大甲屬甲乙系，應當遵

守同系先祖大乙（湯）的舊制，但《孟子萬章》說他 "顚覆湯之
典刑"，《殷本紀》說他 "不遵湯法"，於是被重臣伊尹 "放之
於桐"。這裏面似不無捕風捉影之嫌，但細思之，足備一說。

三　與商王廟號有關的若干其他史實

上節提出對商王廟號的新解釋，包含好幾個重要性不一與可
靠程度有差的要點：㈠商王室雖屬子姓氏族，卻分爲兩大支派與
若干小支派；㈡兩大支派輪流執政；㈢其具體的方式爲王位傳
甥，親子娶姊妹之女。上面的㈠㈡兩點，從廟號的分析來看，似
乎是無可懷疑的史實。第㈢點爲解釋以上兩點及若干與廟號有關
的現象的可能假設之一。進一步的探討，則有待於民族學與卜辭
學者一起朝這個方向仔細考查一下所有有關的史料。

從廟號分析所得上述的結論，不但圓滿地解釋了廟號出現的
規律性，而且對若干殷周史料中未決的問題，也能提供一些新的
有用的啓示。下面是已經可以看到的幾點。

一　商王繼承法

在上節裏，我們詳細的說明了我們的新說對於直系諸王廟號
的解釋，但是尙未涉及旁系的問題。把這個問題留到這裏來討論
的原因，是因爲它對於商王繼承法問題上的重要性。商王繼承的
法則，一向是一筆糊塗賬。依《殷本紀》，商王之繼統，或父死
子繼，或兄終弟及。《史記宋世家》："父死子繼，兄死弟及，
天下通義也"；《魯世家：》"一繼一及，魯之常也"。但二者
旣不能同時進行，商王世系又證明二者並非作規則性的交替，故

在怎樣的情形下爲子繼，在怎樣的情形下爲弟及，則爲史籍所不能說明的。王國維主張："商之繼統法，以弟及爲主，而以子繼輔之，無弟然後傳子"[29]。李玄伯從其說：

> 商至少在成湯以後，尚實行兄弟共權制度；彼時政權尚未集中在每代的長子身上，而爲一代所共有，所以一帝之終，不必須傳位於其長子，且須傳位與其弟兄，候這一代陸續享有政權後，始傳給下一代的人。事實上雖然全族的人不必皆做首領一次，但在學理上全族的人皆有做首領的機會；事實上全族的人不必皆平等，但學理上全族的人皆平等與權。商人至少在武乙以前，仍在這種階段中[30]。

陳夢家《綜述》則不然其說："若是商人是以弟及制爲主的，則必無弟才傳子，此與商人的婚制不合。據卜辭，商王是多配偶的，則其多子的可能性很大。旣使某王本身不育，商人兄弟不限於同父母，故凡從兄弟均有繼爲王的權利。……弟及制並非輪及每一個弟，據卜辭同輩兄弟及位者其數不過四，而卜辭一輩的兄弟往往不止於四，如祖甲世除祖己、祖庚、祖甲外，尚有兄壬、兄癸，均未及王位"。他的結論是："由此可見商代傳統並沒有一種固定的傳弟傳子法，凡弟或子所以及王位必另有其法規，可惜我們無法推知[31]"。

這"另有"的"法規"，在上述對廟號的解釋下，可以很簡

單的 "推知"。假如商王的繼承，雖在親稱上是父子相傳，而在
實際上是舅傳於甥，則在兩種情形之下，王位不能傳到下世而只
能傳於本世：㈠王逝世時，合法的繼承人年齡太小，或在其他體
心方面不夠條件；㈡王無姊妹，或其姊妹非前王姊妹之女；換言
之，王無甥，或其甥不是前王之孫（見表五）。在這兩種情形之
下，王位傳不下世，乃兄終而弟及，而及位之弟仍限於兄的同組
之內，因同組之內同世的兄弟之間與現王同爲前王之甥的人選可
以不止一個。第㈡種情形可以說明大庚—沃丁、虎甲—小乙、祖
己—祖甲、廩辛—康丁四世，而第㈠種情形或可以說明其他兄終
弟及諸世。此說是否可以在卜辭上證明，是要請卜辭學者指教
的；但依此說，則何則子繼何則弟及，在原則上有了個一致的說
明，而我們從廟號分析上對商王繼承法所得結論，適與王國維相
反：子繼爲常，而弟及爲變。

二　卜辭中的 "舊派" 與 "新派"

卜辭的分派研究，是董作賓繼分期研究對甲骨學的又一大貢
獻[32]。依此說，商王自盤庚遷殷以後，分爲新舊兩派，二派在祀
典、曆法、文字與卜事上均有若干不同，其代表人物如下：

```
舊派：  武丁        「文武」
新派：        祖甲        帝乙
```

以武丁代表舊派，則祖甲爲革新的創始者，文武丁又復古，帝乙
又回到新派，代表商代王室之內新舊兩派政治勢力與思潮的起伏
循環。

---

[32] 《殷曆譜》、《乙編自序》、《甲骨學五十年》。

　　上文對商王廟號新說在研究商史上最重要的後果之一，是依此種說法則卜辭中新派舊派之分，可以得到加強的證據，與一圓滿合理的解釋。換言之，舊派的典章制度代表丁組的傳統文化，而新派的典章制度代表甲乙組的傳統文化。二者固然大同，皆爲殷文化的代表，但亦有小異，爲殷文化以內小集團的小文化（sub-cultures）。甲乙組執政時，有行甲乙組禮制的傾向，而丁組掌政時有行丁組禮制的傾向，固不必視其一爲革新，另一爲守舊也。事實上，依此說則祖甲帝乙的"新派"，其實是大乙一系的舊政，而武丁文丁的"舊派"，反而是與湯法相對立的制度。

　　但二組禮制的交替，亦不必如此的規則。《殷曆譜》與《甲骨學五十年》中新舊派之分大同小異，列舉如表七。

表七　殷王分派及各王在位年數

		《殷曆譜》	《甲骨學五十年》
舊	派	般庚(14)、小辛(21)、小乙(10)、武丁(59)、祖庚(9)	同左
新	派	祖甲(33)、廩辛(6)、康丁(8)、武乙(4)	祖甲、廩辛、康丁
舊	派	文武丁(13)	武乙、文武丁
新	派	帝乙(35)、帝辛(63)	同左

　　其不同之處在武乙：《殷歷譜》分之於新派，而《五十年》分之於舊派。這個改變，不知是武乙卜辭研究的新結果，還是基於武乙文武丁卜辭同屬第四期舊說的考慮。事實上，武乙在位不過四年，留下來的卜辭爲數必少，未必夠作分派的確實證據。《殷本紀》記武乙爲惡，被雷震死，似乎與"淫亂"的祖甲同一待遇。因此武乙之屬於新派似非全無可能。但這點關係不大，因自卜辭所見，爲新舊兩派代表的，仍以武乙、祖甲、文武丁、與

帝乙四人爲最淸楚明白，其分組是與我們的新說相合的。不合諸
王，如小乙屬舊派，廩辛康丁屬新派，或因其卜辭的斷代尚不太
明瞭，或因二派體制之交替只是傾向而非必然，均不足構成對於
新說的有力的阻礙。

三　昭穆制問題

　　殷周異姓，其活動中心在地理上亦有相當的距離，其親屬制
度與繼承制度不必相同，而且據史籍看來，可能很不同。但商王
廟號的分組說與周的昭穆制，未嘗不可相互發明。昭、穆之稱，
散見《詩》、《書》、《左傳》。《左傳》僖公五年："太伯，
虞仲，太王之昭也；太伯不從，是以不嗣；虢仲、虢叔，王季之
穆也"。二十四年："管、蔡……文之昭也；邗、晉……武之穆
也"。定公四年："曹，文之昭也；晉，武之穆也"。故西周初
年王室的幾代，其昭穆之分均爲固定的：太王爲穆、王季爲昭、
文王爲穆、武王爲昭。《周禮春官小宗伯云》："辨廟祧之昭
穆"。正義："祧，遷主所藏之廟。自始祖之後，父曰昭、子曰
穆"。《禮記王制》："天子七廟，三昭三穆，與大祖之廟而
七；諸侯五廟，二昭二穆，與大祖之廟而五；大夫三廟，一昭一
穆，與大祖之廟而三。士一廟。庶人祭於寢"。

　　近人研究昭穆的，以 Marcel Granet [33]、李玄伯[34] 與凌純
聲[35] 三先生爲最著，均以爲代表婚級，在初民社會中不乏其例。

(33)　M. Granet, *op. cit.*

(34)　李宗侗，上引書。

(35)　《中國祖廟之起源》，《中央研究院民族學研究所集刊》，第 7 期 (1959)。

這個問題牽涉周代整個親屬制度，本文裏不遑詳述⒃。在這裏
我們只提請讀者對古代文獻中所見昭穆制的三點特徵的注意。其
一，昭穆顯然爲祖廟的分類；周代先王死後，立主於祖廟，立於
昭組抑穆組視其世代而定。周王如用廟號，則必是太王穆、王季
昭、文王穆、武王昭一類的稱呼，與康丁、武乙、文丁、帝乙相
類。其二，昭穆制的作用，古人明說爲別親屬之序，亦卽廟號之
分類實代表先王生前在親屬制上的分類。≪禮記祭統≫："凡賜
爵，昭爲一，穆爲一，昭與昭齒，穆與穆齒，此之謂長幼有序"。
又云："夫祭有昭穆；昭穆者，所以別父子、遠近、長幼、親疏
之序，而無亂也。是故有事於太廟，而羣昭羣穆咸在，而不失其
倫，此之謂親疏之殺也"。按祖廟之祭倘非分爲昭穆二系而不
能 "別父子遠近長幼親疏之序"，則這種 "序" 顯然不是簡單的
祖—父—子—孫相承的直系。其三，在昭穆制下祖孫爲一系而父
子不爲一系；≪公羊傳≫所謂 "以王父之字爲氏"，似與此也有
消息相關。≪五經通考≫引劉歆曰："孫居王父之處，正昭穆，
則與祖相代，此遷廟之殺也"。≪禮記曲禮≫："君子抱孫不抱
子，此言孫可以爲王父尸，子不可以爲父尸"。≪曾子問≫：祭
成喪者必有尸，尸必以孫；孫幼則使人抱之，無孫則取于同姓可
也"。這些都是極可注意的現象。李凌二先生均以母系半部族之
制來解釋。由上述商王廟號來看，昭穆制實與商王室甲乙、丁二
系之分相似。李玄伯云："昭穆兩字至今未見於甲骨文。商人或

⒃　周代親屬制度，芮逸夫先生研究最力，論文散見，不俱錄。作者的研究，將在另
　　文討論。

無分級，或有分級而另用他種名稱，不以昭穆為級"[37]。本文提出，商人亦有分系，姑稱之為甲乙組與丁組；商人自己的名稱，則有待卜辭學者的指敎。倘把卜辭分組與昭穆制相比，則商人宗廟之制實包括無數之問題，有待研究的。小屯遺址的乙區[38]，據石璋如的推測，是宗廟之區，其布局雖不全部瞭然，但其左右東西對稱之局則甚明。是否商代的祖廟有分爲甲乙與丁二列的可能？尚待學者進一步的研究。作者相信，小屯遺址布局的研究及甲骨文裏關於宗示等行祀之所的字眼的研究，大可以對這些方面的了解加以擴展與推進；上文所說的不過是個引子而已。

四　古史帝王世系上的啓示

假如本文所提出的對商王廟號的解釋，能够成立到相當的程度，則我們對古籍所載的若干帝王傳說，亦可以據以作若干新的理解。李玄伯早已提出來，"堯舜禪讓尚能以另一個假設解釋，……卽王位似由舅甥以傳"[39]。這裏的問題，是李玄伯所用舅甥二字，乃是廣義的解釋，指岳父與女婿而言；堯舜是否是母之兄弟與姊妹之子的關係，則恐不能證實。但舜爲東夷之人，陳夢家[40]以爲卽是帝嚳；倘舜果得王位於其舅（母之兄弟），不但與殷制相合，尚不妨視爲殷人禮制在神話上的表現。

---

[37] 李宗侗，上引書，頁53。

[38] 《殷虛建築遺存》（1959年，臺北）。

[39] 李宗侗，上引書，頁126。

[40] 《商代的神話與巫術》，《燕京學報》，第20期，（1936），此說雖不剏於陳，此文則集其大成。

　　古帝王世系常見的又一現象爲“一分爲二”，卽王位自上代
傳到下代時，繼承的系統分爲二支，二支各再分二。如《國語晉
語》記少典子有黃帝與炎帝；《大戴禮帝繫姓》記軒轅二子玄
囂、昌意；昌意子顓頊又分二系，其一爲窮蟬及鯀，其二爲女祿
之子老童。《帝繫姓》另一值得注意的現象，是次代所分的兩支
中，常只有一支記其配偶之名，如表八。

表八　《帝繫姓》古帝分支及其配偶

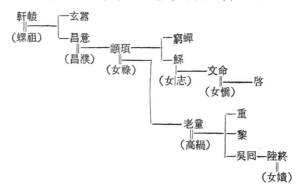

豈非與殷王世系中一世只一直系而直系記其配偶之制相似？固然
《大戴禮》的帝王世系爲東周時代神話人化的結果[41]，但如李玄
伯所云：“縱令其爲周以後人所僞造，但僞造者亦必有較堯舜爲後
的若干史事爲模仿，所謂「欲讎僞者必假眞」(《法言重黎篇》)”[42]
又《大戴禮》中所記玄囂之後，帝嚳有四妃，其姜嫄所生之子后
稷，簡狄所生之子契，慶都所生之子放勳，常儀所生之子摯。是則
后稷、契、放勳、與摯是同父(與父同組)的四個兄弟輩，俱立爲

---

(41)　見作者上引《商周神話之分類》一文。

(42)　李宗侗上引書，頁127。

王，與商人兄終弟及，而兄弟不必來自同宗之制也有相似之處。

　　像殷代王室那種制度的氏族內部區分，經長期的演變，與人口的增加，必然導致氏族的分裂（fission），氏族內有的組或宗分出去成爲獨立的氏族，其間的政治地位與婚姻關係乃成爲氏族之間的關係，《殷本紀》所謂：“契爲子姓，於後分封，以國爲姓，有:殷氏、來氏、宋氏、空同氏、稚氏、北殷氏、目夷氏”。其中有的也許保持子姓，有的則以氏爲姓。《國語晉語》四：

> 同姓爲兄弟。黃帝之子二十五人，其同姓者二人而已，惟青陽與夷鼓，皆爲己姓。青陽，方雷氏之甥也；夷鼓，彤魚氏之甥也。其同生而異姓者，四母之子，別爲十二姓。凡黃帝之子，二十五宗，其得姓者十四人，爲十二姓：姬、酉、祁、己、滕、箴、任、荀、僖、姞、儇、依是也；唯青陽與蒼林氏同于黃帝，故皆爲姬姓。

或方雷氏與彤魚氏是軒轅氏以外有政治地位的大族，故其甥（婿）繼承姬姓的統；繼姓統的有二人，是值得注意的。餘子則分支出來各立己姓。這一段話在商王廟號新說解釋之下豁然可通，也正是民族學上氏族分裂（fission）與分支（segmentation）在中國古代的例證。

　　除此以外，殷周史料中待用現代社會科學方法研究的尚多，上文所舉的幾點不過是從商王廟號的解釋上可以立刻想到的而已[43]。本文立說之是否可靠，與在其他史料上應作何等的運用，全

---

[43] 例如中國古代的連名制與排名制，似乎也可用本文的說法加以重新分析研究；見凌純聲：《東南亞的父子連名制》，《大陸雜誌特刊》第一輯：楊希枚：《聯名與氏姓制度的研究》，《史語所集刊》，第28本，（1957）。

有待古史學界的師友，有以敎我。

校　後　記

　　初稿草成以來，續作商周親屬宗族制度各方面的探索，覺得殷的乙丁制與周之昭穆與宗法的解釋，有不少可以啓發之處，同時與東周宗法與姓氏的變化都有密切的關聯。此雖爲另文≪商周親屬宗族制度初探≫才能詳論的問題，此地不妨舉例一二，以見乙丁制或係三代所共有，非殷人所特有也。

　　≪史記夏本紀≫及≪紀年≫的夏世系如下：

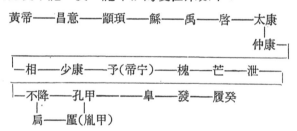

楊君實上引≪康庚與夏諱≫一文指出康或爲庚，帝宁或卽帝丁，是則夏之世系中以十干爲名者出現之世次如下：

依殷代世系隔世相同之規律，則甲與庚一組，丁與癸爲一組。甲與丁之對立，及丁與癸之同組，均與殷制相同。湯（天乙）之滅桀（癸，丁組），是以商之甲乙組，滅夏之丁組。不知此對於夏商二代接而爲一之說者有無關係？

　　至於周之昭穆制，則問題遠爲複雜，非一言可以了者。但昭

穆與乙丁之類似，除文中所列舉者外，尚可以下述諸點加以補
充。

其一、周人以十干爲名的尚多，爲金文所常見（見吳其昌：
《金文世族譜》）。是以日干爲廟號，殷周相同。如廟號在商人
有上述之意義，周人者當亦有類似之意義。

其二、若干周代系譜中之以十干爲廟號的，其出現的世代順
序與商相同。穆王時代的汞殷二器，一曰“用作文且辛公寶鼎
殷”，另一曰“用作文考乙公寶彝殷”。是祖名辛，父名乙，與
殷王世系中乙辛順序在世代上相同（如帝乙帝辛）。《史記齊世
家》，太公子爲丁公，丁公子爲乙公，乙公子爲癸公。此中可注
意的更有兩點：(1)廟號之十干在世代中出現的順序，即丁—乙—
癸（丁組；夏商均然）之次，與殷王同。(2)如以太公爲太祖，則
其子爲昭世而名丁公，丁公之子穆世而名乙公。《通志氏族略》
第四，以次爲世條，有丁氏：“姜姓，齊太公生丁公伋，支孫以
丁爲氏。”鄭樵的按語：“諡法雖始有周，周自文王以後世世稱
諡，是時諸侯猶未能徧及。晉魯，大國也；魯再世伯禽，稱魯
公，晉再世燮父，稱晉侯。曹蔡皆四世未稱諡。齊再世伋，稱丁
公，三世得稱乙公，四世慈母稱癸公，五世哀公不辰而後稱諡。
得知所謂丁公者，長第之次也。”又《史記宋世家》，帝乙次世
爲微子開及微仲，當爲丁世，即帝辛之世，微仲之子爲宋公，當
爲乙世；宋公之子又當爲丁世，而其子確名丁公。宋制與殷制同
不爲奇特，但齊制與殷同，則値得重視。

其三，不特宋齊之制與殷人相似，宗周亦不例外。殷制以甲
日祭甲，乙日祭乙，上文已說明淸楚。西周之祭禘先祖，因無卜

辭爲證，其祭曆頗乏材料可循。下舉諸條，或不無發明的作用：

　　　令彝：丁亥令矢告刊周公宮 (周公爲昭世)

　　　剌鼎：丁卯王啻……邵王 (邵王世次見下)

　　　春秋文公二年：春二月，丁丑，作僖公主；八月，丁卯，

　　　　　　　　　　大事于大廟，躋僖公。(僖公自周公向下推爲昭世)

　　　天亡殷：乙亥……殷祀於王丕顯考文王 (文王爲穆)

　　　春秋閔公二年：夏五月乙酉，吉禘于莊公(莊公爲僖公父，穆世)

是西周及東周初年王公祭祖先的日子，好像也有一定，而以乙丁
二日爲多，好像乙日祭穆世的祖，丁曰祭昭世的祖。加上上文所
述齊太公以下先丁公（昭）後乙公（穆）的次序，豈不是丁卽是
昭，乙卽是穆，而乙丁制與昭穆制實一制之兩名麼？可惜問題不
是那麼簡單。第一，要使魯僖公爲昭世，非得以周公爲昭不可。
周公是文王子，武王的兄弟，在宗周而言，是屬於昭世。但周公
封於魯以後是爲魯之太祖，還是魯的宗廟中昭穆之次是自文王一
直排下來的？這個問題不解決以前，我們就不能斷言僖公是昭。
齊太公爲太祖，其子丁公才是昭，丁公子乙公才是穆。固然齊魯
一是異姓，一是同姓，其宗廟中昭穆之序未必是依一個原則開始
的。但是我們還得提出些有力的證據。魯莊公的昭穆世次，與此
相連。 第二、《天亡殷》銘文一開首的乙字 ，在原文中看不出
來，是金文家依後文補的。其三、令彝中除了丁日 “告” 周公以
外，還有甲日用牲于京宮，乙日用牲于康宮的記錄。京宮康宮的
問題，還有些待研究之處，見唐蘭的《西周銅器斷代中的“康宮”
問題》(《考古學報》，1962〔1〕)一文。依唐蘭，康宮爲康王
之宮，康王爲古公以下第五世，有太祖的地位，故康王以後的昭

王是昭世而穆王是穆世。依此說則《剌鼎》中的邵王是昭世，與
丁是昭之說合。但依此說，則魯莊公僖公的世次又得重新排過。
我們不能因邵王爲丁日祭，採唐蘭使邵王爲昭世，而魯僖公爲丁
日祭，則不採唐說，自文王一直昭穆昭穆向下排也。正如西諺所
云：You can't have your cake, and eat it too. 事實上，唐
蘭用卿大夫的宗法制解周天子的世系，以湊合他的康宮說法，是
否成立，尚未可知。因此，上擧諸例中最大的問題在於丁卯日啻
邵王一條。或剌鼎之邵王爲某一昭世之王，未必卽指昭王而言？
總之，周之昭穆與殷之丁乙顯然有密切的關係，但確實的連繫，
還待進一步的研究。

八
談王亥與伊尹的祭日並再論殷商王制[*]

一　王亥和伊尹祭日材料

　　十多年以前我寫過《商王廟號新考》⁽¹⁾一文，根據商王廟號在系譜上的分布現象，提出了一些新穎但是不很成熟的看法。引起我研究這個問題的興趣的現象，是各種廟號在王妣系譜上面分布情形的規則性。我所作的建議，歸納起來，在基本上只有兩點：㈠以十日（甲、乙、丙、丁、戊、己、庚、辛、壬、癸）爲名的習俗不是照舊說根據生日（或死日）而來的，而是死後廟主的分類制度。廟主的分類反映活人的社會身份地位的分類。因此，商人的廟號可以當作研究商代王制的一把要緊的鑰匙。㈡用這把鑰匙，試開殷商王制的大門，我們可以很清楚的看見，在王室裏面有兩組主要的執政羣，其一以甲、乙廟號爲代表，其二以丁一個廟號爲代表，兩組輪流執政。以上這兩點基本的建議，今日看來，仍然覺得不可動搖，而且有份量很重的新的證據來作進一步的支持，將在後文提出。爲了解釋那商王輪流執政的繼承程

* 原載《中央研究院民族學研究所集刊》，第35期（1973），頁111-127。
(1)　《中央研究院民族學研究所集刊》第15期（1963），頁65-94。

序，我又提出來商王室內婚、娶姑父女、王位傳甥的可能性。這
是所提出的新說裏次要的部分，是用以解釋前述現象的可能模式
之一。

　　《新考》一文刊布以後，引起了不少同道學者的討論興趣(2)。
其中丁驌和劉斌雄兩先生更提出值得重視的新的王室分組制度。
但他們的建議，在商史的研究上，還僅發揮了理論上的刺戟性，
在具體的史實上尚未產生闡發的作用。我自己在這十餘年來，對
這個問題也一直保持著相當的興趣，並且隨時收集了一些資料。
在這篇文章裏，我想把這些資料描寫一下，並將殷商王制問題再
作檢討，把我現在對這個問題的看法提出來，請高明的人士不吝
指教。

　　新搜集的材料裏面最要緊的是伊尹和王亥的祭日。我便先從
這裏說起。

　　我們一般講商史，講到商人以十日爲名的時候，都知道這個
習俗是自上甲微時才開始的。"六世以上的先祖，見於武丁時祭

────────────

(2)　丁驌，《論殷王姚謚法》，《中央研究院民族學研究所集刊》，第19期 (1965)，
　　頁71-79；《再論商王姚廟號的兩組說》，同上，第21期 (1966)，頁41-79；許
　　倬雲，《關於商王廟號新考一文的幾點意見》，同上，第19期，頁81-87；劉斌
　　雄，《殷商王室十分組制試論》，同上，頁89-114；林衡立，《評張光直商王廟
　　號新考中的論證法》，同上，頁115-119；許進雄，《對張光直先生商王廟號新
　　考的幾點意見》，同上，頁121-137；楊希枚，《聯名制與卜辭商王廟號問題》，
　　同上，第21期，頁17-39；伊藤道治，《占代殷王朝のなぞ》，(1967年，東京角
　　川書店)；林巳奈夫，《殷周時代の圖象記號》，《東方學報（京都）》，第39
　　册，(1968年)，頁1-117；松丸道雄，《殷周國家の構造》，《岩波講座世界
　　史》，4，(1970年)，頁49-100；參見張光直，《殷禮中的二分現象》，《慶
　　祝李濟先生七十歲論文集》，(1965)，頁353-370。

祀者，如夒、土、季、王亥，皆不復追稱以十日爲名"。[3]　固然
夏王也有以十日爲名的（孔甲、履癸），但他們與商先世的關係
到底如何，還沒有人能够說定，所以夏王廟號在商王廟號起源問
題的研究上還不能發揮直接的作用。我在《新考》（頁73）裏，
旣已提出"先王妣之以十干爲名，係商人藉用在日常生活中占重
要地位的天干（事實上亦卽號碼），對祖廟或廟主的分類制度"
的說法，我們便應當很自然的提出兩個問題。第一，旣然如此，
則祖廟或廟主的分類制度應當在先，以十日爲名應當在後。那麼
在商王根據廟號採用十日爲名以前，卽上甲以前，商王室（或公
室）內有沒有祖廟或廟主的分類制度？第二，如商王以廟制爲十
日爲名的基礎，那麼貴族、大臣（不論是王族內還是王族外的）
雖不以十日爲名卻會不會有相同的廟制？

　　初步回答這兩個問題的方法，是在卜辭裏找以十日爲名的王
妣以外的重要受祭人物的祭日。我們都知道商王之名甲的，其有
關祭祀常在甲日舉行，名乙的常在乙日，餘類推。如果對不以十
日爲名的人物的祭祀，也有集中在特別的干日的趨勢的話，那麼
他雖不以十日爲名，卻也可以說在那以十日爲名所代表的廟主分
類系統裏有他的一份地位。某人的祭日如常在乙日，便是老乙，
常在丁日，便是丁公。卜辭裏或史書裏有沒有這個名字並不影響
他在那廟主分類系統裏的地位。

　　有了這個想法以後，我便在卜辭裏逐漸搜集這一方面的資料。
島邦男的《殷墟卜辭綜類》（1967，東京，大安）一書，在這一

─────────────

[3]　董作賓：《論商人以十日爲名》，《大陸雜誌》，2卷3期，（1951），頁6-10；
　　頁8。

類的研究上，給了我們很大的方便，這是我們應當感謝的。材料
累積起來以後，頗使我自己感到相當驚訝，因為在人物的祭日
上，我們很清楚的看到了過去完全沒有預料得到的嚴整的規律性，
好像這一套制度，都經過了一番縝密的按排。而且，它的規律性
的基本性質，又與上述殷商王室二分的說法密密的扣合。反過來
說，這又使我們對王制的了解，增加了很大的信心。簡單說來，
祭日研究的結果，可有五點：伊尹祭祀在丁日；王亥祭祀常在辛
日；夔的祭祀也多在辛日；羔（岳）的祭祀又是多在辛日；河的
祭日分布則似較雜亂。如此看來，河或不是先祖，或河這一名所
代表的神不限于先祖⑷。

　　先談王亥。王亥的祭日是上甲以前商先公裏面唯一經過學者
熱烈討論過祭日問題的一個，但最初討論的動機倒與十干無關，
而是因為他的名字裏有個亥字的緣故。王國維在《殷卜辭中所見
先公先王考》(1917)裏說，"卜辭言王亥者九，其二有祭日，皆
以辛亥，與祭大乙用乙日，祭大甲用甲日同例，是王亥確為殷人
以辰為名之始，猶上甲微之為以日為名之始也"。王先生這個說
法，我們都知道，是靠不住的。胡厚宣在一段講王亥的文章裏，
"案王說不然。就以本文所引祭祀王亥的卜辭看來，祭王亥在辛
未、甲戌、辛巳、甲申、丙戌、辛卯、壬辰、乙未、癸卯、乙
巳、丁巳、辛酉，就都不是亥日"。⑸ 可是把胡先生 "所引祭祀
王亥卜辭" 拿來看一下，就會發現，上舉的那些日子，多是卜、

⑷ 見陳夢家《殷墟卜辭綜述》(1956) 頁343-344，對 "河" 的討論。

⑸ 胡厚宣，《甲骨文商族鳥圖騰的遺跡》，《歷史論叢》第一輯，頁131-159。（中
　　華書局），頁149。

貞的日子，而不一定是祭日。王國維在"卜辭言王亥者九"之中，已能認出來僅"其二有祭日"。胡先生卻把這些材料囫圇吞了下去，說都是祭日，則不能不說是他千慮的一失了(6)。據島氏≪綜類≫所列，再加上後出的≪殷虛文字丙編≫等所收(7)，其中記王亥的已自王國維時代的九條，增加到一百條以上。但其中有祭日的僅有十一條：

1、□□卜，爭貞：翌辛巳乎單，酒尞于（王）亥□？
　　（≪鐵≫114.3）。

2、貞：出于王亥，四十羊，辛亥？（≪前≫通4.8.3）。

3、甲辰卜，㲉貞：來辛亥，尞于王亥，卅牛？（≪後≫
　　上，23.16)。

4、翌辛亥酒王亥，九羌？（≪林≫1.9.1。≪卜辭通纂≫317釋：
　　貞子漁出从。□翌辛亥酒□王亥，九羌？）

5、翌辛卯尞于王亥，三牛？（≪零≫18）。

6、來辛酉酒王亥？（≪萃≫76）。

7、乙巳卜，㲉……貞：酒王亥？翌辛亥出于王亥，四
　　十牛？（≪丙≫117)。

8、貞：翌辛未酒、尞于王亥？（≪藤井≫1）。

9、甲戌酒王亥？（≪丙≫116）。

10　甲午貞：乙未酒高祖亥，□，大乙，羌五牛三，祖

---

(6) 隨手舉一個貞卜日與祭日不同之例："庚戌卜，貞：□於且辛？"（≪甲骨文錄≫295）；"庚戌卜，王貞：翌辛亥其又且辛？"（同上，297）。這是在庚日貞問次（辛）日又祭祖辛的事。又祭之日在辛而不在庚。

(7) 張秉權著，(1957-72，上中下三冊)，歷史語言研究所出版。

　　　　乙，羌☒，小乙，羌三牛二，父丁，羌五牛三，亡

　　　　☒？（《南明》477，《卜後》B2459）。

　11、癸巳貞：于乙未酒高祖亥，凹卯于☒？（《南明》478；

　　　　《卜後》B2466）

其中 1 — 8、條的祭日，都是辛日；其他三條，一個甲、兩個
乙。這三條非辛日的有一條是武丁時代的(9)，一條是武乙時代的
(10)，另一條是武乙、文武丁時代的(11)、所以祭日之不合不能以時
代的變化來解釋。但十一條裏有八條辛日，與一般遵循甲日祭
甲，乙日祭乙的規則的卜辭的比例，恐差不遠。周鴻翔（《商殷
帝王本紀》，1958，香港，頁44）所說"卜辭所見，其不于甲日祭
甲王、乙日祭乙王者至多"，是治契學者在原則上都能同意的；
這在舊派的卜辭中尤甚。上引第10條以乙未日將父丁（康丁）與
諸乙同祭，便是一例。《甲》841："甲申酒小丁"，又是一例。
既然卜辭是向祖先叩詢可否的問題，在大部分情形之下，答案當
是肯定的，但在少數場合之下，也常在問題中留著可作否定答案
的餘地。所以根據上舉十一個例子來說，"辛日祭王亥"這條祭
法，是可以成立的(8)。以成湯稱為高祖乙之例，王亥就可以稱為
高祖辛。

　　　"高祖辛"這個鳥有的名字，卻馬上使我想到歷史上確有的
名字"高辛氏"，亦卽商始祖帝嚳的氏名。莫非帝嚳也是個"辛"？
卜辭裏祭夒（帝嚳）的有祭日的有四條：

---

(8)　王亥祭日以辛為多這一點，伊藤道治先生（《藤井有鄰館所藏甲骨文字》，《東
　　　方學報〔京都〕》，42冊，〔1971〕，頁67）早已指出。他的解釋與本文完全不
　　　同，可參考。

1、甲寅貞：辛亥酒夒于夒，三牛？（《南明》481；《卜後》

B2429）。

2、己巳卜。其求夒，叀辛酉？（《南明》483；《卜後》B2171）

3、貞：翌辛卯，夒，求雨夒？夒雨。（《佚存》519）。

4、丙午卜，旅貞：翌丁未，夒，夒告又夒□？（《續存》

2.599）。

其中果然有三條是辛！這樣看來，帝嚳亦名高辛氏，是有它的道理的了。可是合轍之處，尚不止此。再看羔（岳）的祭日，共有六條：

1、夒于羔□夕羊，翌辛亥，酒、宰？（《庫方》714）。

2、貞：勿叀辛未酒羔？貞：叀辛未酒（羔）？（《萃》34）。

3、己酉貞：辛亥其夒于羔？一宰、卯一牛？雨（《摭》

1.411）。

4、癸亥卜，貞：翌辛未酒羔，三小宰，卯三牛？（《續

存》2.49）。

5、癸丑卜、行貞：□……

甲寅酒于羔？（《續存》1.395）。

6、甲辰卜。乙巳其夒于羔，大宰？小雨。（《萃》26）。

其中四條又是辛日！除了夒、羔和王亥以外，商王的先公遠祖還包括許多其他的名字，也承受商王祭祀的[9]，但他們還需要許多的整理工作。從卜辭上作商史的研究，在上甲以前這一段最有用武的餘地。專從上舉祭日來說，在武丁和武乙文武丁時代，從高

---

[9] 陳夢家：《殷墟卜辭綜述》，（1956），頁333-361；吳其昌：《殷卜辭所見先公先王三續存》，《燕京學報》，第14期（1933），頁1-58。

辛氏一直到高祖王亥，祭先祖的日子以辛日爲準。換句話說，這一段歷史時期雖然尚未有以十日爲名的習俗，卻已有祖廟或廟主的分類制度，而辛這一號的地位始終最爲尊崇。

　　用同樣的方法去看伊尹，我們就看出來伊尹雖在歷史上不以十日爲名，他的祭日規則卻也在與商王妣一樣的廟號系統之內。在卜辭裏有祭日材料的，黃尹（武丁時代）有兩條，伊尹或伊（武乙、文武丁時代）有三條：

　　1、（丁）卯勿酒黃尹？（≪鐵≫2424）。

　　2、貞：來丁酉业于黃尹？（≪簠≫人18）。

　　3、甲子卜。又于伊尹，丁卯？（≪珠≫638）。

　　4、乙巳囗。伊尹囗于丁未囗？（≪甲≫564）。

　　5、囗于伊，叀，丁酉？（≪南明≫503；≪卜後≫B2512）。

這幾條卜辭爲數雖少，意義卻很顯然，對殷商王制的新說，給了有決定性的支持。我相信將來再有新的卜辭材料時，其中如有祭伊尹的日子，十九會是丁日。因爲在上文說過，少數的卜辭應當引致否定的答案，所以我不敢跟讀者打賭，說若是有不在丁日祭伊尹的甲骨片子，我便步王懿榮老先生的後塵把那片子羹湯喝。但是如果我們對王制的說法成立，伊尹的祭日便非是丁日不可。就好像董作賓排比五期祀典的時候，碰到有缺有漏的地方就可以放心大膽的把它補齊一樣。其實，這裏面所以敢于預料的道理，也是相同的。

　　這些祭日的材料，對廟號和王制的研究，可有什麼新的啓示？我們且先囘過頭來把對廟號和王制的新看法，重新簡述一下。

二　商人爲何以十日爲名？

　　《新考》根據十日在商王妣世系中分布的規則性，反對以生日爲廟號的舊說，並提出廟號分類代表生前身分分類的建議。丁驌使用"開"方（Chi-square）的測驗又從統計學上說明了王妣世系中廟號分布的規則性不是偶然的現象。我現在還可以提出來，銅器裏以十日爲名的材料，也有生日說的有力反證。

　　在我與幾位同好所搜集的一批四千多件有銘文的商周青銅器圖錄⑽裏，其中有個"干"（甲、乙……）或"親干"（父甲、母乙……）的銘文的有1,295件。自《考古圖》《博古圖》以來，講金文的人都援商王的名字爲例，解釋金文裏的"父甲"爲某人生在甲日之父，亦卽個人的廟號。這1,295件銅器，依照這種說法，乃是代表作了1,295件銅器的人死去的親人，卻不能說代表1,295個人，因爲有些成組的銅器，應當是做給同一個人的。但這種數目上的差欠情形，在十干的比例數上所引起的影響應當是一樣的。十干在這1,295作銅器的分佈如下：（圖五a）

甲：	30件	己：	178件
乙：	274件	庚：	41件
丙：	21件	辛：	209件
丁：	270件	壬：	14件
戊：	55件	癸：	203件

⑽　張光直：《商周青銅器器形裝飾花紋與銘文綜合研究初步報告》，《中央研究院民族學研究所集刊》，第30期（1972），頁239-315。張光直、李光周、李卉、張充和：《商周青銅器與銘文的綜合研究》，《中央研究院歷史語言研究所專刊》第62種（1973）

這種分布情形，是生日說法不能解釋的。這一千多件銅器，照著
錄的人估計，屬於商的有1,102件，西周的有191件，不明的2件。
西周的 191 件中能略定在成康以後的只有19件。這一千多件的銅
器，可能在自商中葉到周初這四百年間所有帶這種銘文的銅器中，
占一個相當大的比例。將來再有的新發現時，我們沒有理由相信
其中十日的分布不照同樣的比例作相對性的增加。十日之中，有
五個日子占 1,134 件，占全數的百分之八十六。那數目多的五日
又正好是雙數的，卽乙、丁、己、辛、癸這五天。何以當時的人
多生在這五天？人的生日，在一旬或一週內的那一天，從常識上
說 ，應當是有均等機會的 。 我就近到耶魯大學醫學院附設醫院
（Yale New Haven Memorial Hospital）的產科查了一下
1973年出生記錄，按星期幾算了一下，結果如次 (圖五 b)：

星期一	534
星期二	591
星期三	577
星期四	658
星期五	551
星期六	583
星期日	502
共　計	3,995

每天出生（以全年共計）都在五百到六百之間，但星期四特多，
爲例外，而星期天則略少。這雖只是一個醫院在一年內的記錄，
而且一週之內的每天也有差異可言，但這批資料與我們依常理判
斷的可以相符，而十日在銅器中的分布則屬於另外一類的現象。

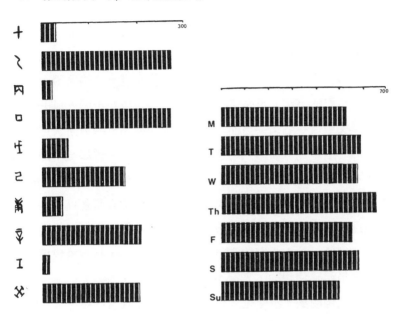

圖五 a 1,295件銅器中十日 　圖五 b 耶大醫院1973年出生嬰兒
　　　的分布 　　　　　　　　　　在星期內各日出生數目

我相信我如果要說這十日在金文中的分布情形，不可能是生日在
一旬裏的分布情形，大概大多數的讀者都會首肯罷。說不是生
日，就同時否定了其他歸因于偶然因素（如死日）的說法。

　　既不是偶然性的，那麼它的規律性是從什麼基礎而來的？人
死之後，諡稱甲乙，照譙周說（《史記索隱》引《古史考》）
"死稱廟主曰甲"曰乙。"廟號"這兩個字也就由此而來。這個
'號'大概是指字號之號，其實如解釋爲號碼的號恐怕更近原意。
在家廟或宗廟裏，可能有甲號的主或一組主，有乙號的主或一組
主。人死之後，或在甲、乙等號的主上加一個名字，或在甲乙等
號的位置之內加個新主。這些個主也許再進一步照世代和性別分

開：祖主、妣主、父主、母主、兄主等。某父死了以後，他的新
主就歸到了宗廟裏父輩甲號（或其他號）的位置裏去；"死稱廟
主"便稱父甲。但甲乙一共只有十號，使用這十號的原因，大概
是爲了祭祀的方便。可是宗廟裏的人口一定遠在十個人以上。因
此，"父甲"一名，一方面可能是個人的稱呼，一方面又可能指
稱一個"主羣"，而個人的稱呼實由後者而來。譬如全中國姓張
的，可有數百萬或數千萬，但人仍可稱我做老張。我相信，金文
裏父甲、母乙的稱呼，除了少數及晚期或指個人而言以外，多半
是做爲銅器在宗廟裏使用起來所屬地位的一個記號。好比說我做
了一套銅器，放入張家的宗廟，上面刻上了字，指定給我甲組父
輩祖先祭祀時使用的，表示不是全家的公器。

　　我這個說法，不僅是"想當然耳"，而且有好幾樣重要的根
據。商周的金文，從繁簡上分，大致可分兩類：簡的，可稱爲記
號；繁的，可稱爲記述。前者只有名詞，沒有把名詞連在一起的
動詞、連接詞，與前置詞。圖六是在《三代吉金文存》裏隨手抄
出的七個例子。前六個例子（a-f）是擧、父、乙三字的不同方式
的結合。擧字和乙字都單見，圖六未收。圖C裏父乙、擧乙、乙
擧、擧父乙、擧乙父、父乙擧這幾種方式都可使用，可見這三個

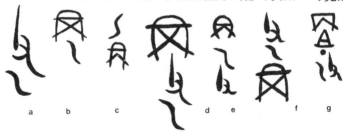

圖六　記號式的青銅器上文字　（採自《三代吉金文存》）

字恐怕並不代表舉族的父乙某人,而是用這三個字——族徽、世
次、干號——來標識這件銅器用于那個宗廟,及在宗廟裏面祭祀
使用的範圍。圖六第七個字 (g) 裏的族徽可能是個丙字,不是舉
字,但要緊的部分是那'祖丁父乙'四個字,表示若干彝器之使
用或從屬可能伸展到兩代,但這兩代的干號則一定不同。(傳保
定出土的商三戈,祖、父、兄三代的干名相同,與上面所說的相
違。同時,在我們的材料裏,刻鑄有父甲、母乙之類銘文的銅武
器,絕無僅有;大概武器不是宗廟祭壇上 "標準配備" 的一部份
罷。單從這兩點來看,商三戈的銘文就有膺刻的嫌疑了。)

　　在器物上作記號以作所有權、使用權、使用位置、或其他作
用的標誌,是中國古器物裏很老的一個傳統。最近由于新石器時
代陶器上有不少刻劃記號的發現 (圖七) [11],學者對中國文字的起

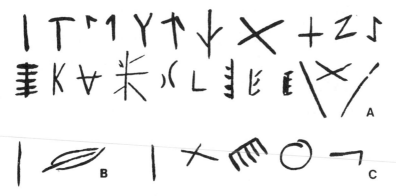

圖七　新石器時代陶器刻劃符號(A.西安半坡;B.歷城城子崖;C.高雄鳳鼻頭)

---

[11]　石興邦等:《西安半坡》,(1963年);李濟等:《城子崖》,　(1934,中央研究
　　　院歷史語言研究所);K. C. Chang et al., *Fengpitou, Tapenkeng, and the
　　　Prehistory of Taiwan,* Yale University Publications in Anthropology
　　　No. 73, 1969.

源問題提出了一些新的看法⑿。這些符號多半是作標誌用的，其中可以認出來一到十之間的不少數字，卻乏天干可尋。固然七也可能是甲，圓圈可讀做丁，但是嚴格的說來，在這裏面是找不到全套的天干符號的。新石器時代的陶器，是活人使用的器物，而不是廟堂的祭器。甲乙等十日用於銅器，很清楚的說明以十日為名是一套儀式性的制度。

人死以後作儀式性分類的根據為何？以生日為根據，確是個最簡單的說法：甲日生、死後歸甲主，在甲日祭，以甲為名。但如此說仍不能解釋十日在商王世系裏面分布的規則性。我們唯一能做的合理假定，是人死以後之在宗廟內歸於何主何號，是由他在生前的身分地位而定。假如用這個解釋可以把廟號分布的規則性解釋清楚，那麼這個說法便有很大的可靠性。這點下文再談。

那麼那與死後的廟號系統相等或相當的生前的身分地位的分類系統是什麼，叫什麼呢？廟號只有十號，那麼生前的身分地位單位是不是也有十組呢？對這些問題，我沒有答案，只有若干想法。這種生前的分組也許是為了遷就死後祭祀與旬配合的必要而也分為十組的，而十組名稱也用甲、乙，只是這個稱呼不用於個人身上，或日常生活活動上，因為它們是"死稱"而不是"生稱"

⑿ 唐蘭：≪在甲骨金文中所見的一種已經遺失的中國古代文字≫，≪考古學報≫，1957(2)；頁33-36；李孝定：≪從幾種史前和有史早期陶文的觀察蠡測中國文字的起源≫，≪南洋大學學報≫，3 (1969)；頁1-28；郭沫若：≪古代文字之辯證的發展≫，≪考古學報≫1972(1)；頁1-13；鄭德坤：≪中國上古數名的演變及其應用≫，≪香港中文大學學誌≫ 1 (1973)，頁41-58；Ping-ti Ho, *The Birth of China* (The University of Chicago and the Chinese University of Hong Kong Presses, in press).

的。這種想法的一點證據，留到下節之末再說。我又懷疑，古代
的"姓"的觀念，也包括這種姓族之內較小的區分在內。≪左傳≫
襄公二十五年有這樣一段故事：

> 齊棠公之妻，東郭偃之姊也。東郭偃臣崔武子。棠公死，
> 偃御武子以弔焉。見棠妻而美之，使偃取之。偃曰：男女
> 辨姓。今君出自丁，臣出自桓。不可。

東郭偃這個"不可"的理由，說來令人奇怪。二人既都姜姓，
"男女辨姓"，只要指出"君姜也，臣亦姜也"，不就一棒把他打
回，與出于丁出于桓有何關係？查一下齊公的家譜，原來從丁公
呂伋到桓公無知，中間隔著九世，所以丁桓二公同一昭穆。東郭
偃好像是說，你我同一昭穆，違反"男女辨姓"的原則，不可。
如此則"姓"也包括以世次的昭穆羣在內，亦即廟號的系統。是
不是因商王室內婚，其外婚單位之"姓"亦包括廟號羣在內？如
此則商人以十干在宗廟內細分世系的原因之一，莫非便是爲了控
制婚姻系統的方便？而周初以後公室內婚較少，卽在王公族之內
姓族也成爲外婚單位，這是否便是到了周初以後，縱然自≪左
傳≫看來姓的一個古義和昭穆古制仍有存在之例，而以十日爲名
之制度則趨於衰落的一個原因？這些似乎都是值得作進一步探討
的問題。

三　再論殷商王制

商王世系是表現廟號與廟號之間的關係最好的資料，因此從
廟號看商代制度所看到最要緊的制度便是王王關係，亦卽王的繼
承制度。我在≪新考≫裏所推測的王制，今天看來，還不能做基

本的修改，但在細節上我有一些不同的看法。我覺得，在作《新
考》的時候，因爲是在一個新的境地裏面摸索，惟恐有不周到的
地方，所以儘量求全，從頭到尾，不願留一點破綻，儘量想設計
一種制度，又能在社會學上講得通，又要能把所有的材料照顧完
全。這個目標，在那時沒有達到，在今天也作不到，在將來也未
必做得到。丁驌說得好：＂商王世代承繼之法則，顯有一固定之
線索，誠如張氏所言者。惟此法則當然受人事之左右。兄弟爭
位、傳弟不傳子；或因世變、天災、人禍，甚至王無子可立，皆
在意中，故未必上自成湯下至帝辛皆必遵照者也＂。⒀　我們自然
要根據資料，綜合出一套法則來，但不妨在這套法則裏多留一些
活動的餘地。

　　劍橋大學人類學的敎授Jack Goody 氏比較了現代和民族史
時代王權社會的承繼制度，將它分爲四種基本的類型 (圖八) ⒁：
㈠男系家族制，卽父傳子、無子傳弟。㈡雙系家族制，如現代英
國皇室，以傳子爲主，無子傳女。㈢貴族制，卽二個以上血統不
同之貴族，都有爲王執政的資格。㈣王族制，卽王位在唯一的血
緣族羣之內傳遞。在貴族制與王族制裏常見的一種繼承制度，是
所謂＂輪流繼承制＂（Circulating succession）。在貴族制之
下，數個貴族輪流執政，彼此並做有規律性的（氏族外婚）婚姻
聯繫。在王族制之下，則由王族之內的各組輪流執政，而各組之
間發生氏族內婚的關係。 Goody 氏在討論這種輪流繼承制時，

⒀　丁驌：《論殷王妣諡法》，《中央研究院民族學研究所集刊》19；頁71。

⒁　Jack Goody (ed.), *Succession to High Office* (Cambridge University
　　Press. 1966), p. 26.

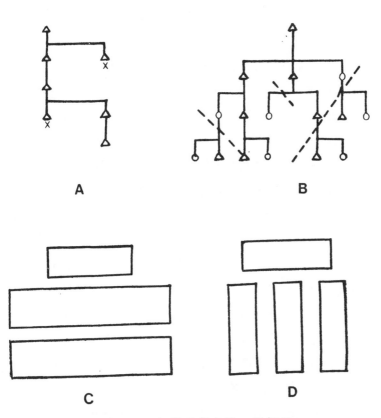

圖八　王位繼承制度的四種類型

A. 父系家族制。B. 雙系家族制。C. 王族制。上面短方塊代表世襲王朝，可
分爲數組輪政。下面長方塊代表王族以外的公族。D. 貴族制。每一長方塊均代
表一單系親羣，均有爲王資格。X.無後。虛線表示王位之斷絕傳遞。

特別强調了兩點。第一，輪流的方式並非機械式的，或完全自動
的，而經常要受人事力量的阻擾與改變 。第二，在這種制度之
下，其繼位諸組，常有二分的傾向。一邊的首領爲王的時候，另
一邊的首領便常爲其副手。

　　從這個一般性的分類來衡量商制的話，我們自然馬上看到輪
流繼承制的可能性，而且是王族制的。我們學歷史的人，知道歷
史的進展是向前，不是向後的。自秦漢以後，中國皇帝傳位的方
式，一直以男系家族制為主，所謂 "家天下"。我們回頭去看商
制，也就帶了先入為主的成見，覺得商朝也該是同樣的制度才
對，才正常。但是秦漢的帝制是商周的王制演變出來的；商周的
王制不是秦漢的帝制演變回去的。我們討論商制，最好不存成
見，以史料為最終的憑籍，並採用比較的眼光，好知道把那些破
碎零星的材料湊在一起，可以根據那些合用的藍圖。有一兩位批
評《新考》的同道，說我的做法是把史料去湊合民族學的理論。
這是一種很大的誤解。民族學的模式，並不是什麼理論，只是一
些比較研究的藍圖，供我們研究史料的參考而已。研究商史的同
道，假如存有客觀的心理，並不認為商史商制都已搞得清楚不必
再行研究的話，一定會發現那些民族學上描述輪流繼承制的一些
文獻，對商代制度的研究上，有極大的啟發性。尤其是東南亞和
大洋洲的一些王國，與中國古代的民族文化還說不定可以搭上些
親戚關係，他們的王制，尤其值得參考(15)。Gullick 的書裏講馬

---

(15)　F. L. S. Bell, "A functional interpretation of inheritance and succession
　　　in Central Polynesia," *Oceania* 3(1932), pp. 167-206; J.M. Gullick, *Indigen-*
　　　ous Political Systems of Western Malaya, L. S. E. Monographs on Social
　　　Anthropology, No. 17 (1958); A.M. Hocart, "Chieftainship and the sister's
　　　son in the Pacific," *American Anthropologist* 17 (1915), pp. 631-646;
　　　Robert W. Williamson, *The Social and Political Systems of Central*
　　　Polynesia, (Cambridge University Press, 1924); Jack Goody (ed.),
　　　Succession to High Office (Cambridge University Press, 1966).

來亞西部國王在幾個單位之間輪流繼承的制度，讀起來處處好像
在讀商王的歷史一樣！研究商代的制度是不可能做民族學田野調
查的，但是這一類的調查的報告卻可以給我們很大的啟示。

　　我所擬測的殷商王制，可以歸納成六條法則（見圖八）：

　　㈠商代的政權爲一個子姓的王族所掌握。王族裏與王位有關
的成員，在儀式上分爲甲、乙、丙、丁、戊、己、庚、辛、壬、
癸十羣，我們姑稱之爲天干羣。天干羣是祭儀羣，但也是政治單
位，並且是王族之內的外婚單位。這十羣之間的地位並不平等：
有的政治力量較大、人口較多、或宗教地位較高。甲、乙、丁三
羣便是地位最崇的三羣。

　　㈡十個天干羣彼此結合分爲兩組，且稱之爲A和B組。（寫
中文在這種情形下普通便會稱之爲甲組乙組，可是在這裏顯然不
能用甲、乙稱之。昭組穆組是周人的名稱，也許可以借用，但是
我們還不能十分的肯定那組是昭那組是穆。見《新考》裏關于昭
穆的討論）。甲羣和乙羣顯然屬A，丁羣顯然屬B，各爲該組政
治勢力的核心。其他諸羣則丙屬于B，戊、己屬于A，壬、癸可
能屬于B。庚、辛或超然在外，或屬于A、B以上或以外的另一
單位。但辛在多半場合之下與B組同進退。

　　㈢王位繼承法則之最嚴格執行的只有兩條。第一條是王位不
在同一天干羣內傳遞。第二條是，王位如留在同組（A或B）之
內，則新王一定要是老王的同輩，即兄弟輩；如傳入另外一組，
則必須是由晚一輩的人承繼。換言之，傳弟同組，傳子異組。
庚、辛算A也算B，但也遵守世次和組的原則。

　　㈣國王掌政，由正式或非正式的大臣會議協助。大臣中的首

相，或者叫次級領袖，常由王的異組（王A則B，王B則A）的
長老或首領擔任。王的繼嗣人，大概在王生前便行選定，但王死
後自亦有新王崛起的可能。次王選立的標準，首先要看有沒有和
有多少有繼承資格的人，其次要看這些人的能力與勢力如何（見
下條）。這中間可能有過流血或不流血的政變和鬪爭。王權傳遞
的時候，首相本人雖因世次昭穆都不合而沒有繼承的資格，卻可
能在繼承人的選擇上發生很大的力量。從首相的立場說，傳下世
當勝于傳同世，因為傳下世，則將王位傳入首相的一組裏來，還
說不定有傳給他自己兒子的可能。

　　(五)王族內的男子如果符合下述的條件便有做繼承人的資格：
健康和心智勝任王位（因做王要做政治、軍事、宗教的首領，不
是單講享受的事）；屬于適合的世次（與同組的王同輩或比異組
的王低一輩）；不在現王的天干羣內；其母來自王族。如果兩個
以上符合條件的人相競爭，則各人的軍事實力、政治勢力、體智
能力、和母親的地位，都可能是決定成敗的因素。

　　(六)王族內婚，其十個天干羣亦是外婚單位。若干天干羣可能
被認為是若干其他天干羣理想配偶的來源，但我還看不出來這十
羣連鎖在一起構成規則嚴密的婚姻組，或與王權的A、B組相符
合的A、B兩個外婚單位的可能。（劉斌雄先生的十個婚姻組和
丁驌先生的王妣兩分組都有道理[16]，但也都有缺點。劉先生的分
法過於複雜與機械化，在王室這一個小人口羣內恐難以實行。丁
先生只照顧了兩組，對每組之內各天干羣之間的關係，尤其是異

---

[16]　劉斌雄，《殷商王室十分組制試論》，《民族學研究所集刊》19 (1965)，頁
　　89-114；丁驌，《再論商王妣廟號的兩組說》，同上 (1966)，頁41-79。

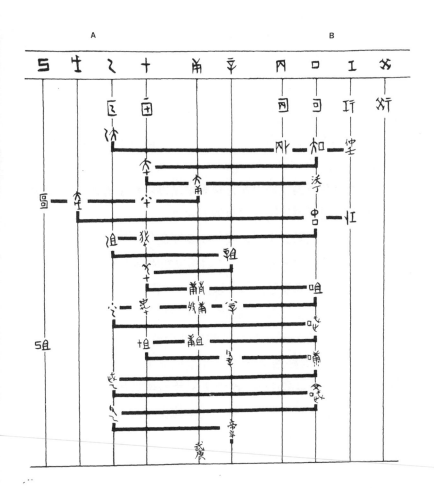

圖九　擬測商王繼承法則圖

(細直線示天干組內的嗣系，粗線示王位之傳遞。羌甲和羌甲兩世依《新
考》修改。（關於羌甲，又見陳夢家，《甲骨斷代學甲篇》，《燕京學
報》40（1951），頁14；及許進雄，《對……幾點意見》，《民族學集
刊》19（1965），頁123。關於羌甲的新證據，見張秉權：《殷虛文字
丙編》，頁460-462，但見張先生的討論。）

世間的，沒有交代。我覺廟號中所吐露的消息，研究王制爲主，
婚制爲次。）王子的身分與繼承王位的機會，恐怕有很大一部分
都靠母親的天干羣的地位高下而定 。 卜辭新派祀典裏 ， 有所謂
"先妣特祭" 的現象；學者多同意，先妣之入不入祀典，要看他
有沒有及位的兒子而定，亦卽所謂 "母以子貴"。[17] 但子亦以母
貴以母賤。《史記殷本記》："帝乙長子曰微子啓。啓母賤，不
得嗣。"

　　在《新考》裏我提出父方交表婚制爲兩組輪流執政的具體方
式。我仍覺這種婚制是最重要的方式之一。

　　關于這第㈥點天干羣之間的婚姻關係，我們順便提一下《尙
書》裏的一個小小的老問題 ， 因爲它在本題上有重要的意義 。
《皐陶謨》裏大禹說了這樣一段話："無若丹朱傲，惟慢遊是好、
敖虐是作，罔晝夜頟頟，罔水行舟，朋淫于家，用殄厥世。予創
若時：娶于塗山，辛壬癸甲，啓呱呱而泣，予弗子，惟荒度土
功"。這一段不大好講，"辛壬癸甲" 四字尤其至今無善解。《僞
孔傳》說 ， 禹在辛日娶了塗山氏，在家裏只住了三天，到了甲
日就離家從公，可見他治水的努力。後來學者，想不出更好的解
釋，只好從之。上面說到十干之間有若干天干羣是理想的配偶，
有的不是。從這個觀點再看上文，我想可將那 "辛壬癸甲" 四字
做這樣的一個新解釋：禹是述他自己的行爲比起丹朱來如何的正
派，如何的努力。丹朱 "朋淫于家"，而禹則娶於塗山，是名門
正戶、適當的配偶，是 "辛娶壬"，"癸娶甲" 的一類。《詩陳

(17)　郭沫若・《卜辭通纂》，（1933，東京、文求堂），頁60；許進雄，《對張光直
　　先生的商王廟號新考的幾點意見》，《民族學研究所集刊》19，頁127。

風衡門》："豈其取妻，必齊之姜？豈其取妻，必宋之子？"語氣是相似的。周公室氏族外婚爲常，配妻的理想是姬取姜、取子、或取姑（《左》宣三：姬姞耦其子孫必蕃），而夏商王族內婚的情形下則理想上是辛取壬、癸取甲、或大禹取塗山。大禹與塗山當時有沒有廟號制度，他們的廟號爲何，我們不得而知。但《皋陶謨》舉例的配法，是與商王妣之配相符合的。商王只一癸（示癸），其妣果然是妣甲！有四辛：祖辛、小辛、廪辛、帝辛。從乙辛祀典上看得到的王妃名稱，只有直系的祖辛有配，其妣有三：妣甲、妣庚、妣壬。壬雖不是祖辛主要的配偶，卻確是他的配偶之一。這樣看來，"娶于塗山、辛壬癸甲"這句話是可以講得通了。

　　如此則甲、乙、丙、丁等十日也是生人分類的稱呼。但以個人稱名，則生時不用廟號，死後才用。

　　再看上節裏面(圖五a)十日在銅器中的分布，以乙、丁、己、辛、癸五日遠占多數。這是不是因爲這五干的男子多娶另外五干的女子的緣故？假如壬配辛、甲配癸，如《皋陶謨》所例示，是不是丙配乙、戊配丁、庚配己，好像劉先生的十個婚姻組那樣？我上面說劉說在王室內不便實行，但如將人口擴大到全部的貴族，並且把這種配合只當作理想，不看做必然，則從《皋陶謨》和銅器上十日分布情形來看，其可能性是有的。但是作這種解釋所引起的問題還很多，有待進一步的討論。

四　再看伊尹和王亥

　　從廟號與王制的解說，再回頭來看伊尹和王亥的祭日問題，我們便很快的看出來，這些祭日的材料有很重大的意義。我們先說伊尹。

　　從大乙到大甲這一段王位繼承的經過，舊史料裏有相當複雜的變化[18]。用上述王制的法則來看，我們對商代開國的這一段史實，可以探取一套嶄新的看法。商朝建國，湯爲王，是以A組的首領執政。伊尹大概便是B組的首領，做湯的副手。這個安排在湯在世的時候，沒有什麼風波，但湯死了以後，A、B兩組之間可能經過了一段勾心鬥角的爭位事件。按上述法則，湯死後應由太子大丁繼位，則是把王位傳遞到伊尹的B組。但太丁先死，所以湯死後，伊尹立了B組外丙和仲壬出來、前後做了六年。仲壬死後，伊尹把王位讓回給A組的大甲，可能是不得已的舉動。嗣後伊尹之放逐大甲，以及大甲殺伊尹的傳說（《紀年》），可能便代表這中間A、B兩組以伊尹爲中心的爭權故事。伊尹是B組的英雄，卻不見得也是A組的英雄，戰國時代對伊尹出身貴賤兩說可能卽本於此。伊尹死後，葬他的又是沃丁，祭他的又是武丁、文武丁。這中間的扣合，已遠超過"蛛絲馬迹"的範圍了。

　　伊尹祭日爲丁日這一發現，可以說是把這個新的解釋從可能性提高到史實的關鍵。自此講商史者，當以此說爲本。

　　再談王亥。

　　上甲以前的商史，有多少是神話，有多少是歷史，還是難說的。從新派祀典始自上甲來看，　殷的先世大抵自上甲以下入於有史時代，自上甲以上則爲神話傳說時代"的說法，是很有道理

----

[18]　見陳夢家，《甲骨斷代學、甲篇》，《燕京學報》，第40期（1951），頁22-25。

的[19]。可是在新舊史料之中，有幾個祖先人物，似乎有特殊的重
要性。卜辭裏稱高祖的只有三人：高祖夒、高祖王亥、高祖乙[20]。
夒是始祖、乙是成湯，其特殊地位不容懷疑。可是王亥憑什麼如
此重要？又，《楚辭天問》裏，從開天闢地問到當代，給商朝的
篇幅，只有短短一段。在這短短的一段裏所提到的人物想必是商
史關鍵人物，其中包括：簡狄、嚳、季、該、恒、昏微、成湯、
和有莘小臣。換成卜辭與《殷本紀》的名字，便是夒(嚳)和簡狄
夫婦；季(冥)、王亥(該、振)、王恒、上甲微三代；和成湯和伊
尹。季、王亥、王恒有何重要，可以與其他的諸人相比？又，
《禮記祭法》說:"殷人禘嚳而郊冥、祖契而宗湯";《國語魯語》
也說；"商人禘舜而祖契，郊冥而宗湯"。冥為何如此重要？

　　把這些問題綜合起來，我們便可以看到，從季到上甲三代，
是商史上的一個關鍵階段。為何如此，則可能有好幾個不同的答
案。商史學者最近有不少講王亥的[21]，他們對這段歷史的重要性
的說明，都集中在"王亥作服牛"的傳說上，亦即以王亥為商代
的文化英雄。這種說法，恐怕不中亦不遠。以牛在商人的宗教
(卜辭祭祀、考古遺迹)和經濟(《書酒誥》:"肇牽車牛遠服賈")
上的重要性看來，王亥服牛的功績，屬于《管子輕重戊》所說

---

(19)　《卜辭通纂》，頁362。

(20)　胡厚宣，《甲骨文商族鳥圖騰的遺跡》，頁150-151。關於"高祖河"見註(4)。

(21)　王國維：《殷卜辭中所見先公先王考及續考》(1917)；內藤虎次郎：《王亥、
　　　續王亥》，原載《藝文》(1916-1921)，收入《內藤湖南全集》卷七，(1970)，
　　　頁469-500；顧頡剛，《周易卦爻辭中的故事》，《燕京學報》6(1930)頁971-
　　　975；吳其昌，《卜辭所見殷先公先王三續考》，《燕京學報》14(1933)頁1-
　　　58；陳夢家，《商代的神話和巫術》，《燕京學報》，20(1936)，頁502-507；胡
　　　厚宣，《甲骨文商族鳥圖騰的遺跡》。

"殷人之王，立帛牢，服牛馬，以爲民利而天下化之" 的一類，
可以說是把商族自野蠻轉入文明的英雄人物。可惜王恒的史料太
少；島邦男的《綜類》裏只收了十一條（頁479）沒有一條有祭
日的。但卜辭裏的恒字有的寫在一個大弓裏面。不知王恒和殷人
使用的弓有沒有傳說上的關係？與傳說中的羿有無關係？這些都
是我很想知道而一時沒有答案的。

除了文化發明的功績以外，王亥王恒兄弟在商人的王制史上
是不是有關鍵性的轉捩點的意義？這也是我很想知道的。吳其昌
先生根據《天問》裏 "何變化以作詐，而後嗣逢長"？這一問懷
疑上甲不是王亥之子而是王恒之子[22]。《天問》在這一問之上還
有 "眩弟並淫，危害厥兄" 兩句，意義雖不甚明，卻好像王亥王
恒兄弟有過爭鬭之事。

本文開頭便指出，自帝嚳到王亥的先公遠祖的祭日以辛爲常。
辛是近B組的。A組之執政，始于上甲而完成於成湯。假如王恒
是上甲的先人，則季、王亥、王恒與上甲這三代，便包括了商史
上的一個大的轉捩點，卽自以辛或B爲首領的制度，轉爲A、B
兩組輪流繼承的制度。因此王亥王恒兄弟才有在《天問》裏與帝
嚳和成湯並行出現的資格。這也可以解釋爲何武丁和武乙文武丁
的卜辭裏祭王亥的多祭王恒的少。這一段歷史與湯之伐桀及夏
史商史相重疊的問題也是值得仔細研究的題目。我想這個想法足備
一說。將來如果在卜辭裏找到王恒的祭日，是在甲、乙兩日，或
甚至戊、己兩日，便能得到初步的證實。   （1974年3月4日）

─────────────

[22]　吳其昌：《三續考》，頁45。

九
殷禮中的二分現象[*]

一　從小屯與西北岡說起

　　早在孔子的時代，殷禮的文獻已經"不足徵"。但孔子死後兩千多年，殷代的史料突然大量的出土；其中最要緊的是安陽的甲骨卜辭與安陽及安陽以外許多遺址發掘出土的殷代遺物遺蹟。1960年出版的鄭著《商代中國》[(1)]，是近半個世紀中對商殷文物制度的新資料與新研究的一個很有象徵性的代表。固然從大處、從長久看，殷禮的研究只是剛剛開始，但現有的材料已經可供給我們對殷代制度的不少細節做深入的研究了。

　　殷禮中的二分現象便是可作深入研究的細節之一。這種現象並不是我頭一個提來的。董作賓在《殷曆譜》[(2)]裏曾提出安陽殷禮分為新舊兩派的假說；舊派又稱保守派，新派又稱革新派，自盤庚以降，兩派的政治勢力，起伏消長，輪流執政。瑞典的高本

* 原載《慶祝李濟先生七十歲論文集》（臺北，清華學報社，1967），頁353-370。

(1) *Archaeology in China,* Volume 2. *Shang China* (Cambridge, Heffer & Sons, 1960).

(2) 《中央研究院歷史語言研究所專刊》，（四川南溪李莊，1947）。

漢，研究殷周銅器，把殷周銅器美術分爲古典、中周、與淮式三期。其中古典式始自殷代而終於西周初葉，高氏又分之爲三組：A, B, 及 C。A組的裝飾紋樣在同一器上多不與B組的裝飾紋樣相共，但與C組的裝飾紋樣結合；B組者與A組有相斥的趨勢，但與C組的可以併存。因此殷代的銅器花紋亦有二分的趨勢：A, B, 與中立的C。高氏認爲A, B之分的主要原因，是起源年代之異，但他又覺得或亦與殷都社會的分羣有關[3]。董高二氏的說法，都未爲殷禮學者一致接受，而談殷代文明者，常以殷禮爲一單純和諧的單元。

我個人對這問題的興趣，始自數年前對殷代神話與美術的研究。我漸漸深切感覺，董高二氏所發現的殷禮二分現象，不但在大體上本身可以成立，而且恐怕還不是孤立的現象；很可能的，二分制度是研究殷人社會的一個重要關鍵。爲解釋我這個說法，不妨先從安陽小屯與西北岡考古遺址中的若干不尋常的現象說起。

中央研究院歷史語言研究所考古組自1928到1937在河南安陽殷虛發掘的經過，以及收穫的豐富，資料之重要，是大家都已熟知的了。但安陽的發掘資料重要到什麼程度，在我個人來說，是到小屯陶器[4]、小屯建築遺蹟[5]，與西北岡第1001號大墓的發掘報

(3) Bernhard Karlgren, "New studies of Chinese bronzes," *Bulletin of the Museum of Far Eastern Antiquities,* No. 9 (1937, Stockholm.) pp. 1-117.

(4) 李濟，《小屯陶器》，上輯，《中央研究院歷史語言研究所中國考古報告集》，(1956，臺北)。

(5) 石璋如，《小屯建築遺存》，《中央研究院歷史語言研究所中國考古報告集》，(1959，臺北)。

(6) 梁思永、高去尋，《一〇〇一號大墓》，《中央研究院歷史語言研究所中國考古報告集》，(1962，臺北)。

告(6)出版以後，才深切具體的體會得到。李濟在大墓報告的序裏
說，安陽的材料，要就不發表，要發表就得印第一等的報告；在
這之外沒有第三條路好走。對這種決定，我覺得我們是應當感謝
的。迄今所出版的正式報告裏，材料之豐富，描述之詳實，都是
寫考古報告者的範本，使讀者自己可以充分利用研究。這些報告
的出版，很堅實的加强了過去對安陽殷都佈局的假定：小屯是殷
王室宮寢祖廟的所在，在洹水對岸，小屯西北約三公里的侯家莊
西北岡則是主要的王陵區域。

　　小屯的建築遺蹟（以基址爲主）分爲甲、乙、丙三區，自北
朝南成一線排列：甲區在北端，乙區在中間，丙區在西南隅。照
石璋如的研究，小屯遺址的分爲三區，主要是代表年代的先後：
甲區最早，乙區次之，丙區最晚。但他又認爲這三區基址的性質
也有不同：甲區爲宮寢，乙區爲祖廟，丙區爲一宗敎性的建築
羣。其中乙區的基址，與一羣羣複雜的墓葬有關，後者似乎是建
築基址過程中各種宗敎儀式中的殉人，與西北岡大墓與小墓的關
係相髣髴；說乙區是祖廟基址所在，似乎是頗有道理的說法。這
一區中已發掘的基址，共有二十一個，但發掘區域的東南很可能
還有若干基址，爲洹水所浸沒。這些基址的排列，主要是形成南
北一線，東西兩列，以北端的黃土臺基爲起點。這種布局很像中
國歷史上天子上朝，座北朝南，朝臣自北而南成兩線排列的樣
式。但小屯的乙區，如上文所說，乃是宗廟區域，並非殷王上朝
的地方。殷王的宗廟何以作兩線南北排列？這倒很與晚周與漢代
所記載的周人昭穆制的宗廟安排的方式相像。但殷人有無昭穆制
度？

　　在西北岡的王陵區域，我們又劈面碰到一個類似的問題。照高去尋的報告，"墓地分爲東西兩區，兩區之間爲約一百米寬的空地。考古組的發掘已找到了墓地西區的東、西、北三緣；雖然南緣尚未找到，但是我們可以相當準確的推測，西區的南邊更無大墓。東區發掘的面積約有一萬五千平方公尺，找到了東與北兩邊的邊緣。我們估計，東區已發掘的部分，只是東區的西北角，全區面積的四分之一。……民國三十九年科學院的考古研究所恢復安陽的發掘，在所謂武官村地區掘得了一個大墓和二十六個小墓。其實武官村的墓葬仍在西北岡東區的範圍之內，其大墓距我們在民國二十五年在東區東北角所發掘的兩排小墓之南不過數米"(7)。總而言之，戰前在西北岡的發掘共得殷代墓葬 1,232 座，其中有大墓十，在西區的七個，東區的三個。十座大墓都南北向，槨室作長方形或亞形，各有墓道二條或四條；有兩條墓道的都是只有南北而無東西；有四墓道者南道最長，北道其次。加上武官村大墓，則西北岡大墓一共有十一座，七在西，四在東。這種佈局很顯然代表一種特殊的意義，而且我們不免要問：大墓之南北方向及十一個大墓之分爲東西二組，與小屯宗廟的佈局是不是有意義上的相似？石璋如覺得小屯之建廟與西北岡的築陵是彼此相關的，但他不能斷言，是不是在西北岡埋了一個王，就在小屯乙區立一個廟，還是在乙區的既有的一個宗廟中立一個主。無論如何，小屯與西北岡之宗廟與陵墓在佈局上的相似是很顯然的。但是西北岡的大墓何以在西區有七個而東區只有四個？

<hr>

(7)　高去尋：《安陽殷代皇室墓地》，《國立臺灣大學考古人類學刊》，第12、13合期 (1959)，頁 1—2。

　　要回答這一類的問題，光靠考古的材料顯然是不夠的。我們
且來看看，在文獻資料中殷禮的若干二分現象，然後再回頭來檢
討一下小屯與西北岡遺蹟佈局的可能含義。

二　殷王世系中的昭穆制

　　昭穆是周人的制度。它的詳情如何，今日已不得而知，但下
列的幾點特徵或許是大家都能承認的。1.照可靠的周代文獻的記
載，昭穆制確實盛行於西周的初葉，但西周初葉以後至少還通行
於中國的一部分。2.昭穆制的骨幹是世代之輪流以昭穆爲名，而
某人或屬於昭世或屬於穆世，終生不變，如王季爲昭，文王爲
穆，武王爲昭，成王爲穆。換言之，宗族之人分爲昭穆兩大羣，
祖孫屬於同羣，父子屬於異羣。3.昭穆制與宗法有關。大宗如果
百世不遷，其昭穆世次亦永遠不變，但如小宗自大宗分出，則小
宗之建立者稱太祖，其子爲昭世之始，其孫爲穆世之始。4.昭穆
制與祖廟之排列有關。太祖之廟居中，座北朝南，其南有祖廟兩
列，"左昭右穆"；換言之，昭世祖先之廟在左，卽在東列，穆
世者在右卽在西列。昭穆兩列祖廟之數有定，依宗族的政治地位
而異。這種昭穆制度的背後，有什麽政治社會或宗教的背景或因
素，我們在史籍上無明文可稽。近代學者之研究，或以爲與婚姻
制度有關[8]，容後文再詳談。

----

(8)　如 Macel Granet, "Categories matrimoniales et relations de proximité
　　dans la Chine ancienne," *Annales Sociologiques,* ser. B, fasc. 1-3 (1939,
　　Paris)；李宗侗，《中國古代社會史》，（中華文化出版事業委員會，臺北，1954）；
　　凌純聲，《中國祖廟之起源》，《中央研究院民族學研究所集刊》，第7期，
　　（1959，臺北），頁141-184。

商人有無昭穆制？關於這個問題，我們只能回答說，史無明文。但李玄伯早就說過，"昭穆兩字至今未見於甲骨文。商人或無分級，或有分級而另用他種名稱，不以昭穆爲級。若觀分級爲初民社會常有的現象，或以後說爲然"(9)。我在最近的≪商王廟號新考≫(10)一文裏，提出商王世系中商王廟號之分布可爲昭穆制度之證據的假說。這個假說是本文討論問題的一個關鍵，不妨在下文撮述一次。

依歷史記載及近人對卜辭的研究，商王的世系，除了早期神話性的一段以外，包括下舉的諸王：

上甲——ㄈ乙——ㄈ丙——ㄈ丁——示壬——示癸——大乙——大丁、外丙、仲壬（相連的名字爲同一世代的王，所謂兄弟）——大甲——沃丁、大庚——小甲、大戊、雍巳——仲丁、外壬、戔甲——祖乙——祖辛、羌甲——祖丁、南庚——虎甲、盤庚(遷安陽)、小辛、小乙——武丁——祖庚、祖甲——廩辛、康丁——武乙——文武丁——帝乙——帝辛

在這一點上我們不妨溫習一下關於商王名號的一些常識。商王生時各有私名，死後則有諡號，而諡號自上甲以來俱是十干之一，卽甲至辛。祭祖王的日子，在一旬之內，依其諡號爲定：名甲者甲日祭，名乙者乙日祭。以某一干爲名的王在兩個以上時，後世的記錄中常在名的前面加字以區別之，如上甲、大甲、小甲之類。因十干的起源本是數目字，我們爲眉目清楚計不妨用一至十的數目把上引的世系換成下列的數目字表：

1—2—3—4—9—10—2—4,3,9—1—4,7— 1,5,6— 4,9,1—2— 9,1— 4,7—1,7,8,2—4—7,1—8,4—2—4—2—8

---

(9) 李宗侗，上引≪中國古代社會史≫，上冊，頁10。

(10) ＿≪中央研究院民族學研究所集刊≫，第15期，(1963，臺北)，頁65-94。

這個表所吐露的消息顯然是非常有趣的。照過去的解釋，商人的諡號，依其生日爲準：生於甲日者，死後稱甲，在甲日祭，餘類推。但仔細檢查上表，則這個 "生日說" 顯然有許多致命的破綻：1.十干之中，商王的廟號以甲乙丁三日爲主，不像是"生日"這一類偶然因素所能造成的。2.把這世系表從頭向尾看，甲、乙與丁有隔一世一出現的傾向。第一世有甲或乙，則第二世有丁，第三世又囘到甲、乙，第四世又囘到丁，等等。3.同一世代的諸王名號中、甲乙與丁有互相排斥的傾向；換言之，兄弟諸王中有名甲乙者則無名丁者。上面2.3.兩條都有例外，在上揭文裏有詳細的說明，不再贅述。總而言之，由廟號在世系中的排列，我們可以把商王分爲下面的五組：

　　1.甲、乙

　　2.丁

　　3.與甲、乙相結合而不與丁相結合的(同世或隔世)：戊、己

　　4.僅與丁相結合的：丙、壬、癸

　　5.與甲、乙、丁相自由結合的：庚、辛

以上五組更可以併成三羣：乙組(甲、乙、戊、己)、丁組 (丙、丁、壬、癸)、與第三組或中立派 (庚、辛)。假如我們假定，商王的廟號並不是由生日而來，卻是各王生前與死後所屬的社會羣的一種傳統的稱號，則上文的分析很明顯的可以看出來，商的王室可以分爲兩個大支，而兩支輪流隔世執政。這種制度——姑稱之爲乙丁制——很顯然與周的昭穆制有若干密切相似之處；我覺得這兩個名字實際上代表同一種制度。

　　至於乙丁制應當如何解釋，則是另外一個問題。對初民社會

有興趣的人也許會馬上想到，乙丁制或可以用雙系制（ double descent）或母系半部族制（matrimoiety）來說明。換言之，依這種看法，商王的諡號因其母或妻的親屬羣的分類而定。事實上，這種解釋也正是近人 Granet 與李玄伯對昭穆制的解釋。從這來看商的乙丁制，這種說法有一個最大的漏洞，卽殷王配偶的廟號不與這種制度相合。其見於祀典的商王所謂法定配偶，其廟號多有記錄。商王的廟號很少與其母的廟號相同，而永遠不與其法定配偶的相同。事實上，法定配偶的廟號，根本沒有乙丁兩個日名。因此我們只好作結論說，如果商王的廟號代表一種社會羣或親屬羣的分類，則其配偶的廟號是屬於商王系統的，而不是相反過來的情形。

　　我想用下述的假說來對商王的乙丁制作一個初步的解釋。商代子姓的王族，至少可以分爲十個宗族，或其宗族可以分爲十組。其中以乙丁爲廟號的兩宗大概政治地位最高，政治實力最強。其餘諸宗，甲、戊、己三支與乙相近，統稱爲乙組，而丙、壬、癸三支與丁相近，統稱爲丁組。庚、辛兩支則可稱爲"中立派"。（甲乙等稱，自然只代表儀式性的宗族類名，而各宗或另有專名）。乙宗的一個男子爲商王時，因婚姻與政治之間的關係的考慮，王乙多半不能娶丁宗的女子爲正式的配偶。王之親子的親母必須來自另一個在政治上地位較低的宗支，因此王之親子的政治地位或因之爲減低。但丁宗與王乙同代的兄弟，則沒有這種政治性的考慮，可以娶乙宗的女子爲妻，所生的子於是以乙丁二宗支爲父母，其地位乃較王乙的親子爲高。王乙死後，繼立爲王的，乃不是王乙之親子而是王乙在丁宗裏的外甥。王丁立後，再

重複上述的手續，其繼嗣的王又來自乙宗。這種繼嗣法的規則
性，有時爲種種因素所破壞，乃發生不規則的現象，但乙丁二組
之分是始終維持的（同代則同組，異代則遷組）。質言之，從商
王世系裏我們可以看到下述的現象：㈠商的王位在王室中政治力
量最大的兩個宗支（乙丁及其 "朋黨" 之宗）之間交替；㈡王室
的婚姻爲父系內婚制與父方交表婚制；㈢王位的傳遞，在兩代內
由舅傳甥，在三代內由祖父傳孫。這樣一種繼嗣的制度，乍看起
來，好像很是奇怪特殊，其實這三種現象在民族誌上都不難找
到。這種解釋，是唯一的可能把文獻記載上的各種現象都能貫串
說明的假說。與這種系統最爲相似的民族學上的例子，見於波利
尼西亞西部讓理斯島（Ellice Islands）上的Funafuti人中：⑾

> Funafuti 人 …… 有一種輪替繼承王位的系統 …… 照
> Turner 氏的報告，王位在四五個有領導地位的家族中
> 輪替，王死後，繼位的王在輪到的一個家族裏選出。有
> 人告訴Hedley 說，在島上曾經盛行過一種政府制度，
> 包括一個王與一個次級領袖；王死後，次級領袖繼任爲
> 王，而王子繼任爲次級領袖。Sollas 說過，以前曾有
> 二支王族，王死後其繼任者經常選自另外的一支。……
> 旣有的歷史資料似乎證明，這種奇異的雙重繼承制度
> ……決不是普遍性的，但這種制度頗在史料中可以看得
> 出來，尤其是如果只有兩支輪替的王族的話。在這種情

⑾　Robert W. Williamson, *The Social and Political Systems of Central Polynesia* (Cambridge University Press, 1924), Vol. 1, pp. 378-379. 又據
說西藏Khasa 地方的首領繼承也有類似制度，待考。

形下，在當時不執王政的一支應當在政治上有很高的地
位，其成員很可能就占有"次級首領"的地位。因此，
Tilotu 很可能屬於Ａ支，而他的次級首領 Paolau 屬
於Ｂ支。等到Ｂ支的 Paolau 繼任王位的時候， Ａ支
Tikotu 的子女就成為他的副手。

與商制相似的王位繼承制度之見於波利尼西亞，本身便是一件值
得注意的現象。波利尼西亞人公認是與中國大陸古代的住民有密
切的歷史關係，而其政治宗教制度之與中國古制相似的又屢見不
鮮[12]。可惜的是上引資料所自出的 Williamson 氏的一書，並不
以材料之確實可靠著稱，而靄理斯島人最近西化之澈底更使上引
說法進一步探索與證實成為不可能的奢望。

上引的一段文字，頗使我們想到所謂"舊臣"在商代卜辭與
歷史文獻裏的重要性。例如伊尹是大乙時代的重臣，在卜辭祀禮
中的隆重地位與先王相似。說不定伊尹是大乙時代的次級首領，
或卽是王族丁組當時的首長。古典中伊尹放逐大甲的故事，與卜
辭中武丁時代對伊尹祀禮的繁重，都是值得深思的史料。

卜辭與古籍中還有很多名字，所謂"先公"的，因為不以十
干為諡，我們無從知道，這些名字中包括乙丁二系的祖先，還是
只包括其中一支的先祖。與此有關的，還有夏之世系。古史傳說
夏在商先，但大乙旣與桀同時，則商之先公實與夏之帝系平行。
按《史記夏本紀》的夏世系如下：

黃帝——昌意——顓頊——鯀——禹——啓—— 太康、仲康 ——相
——少康——予(帝宁)——槐——芒——泄——不降、扃——孔甲、
廑(胤甲)——皐——發——履癸

[12] 見凌純聲在《民族所集刊》最近數篇論文。

楊君實說康或即是庚、帝宁或即是帝丁(13)。如是則夏王裏以十日
爲名的有六，包括甲、丁、庚、癸四個干。使用商王隔代干名相
同的原則，則甲與庚二干屬於一組，丁與癸屬於另一組。甲與丁
的對立，與丁與癸之同組，都是與商相同的制度。另外一點有趣
的現象，是湯之滅桀，適是乙組之接丁組，換言之，夏商之際固
是改朝換代，卻兼是丁乙交替。這件事實的眞實意義，一時還不
能說定。

　　重要性遠在這以上的，乃是商的乙丁制與周的昭穆制的相似
性。爲節省篇幅，我把前揭文中關於這一點的討論引在下面：(14)

　　　昭穆與乙丁之類似，除〔上文〕所列舉者外，尚可以下
　　述諸點加以補充。其一、周人以十干爲名的尚多，爲金
　　文所常見（見吳其昌：《金文世族譜》）。是以日干爲
　　廟號，殷周相同。如廟號在商人有上述之意義，周人者
　　當亦有類似之意義。
　　　其二、若干周代系譜中以十干爲廟號的，其出現的世代
　　順序與商相同。穆王時代的彔段二器，一曰"用作文且
　　辛公寶鼎段"，另一曰"用作文考乙公寶尊段"。是祖
　　名辛，父名乙，與殷王世系中乙辛順序在世代上相同
　　（如帝乙帝辛）。《史記齊世家》，太公子爲丁公，丁
　　公子爲乙公，乙公子爲癸公。此中可注意的更有兩點：
　　(1)廟號之十干在世代中出現的順序，即丁—乙—癸（丁
　　組，夏商均然）之次，與殷王同。(2)如以太公爲太祖，

---

(13)　楊君實，《康庚與夏諱》，《大陸雜誌》，第20卷第3期。
(14)　上引《商王廟號新考》文，頁92–93。

則其子爲昭世而名丁公，丁公之子穆世而名乙公。……
又《史記宋世家》，帝乙次世爲微子開及微仲，當爲丁
世，即帝辛之世，微仲之子爲宋公，當爲乙世；宋公之
子又當爲丁世，而其子確名丁公。宋制與殷制同不爲奇
特，但齊制與殷同，則值得重視。

其三、不特宋齊之制與殷人相似，宗周亦不例外。殷制
以甲日祭甲，乙日祭乙，上文已說明清楚。西周之祭祔
先祖，因無卜辭爲證，其祭曆頗乏材料可循。下舉諸
條，或不無發明的作用：〔例略〕。是西周及東周初年
王公祭祖先的日子，好像也有一定，而以乙丁二日爲
多，好像乙日祭穆世的祖，丁日祭昭世的祖。

在這裏我們不妨囘頭看一下安陽西北岡大墓大佈局。上文已
經說過，西北岡的殷王陵墓區分爲東西兩區；準左昭右穆的規
矩，則東區爲昭，西區爲穆。屬於昭區的大墓有四，屬於穆區的
墓有七。大家都知道，安陽是盤庚所遷之都，自盤庚到帝辛，更
不遷都，中間一共有十二王。除帝辛自焚死，其餘的十一王依其
乙丁世次可以分爲兩組：

丁組（或爲昭）：四王（武丁、廩辛、康丁、文武丁）

乙組（或爲穆）七王（盤庚、小辛、小乙、祖庚、祖甲、武
　　　　　　　　乙、帝乙）

這樣看來，把西北岡大墓比對殷王，則我們發現兩點巧合：㈠十
一王，十一大墓；㈡十一王中屬丁（昭）者四，屬乙（穆）者七，
而十一大墓中在東（昭）者四，在西（穆）者七！這種巧合，乍
看起來，似乎不無石破天驚的陣勢，但我們決不能以爲定論之

證，因爲西北岡墓地東區的發掘尙未完成，是不是地下還有大墓
尙未出土，我們還不知道。

依李濟從地層與形制學的研究，西北岡西區大墓第 HPKM
1001號是西區最早的一個大墓[15]。假如這個說法可以依據，則依
上文的假說，這個墓便非是盤庚本人的墓不可！這個結論如果能
夠成立，則我們對於安陽初立時代殷文明的認識，便不能不加以
若干新的估價，同時也得對小屯區早於 HPKM 1001 大墓的基址
不能不作一些新的解釋。

三　卜辭中的“新派”與“舊派”

上面所擧的資料與討論，似乎可以證明，殷代的王室分爲兩
個大支，這兩支隔世輪流執政。古代的文明，常常以王室爲發展
的前驅與持續的主力，因此我們不免要接著問的一個問題，便是
殷代的文明內部有沒有二分的趨勢？反過來看，殷文明內部的二
分現象，適可以爲上述的假說的一種有力的佐證。我個人的看
法，是殷禮果然有若干二分現象；這些二分現象之中，有的與王
室的二分制有很明顯的聯繫，而另外的則其聯繫不如此明顯。我
們且從卜辭中的所謂新舊派說起。

董作賓繼卜辭分期研究之後，又提出新派與舊派的分別的主
張，這是研究殷史的人都習知的。他認爲自盤庚遷殷到帝辛之
亡，二百七十三年之間，殷王室的禮制分爲新派（或革新派）與
舊派（或保守派）。二派卜辭之異，不但見於曆法，而且表現於

---

[15]　李濟，《從鑿形演變所看見的小屯遺址與侯家莊墓葬的時代關係》，《中央研究
院歷史語言研究所集刊》，第二十九本（1958，臺北）。

禮制全部。二百七十三年的殷代政治史，乃是新派舊派政治勢力
起伏循環的歷史。大體言之，分為四期(16)：

　　第一期，遵循古禮，包括盤庚、小辛、小乙、武丁、祖庚。

　　第二期，創制新法，包括祖甲、廩辛與康丁。

　　第三期，恢復舊制，包括武乙與文武丁。

　　第四期，新法復行，包括帝乙、帝辛。

　　董先生在好幾篇論文裏，舉出卜辭各期在祀典、曆法、文
禮、與卜事上的差異，來證明新舊派的說法。詳細的證據，在
此地不必列舉；我想我們都可以接受在卜辭中兩派文物制度的對
立，以及各王的卜辭屬於不同派別的主張。董先生的說法，不是
所有的卜辭學者都一致同意的，而主要的論爭集中在文武丁時代
卜辭的認定問題。有好幾位學者，都主張董先生歸入文武丁期
的卜辭，實在多是武丁時代的(17)。果然則他的第三期復古之說，
就少了很多證據來支持。這是一個卜辭專家才能判斷的問題，我
自己是沒有置喙的資格的。我們目前的問題，是卜辭中的兩組禮
制，與上述的商王之分為兩組，有無直接的聯繫。上舉的《商王
廟號新考》一文裏，我曾經建議過，所謂舊派卜辭或者代表丁組
的禮制，而所謂新派乃是乙組的禮制。我現在的看法，是現在也
許還不到作這種肯定的聯繫的時候。但是我們或者都可以同意下
列的現象之存在：

────────────

(16) 《殷禮中的舊派與新派》，《大陸雜誌》，第6卷第3期 (1953)。

(17) 如陳夢家，《殷墟卜辭綜述》 (1957)；貝塚茂樹、伊藤道治，《殷代卜辭斷代
　　法の再檢討──董氏文武丁時代卜辭を中心として》，《東方學報 (京都)》，
　　23冊 (1953)。

㈠安陽出土各期的卜辭，彼此之間確有差異變化，而略其小異，綜其大同，可有兩派可分。

㈡安陽時代第一個丁世的王武丁時代的卜辭很多，所示的禮制相當的清楚。武丁以後繼位為王的祖庚，在位或只七年，其禮制如何，因卜辭數少，相當模糊。但自武丁的禮制到下一任王祖甲的禮制，則無疑的有一番相當明顯的變化。武丁時代所祭祀的若干祖先或神祇，到了祖甲時代不再出現，而祖甲時代祭祀日程的整齊規模——所謂祀典——則是武丁時代所無的。祀典制度到祖甲以後在卜辭中又形跡不明，而帝乙時代則重新明現。換言之，禮制的變化固然未嘗不可說是革新復古式的起伏循環，但亦未嘗不是和乙丁的分組有相當的聯繫。問題則為是不是所有丁世王的卜辭都表現武丁派的禮制，而乙世的王都傾向於祖甲式。照目前卜辭學家的知識，好像乙丁二派禮制的交替，只是趨勢，而不是必然，但我希望卜辭學家肯用上述的假說再回頭檢討一下新舊的史料。

㈢除了董作賓已經舉出的所謂新舊派禮制之對立現象以外，若干其他的材料，也不妨用這種觀點來看，看看是不是乙丁兩派的王多少遵循多少不同的禮制。我們現在立刻可以建議的一個研究途徑，是貞人的進一步研究。貞人的研究自董先生的≪斷代研究例≫以來，資料已經非常豐富，但既有的研究，多注目於年代學。古語說，"一朝天子一朝臣"。如果商王來自不同的兩派，我們自然很想知道，不同組派的王的朝廷是不是也由不同的官吏組成。初步研究最近貞人資料的結果[18]，似乎頗有兄弟（或偶爾

⒅　陳夢家，上引≪綜述≫；饒宗頤，≪殷代貞卜人物通考≫，（香港大學出版社，1959）。

祖孫）有用同名貞人的例子，而隣王爲父子的其貞人集團亦迥然
不同。我覺得這個問題，以及貞人和官吏與王世的交替關係，都
值得作深入的研究。

四　殷銅器裝飾美術的兩派

　　瑞典的高本漢在商周銅器花紋研究上的貢獻，是不待詳細介
紹的。高氏分殷周銅器的裝飾美術爲三期：古典式，中周式，淮
式。其中古典式的時代是殷代（亦即商的安陽時代）與西周初葉
[19]。在1937的《中國銅器的新研究》裏，高氏進一步把古典式的
裝飾母題單元分成三組：A,B,C。這篇文章裏所收的材料，一共
有 1,294 件古典式銅器，散見中外著錄。在這 1,294 件銅器上，
A,B,C 三組花紋在個別銅器上的分布如次："其中 517 器上僅有
A組花紋一件或數件(與 C 組相結合或單獨出現)而無 B 組花紋；
549器上僅有 B 組花紋一件或數件 (與 C 組相結合或單獨出現) 而
無 A 組花紋。僅在14器上 AB 兩組花紋同時出現"。至於 "無 A
組亦無 B 組而僅有中立的 C 組花紋之器，有 214 器" [20]。因此，
高氏的結論，分殷代銅器美術花紋包括 AB 兩大派；兩派的花
紋彼此之間在原則上不在同一器上出現，但都可以與中立的第三
組，C組，相結合。在近十年來，高氏又研究了1937以來出現的
新材料，把他的成說作了若干支節上的補充[21]。他的分類標準，

[19] Bernhard Karlgren, "Yin and Chou in Chinese bronzes," *Bulletin of the Museum of Far Eastern Antiquities*, No. 8. (1936, Stockholm).

[20] Karlgren, 上引 "New Studies," pp. 72, 75.

[21] Karlgren, "Marginalia on some bronze albums," *Bulletin of the Museum of Far Eastern Antiquities*, No. 31 (1959), pp. 289-331; "Marginalia on some bronze albums II," *Ibid.*, No. 32 (1960), pp. 321-324; "Some characteristics of the Yin art," *Ibid.*, No. 34 (1961), pp. 1-28.

可以攝述如下：

　㈠所謂古典式的一般特徵："整個採自動物界的一套裝飾母題；相對立的形相環繞著一個中心形相作對稱的安排的一種固定的佈置；對裝飾頸帶的一個不變的規則；以及一系列的屬於兩派花紋諸組的"中立性的"裝飾特徵"。

　㈡屬於Ａ組的特徵有：饕餮面；有體饕餮；牛首饕餮；蟬紋；直體龍；單元文飾。屬於Ｂ組的特徵有：分解饕餮；三層獸帶；斷尾鳥；帶眼廻紋帶；帶對角線的有眼帶；圈帶；帶新月形的方塊；複合菱紋；乳釘；連鎖山紋；直肋紋。屬於中立的Ｃ組的特徵有：變形饕餮；龍化饕餮；各種龍紋（有體龍、帶喙龍、帶顎龍、囘首龍、有羽龍、有翼龍、Ｓ形龍、變形龍）；鳥；蛇；渦紋；三角紋；帶眼三角紋；廻紋（及雲雷紋）。

　㈢ＡＢ兩組文飾之對立亦與器形有相當的聯繫。

　高本漢對兩組花紋對立這種現象的解釋是雙管齊下的。他把Ａ組的花紋叫作"原生式"，把Ｂ組花紋叫做"次生式"，相信後者在來源上比前者爲遲。照高氏的看法，到了安陽時代，ＡＢ兩派都已存在，兩者在安陽時代的銅器中是併行的關係，但到了本期之末，Ｂ組的成分增加而Ａ組減少，這亦是很少眞正Ａ組花紋的銅器可以斷代於周初的緣故。但在另一方面，高本漢又提出對Ｂ組花紋之產生及ＡＢ兩組花紋在安陽時代併存的一種社會學的解釋：

　　　"我們可以很合情理的推測，在一個金屬工匠的家族之
　　　內，在一個自父親當作神聖的遺產傳給兒子的工場之內，
　　　銅器的形態與花紋的特徵說不定常常很虔誠的當作製造

在祖廟中祭祀之用的新器時的一種神聖不可侵犯的規範。因此，一種新的花樣（B組的花紋）的創造，也許是新成立的，對既有的相對立的銅匠家族的成就，其創造的基礎是 A 派而其成品與 A 派又截然相異。我們很可以想像得到，這較古老的家族的頭人仍舊連續多少代不斷的重複早期的花紋形制……與其較後進的對手相併存。我們還可以想像得到，一派的銅業服役於一支貴族，而另一派則服役於與其相競爭的另一派貴族。"[22]

高本漢的分析研究，有不少處是可以批評的；事實上，反對他的學說者大有人在。我們可以舉出他的研究方法上兩個最大的弱點。第一，高氏的研究，很自然的要受到他所用的材料的限制——而他的材料多半是多少年來骨董市場選擇淘汰的結果，出土地點多無記錄，而且在時代與地域上的來源成分非常的駁雜。第二，高本漢氏對 A B 兩派花紋的年代學的解釋——A 早於 B——整個基於一個簡單的進化論的觀點。但是本文的目的，不是要批評高氏研究的缺點。我認為他的 A B 兩派之分，在他所用的材料的範圍之內，是可以成立的。同時他對於 A B 分派的社會學的解釋，在上文的假說觀點看來，很顯然的產生了嶄新的意義。可惜他在這一方面的解釋，並無材料上的基礎，而這種看法亦為後學者（包括他的信徒與反對者在內）所大致忽略。

假如我們的目的是檢討殷代青銅美術二分制在社會學上的意義，我們的方法就不能為高氏研究的範圍所局限；換言之，只研

---

⑳ Karlgren, 上引 "New studies," pp. 91-92.

究ＡＢ兩派文飾在單個的器物上的分布是不够的，而我們非得進
一步研究這兩派花紋在整個器物羣裏的分布不可。很顯然的，美
術花紋分組的社會因素一定是非常複雜的，而ＡＢ兩派花紋在不
同的銅器羣中的分布的意義也一定不是很單純的。高氏說這兩派
花紋的銅器也許是不同的銅匠的家族所做的。這種說法的成立與
否，我們可以很直捷的靠銅作工場址出土的銅范上的花紋的全盤
檢討來作一個判斷。殷代鑄銅工場址的發現雖多，這一項工作還
未有人嘗試過。進一步說，同一墓中的銅器的花紋，如果都屬於
同派，則很顯然的這一派的花紋是墓主或其家族所喜愛的。這一
類的研究並不困難，但是非得在殷代遺址的發掘報告裏描寫了有
關的資料以後才能進行。

　　說到這裏，我們不免要問一句：殷代銅器裝飾美術裏的二分
現象，與本文所提出的商王分組及其禮制的二分現象，有沒有彼
此照應的聯繫關係 ？ 這個問題所牽涉的問題 ， 可以說是非常的
廣，因爲我們不但要顧及到美術二分現象的確實意義以及其在殷
代內部的變遷經過，還要考慮到高氏對銅禮器的研究結果可否適
用於殷代美術的別的領域的問題 。 根據目前的資料 ， 我們只能
說，殷禮的二分現象似乎是貫串在殷代文物制度各方面的一種現
象，因爲ＡＢ兩派花紋的對立，不但見於個別的器物上，而且見
於成羣的器物組合上。

　　用現代考古學的方法發掘出來的殷代銅器羣，迄今有詳細的
報告可以利用的，只有安陽侯家莊西北岡的1001號大墓。這個墓
中所發現的裝飾及其他的美術品，爲數至夥，包括石玉雕刻、塗
彩與鑲嵌的木器遺痕、雕花的骨角、白陶、以及青銅的禮樂兵車

馬器。依高本漢的分類，1001號大墓中出土的銅容器如下：

HPKM 1133:4，圓鼎（上引西北岡1001大墓報告 pl. 242:1, pl. 245:1）：西墓道中殉人墓；裝飾花紋屬於C組，或可說介於 B.C 二組之間。

HPKM 1133:3，圓鼎（pl. 242:2;245:2）：多半得自木槨上的一殉人墓，裝飾花紋分組同上。

3:1622及HPKM 1133:2，鬲鼎（pl. 242:3, pl. 245:3）：碎爲多片，多得自西墓道。C組花紋。

R1068，爵（pl. 242:4; pl. 146:2）：西墓道，B組。

R11001，爵（pl. 243:1; pl.246:1）：多半得自木槨上；B組。

R11002，爵（pl. 243:2; pl. 245:4）得自翻葬坑；B組。

R1030，觚（pl. 243:3 pl. 246:3）：西墓道；B組。

R11003，觚（pl. 243:4）：翻葬坑；C組。

R11004，觚（pl. 244:1）：多半得自木槨上；C組。

R11021，罍（pl. 244:2; pl. 246:4）多半得自木槨上；B組。

R11028，鼎片（pl. 253:2; pl. 257:2）：翻葬坑；B組。

碎片（pl. 253-255）：皆得自翻葬坑；裝飾花紋有乳釘、複合菱紋、及雲雷紋化之饕餮，皆B組。

　　上述的銅容器皆出於大墓各部分的殉人墓，而其裝飾花紋皆屬於高本漢敎授所謂B組或C組。最常見的文飾，是以雲雷文化的饕餮紋構成的頸帶，包括高氏的變形饕餮與分解饕餮兩種在內。其他B組的特徵，如圈帶紋、乳釘、複合菱紋，及三道獸帶，也在本墓中常見。至於A組的特徵花紋，本墓的報告中未見一例(23)。但在另一方面，本墓中銅容器以外的器物上，如雕花骨板及銅兵器上，則有典型的Ａ組特徵，如寫實性的饕餮及牛首饕餮。這一種現象，即銅容器與銅容器以外的器物的裝飾花紋分組上的不一致，無疑有很重要的意義，但專就高氏的分類而言，我們暫時無法對容器以外的器物作同樣的分析。

　　照李濟的報告，小屯遺址裏出銅器的墓葬有十個，共出土銅容器七十六件(24)。小屯墓葬的詳細報告尚未發表，我們能用的材料有六個墓，其中的銅容器照高氏分類如下：

(一)乙七基址附近的三墓：

M 188：瓹（李濟上引報告圖11：6），帶Ｂ組花紋；觚（Fig 146），Ｂ組；鼎（pl. 9:4），Ｂ組；斝（pl. 12:2），Ｃ組。

M 232：觚（pl. 5:10），Ｂ組；觚（pl. 6:1; pl. 7:4），Ｂ組；觚（Fig. 15b），Ｃ或Ｂ組；爵（pl. 16:4）及二斝（pl. 11:2; pl. 13:2, 3），似Ｃ組。

M 238：罍（pl. 1:2; Fig. 17b），Ａ或Ｃ組；觚（pl. 5:4），典型Ｂ組；另二觚（pl. 5:11, 12），Ｃ組；二方彝

(23) 西北岡M1001自古有盜掘，大部分精美的銅器早流入國內外收藏家手中。這種遺物，紀錄自然不明，是否得自1001大墓，或出於墓中何處，早已無從查考。上引梁思永高去尋1001墓報告第3頁，謂梅原末治，≪安陽殷墟遺寶≫（京都、小林，1940）第44～46圖版所載三銅盉係盜自1001號大墓。這三個銅盉的裝飾花紋都是典型的Ａ派，與梁高報告中所敘述的銅容器不同。但我們既無法查悉這三器是否確實是盜自1001號大墓，更無法探明倘是出自此墓的這三器究竟出於墓中何處，因此在本文的討論中我們只好置之不論。

(24) 李濟，≪記小屯出土的青銅器，上篇≫，≪中國考古學報≫，第3期（1948，南京）。

　　　　(pl. 19:1, 2)，A組；圓卣 (pl. 8:2)，似A組；盉

　　　　(Fig. 13:6)，似A組；爵 (pl. 16:5)，C組；四

　　　　足斝 (pl. 18:4)，C組。

㈡丙一基址附近的三墓：

　　M 331：二尊 (pl. 3:1, 22; pl. 7:3; Fig. 9:b)，C組；觚

　　　　　(pl. 5:6)，B組；觚 (pl. 5:2)，C組；方卣 (pl.

　　　　　8:1)，A組；瓿 (pl. 6:2)，C組；鼎 (pl. 9:2)，

　　　　　C組；二斝 (pl. 12:1; pl. 13:5)，A組；甗 (pl.

　　　　　18:2)，似B；四足爵 (pl. 18:3)，似A組。

　　M 333：觚 (pl. 5:8)，C組；瓿 (pl. 7:2)，似A組；另一

　　　　　瓿 (pl. 7:5)，似C組；鼎 (pl. p:3)，B組；爵 (

　　　　　pl. 16:3)，B組；斝 (pl. 12:4)，B組。

　　M 388：瓿 (pl. 3:3; pl. 7:1)，B組；爵 (pl. 15:1)，B

　　　　　組；斝 (pl. 13:1)，B組。

上述的分析的結果，我們可以說，專就西北岡及小屯的已發表的
材料看，同一墓中出土的銅容器裝飾花紋，有專屬A組或專屬B
組的趨勢。據此，上舉諸墓可以分爲二類：㈠以A組花紋爲主
的：小屯 M238，M331；㈡以B組花紋爲主的，包括西北岡M
1001；小屯M188，M232，M333，與M388。（中立派的C組花
紋爲諸墓所共有）。這種現象的歷史意義，恐怕得待更多的資料
出土或出版以後才能加以澄清，但我們或可作下述的推測：

　　㈠專就安陽時代來說，ＡＢ兩組花紋的年代先後，還沒有足
夠的資料加以證明。但無論如何，高本漢之Ａ組花紋漸爲Ｂ組所
取代的看法，是不能成立的。照李濟對地層與骨笄及白陶花紋形

制的研究，HPKM 1001 在西北岡西區的七個大墓中時代最早，
而其銅容器花紋以 B 為主 。 小屯的六個墓葬 ， 依李先生的形態
學研究⑵，其年代順序如下 ： 最早的：M188，M232 ， M388；
次之：M331；再次之：M333；最晚的：M238。（但M238亦可
能稍早於M331）。在這些墓葬之中，M188，M232，與M238或
與小屯基址乙七有關，而 M331，M333，M388 或與基址丙一有
關。石璋如認為乙區基址一般而言早於丙區，而李先生覺得乙七
基址與西北岡的1001號大墓大致同時。因此李先生按形態學所排
的小屯墓葬的年代次序，很得到層位上的支持。上面我們已經看
到，A組花紋頻見於較晚的M238與M331裏，而 B組花紋反而見
於較早的 M188，M232，與 M238。從這些事實中我們只能得到
一個結論，卽AB組文飾之在各墓中的分布，不是從年代學上可
以解釋的。

　　㈡上文所討論的現象，只適用於銅容器。同樣的分析是否可
以用於其他的美術品，及其結果如何，都有待將來的研究。我們
目前所能看得清楚的，是HPKM 1001 裏的銅兵器與石玉骨角木
器的美術風格與銅容器未必在分類上相合，而小屯銅容器中的A
組文飾常見於方器。也許這表示花紋的分類的確與工藝的分工有
關。

　　㈢最要緊的一點，是上文所討論的銅容器，都出於殉葬坑。
大墓木槨之內與殷王同葬的銅器如何，我們尚無資料可供討論。
因此，我們現在的資料中的美術花紋的二分現象，是不是可以與

⑵　同上註，表十三。

上文所討論的王室本身的二分現象，作直接的聯繫，是個目前不能決定的問題。

在安陽以外，商代或可能爲商代的銅器，出土於華北華南的許多遺址，但只有下舉諸址的材料可以稍供分析之用。

    1.豫北輝縣琉璃閣：數個墓葬中出土銅爵，斝及觚，其時代據說與小屯的M333 相當。其裝飾花紋的主要特徵有二項：變形及雷紋化的饕餮，及圈帶紋，皆屬高氏的B組。A組的特徵，未有一見。[26]

    2.河南孟縣澗溪：一墓，出土二銅爵與一觚，其裝飾花紋特徵同上。[27]

    3.山西石樓二郎坡：數器，出土地不明；可見的裝飾花紋是清一色的B組（乳釘、圈帶、帶對角線的圈帶）。[28]

    4.湖南寧鄉黃材：數器，出土地不明；可見的裝飾花紋是清一色的A組（寫實饕餮、牛首饕餮）。[29]

    5.四川彭縣竹瓦街、罍及觶，帶A組的寫實饕餮。[30]

這種清一色A或清一色B的現象，是非常值得注意的。由此可見，上文就安陽材料所作的觀察，卽AB組花紋的分布，不但在獨個器物上是有意義的，而且在成羣的器物中也有意義，顯然得到部分的證實與有力的加強。從卜辭，我們知道殷王曾有分封王

[26]　郭寶鈞、夏鼐等，《輝縣發掘報告》，(1956)。

[27]　劉笑春，《河南孟縣澗溪遺址發掘》，《考古》，(1961)(1)，頁33-39。

[28]　《山西石樓二郎坡出土的商周銅器》，《文物參考資料》，(1958)(1)，頁36。

[29]　高至喜，《湖南寧鄉黃材的商代銅器和遺址》，《考古》，(1963)(12)，頁646-648。

[30]　王嘉祐，《記四川彭縣竹瓦街出土的青銅器》，《文物》，(1961)(11)，頁28-31。

室的親戚爲地方侯伯的制度[31]，而上擧的五地都只能是諸侯的地域而非王都。這些地方有無治於王室二派之一的侯伯的可能？這裏面有無地理上的因素（如華北華南之別）？這些問題的解答，只好待之將來。

五　結　語

㈠從上文的分析，殷禮中二分現象的存在，是不容懷疑的了。從商王世系的分析看，殷禮中的二分現象，與王室之內的分爲昭穆兩組，似乎有密切的關係。

㈡二分制是世界各地古代文明與原始民族中常見的現象，其發生的因素也極複雜。專就中國古史而言，先殷的古史傳說裏的二分現象也很普見。本文的結論，只適用於殷禮中的若干現象；是否能適用於中國古史上的其他時代與地域，則不是本文之內所能解決的。

㈢殷禮中的二分現象，與殷人觀念中的二元現象，甚至古代中國人的一般的二元概念，顯然有相當的聯繫。但本文的討論只及於禮制，而不及於哲學思想。

㈣本文討論的一個附帶的產品，是在中國古史的研究上，非靠考古、歷史、社會、與人類諸學者的分工合作不可。專從某一個學科的觀點來討論，上文的現象就無法解釋。

---

(31)　胡厚宣，《殷代封建制度考》，《甲骨學商史論叢》，初集（濟南，1944）。

十
中國古代的飲食與飲食具[*]

　　現在認眞從事烹飪藝術之人類學研究的乃是法國學者[1]，這不是偶然的。從人類學的立場來看，研究世界上另外一個值得注意的烹飪藝術，即中國的烹飪也該是時候了[2]。這方面的研究不妨自烹飪史開始，而我們除了好奇心以外也還有充分的理由來問一問：中國人是從什麼時候開始他們特有的烹飪與飲食的方式？

　　我之研究中國古代飲食方式多多少少是身不由主的。在研究商周青銅禮器的過程中[3]，我逐漸覺察到要了解這些器物我們須先了解使用這些器物的飲食。在商周的考古研究上，青銅和陶製的容具供給最爲豐富、最爲基本的資料，但一般而言它們的研究集中在形式、裝飾、以及銘文上，以求闡明古代中國人的歷史以

---

* 原文英文 "Food and food vessels in ancient China", *Transactions of the New York Academy of Sciences,* series II, vol. 35, no. 6, (1973), pp.495-520.

(1) 例如 Claude Lévi-Strauss, "Le triangle culinaire," *L'Arc (Aix-en-Provence),* 26 (1965), pp. 19-29: Lévi Strauss, *Mythologiques II et III* (Paris: Plon, 1966, 1968); Yuonne, Verdier "Pour une ethnologie culinaire," L'Homme 9(1969), pp. 49-57.

(2) 如 E. N. Anderson, Jr., "Réflexions sur la cuisine," *L'Homme* 10(1970), pp. 122-124.

(3) 見張光直，≪商周青銅器器形裝飾花紋與銘文綜合研究初步報告≫，≪中央研究院民族學研究所集刊≫ 30(1970), 頁253-330。

及裝飾美術，並求闡明它們所在的考古遺址遺物的年代。這一類的研究是必要的而且可能是很重要的。但是陶器和青銅容器不但是研究古代技術與年代的工具 ， 同時更是飲食的器具 。 固然有些是儀式用器，但是它們在儀式上的作用是建築在飲食的用途上的。總而言之，要研究青銅容器和陶器，就得研究古代中國的飲食習慣，而在這方面的研究上，器物本身便是有用的資料。

但除此以外這方面的資料還多得很。考古學上的器物羣和它們在地下出土的情狀顯然是有關的。例如容器常常在墓葬中成組出現，而各種類型的結合可能具有重要的意義。此外，宴飲、飲食與烹飪的圖象有時出現於東周時代銅器的裝飾紋樣裏；這種紋樣常作爲當時生活研究的對象(4)。在文獻史料裏面更有許多有用的材料。商代甲骨文字裏面關于烹飪、食物和儀式的一些字的形狀常常反映這方面的一些內容 (圖十)。類似的字也見於商周的金文裏面 ， 而且這些金文偶然也提到在儀式中使用的飲食 。 但最豐富有用的材料還是見於這兩代的文獻史料。在≪詩經≫和≪楚辭≫裏我們可以看到許多對於宴飲和食物生產情況的生動描寫，而且食物和飲食在≪論語≫、≪孟子≫、≪墨子≫的許多有深刻意義的談話裏占了顯著的地位。但是在這方面，沒有其他資料可以和三禮相比。這些嚴肅的經書裏幾乎沒有一頁不提到在祭祀中所使用的食物和酒的種類與數量。

---

(4)　如林巳奈夫，≪戰國時代の畫像叙≫，≪考古學雜誌≫47: 190-212, 264-292;
　　 48:1-22, (1961-1962); 馬承源:≪漫談戰國青銅器上的畫像≫,≪文物≫ 1961
　　 (10), 頁 26-29; Charles D. Weber, *Chinese Pictorial Bronze Vessels of
　　 the Late Chou Period* (Ascona: Artibus Asiae, 1968).

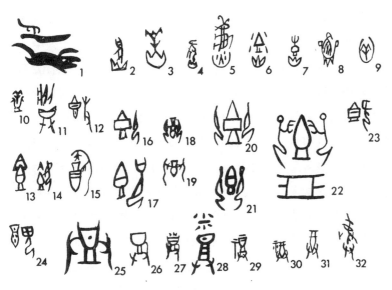

圖十　商卜辭中有關飲食文字

1. 屠宰；2-9. 烹調；10-23. 在各種場合中之盛用；24-32. 祭祀用。

(1.11.21.22.25.28採自金文編；2.3.7.9.10.12.23採自≪續甲骨文編≫；餘採
自≪甲骨文編≫)

　　我在中國古代的文獻裏還沒能找到現代中國人見面問候的客
套話，"您吃過了沒有"？但如果說吃飯在古代中國與在現代中
國一樣，是人人注意的一個焦點大概是不會錯的。≪論語衞靈
公≫第十五說衞靈公曾向孔子（551-479 B. C.）請教軍旅作戰
之事，孔子的回答是："俎豆之事則嘗聞之矣，軍旅之事未之學
也"。事實上，中國士大夫階級的一個重要資歷是他在飲食上的
知識和技能。照≪史記≫和≪墨子≫的說法，商湯的宰相伊尹原
來是個廚子。照有些資料上說，伊尹之獲得湯的賞識最初是由他
烹調的技術而來的。

　　在帝王的宮殿裏面，廚房的重要性可以自≪周禮≫所記載的人員名冊上充分的看出來。在負責帝王居住區域的約四千人中，有二千二百多人，或百分之六十以上，是管飲食的。這包括162個膳夫，70個庖人，128個內饔，128個外饔，62個亨人，335個甸師，62個獸人，344個獻人，24個鼈人，28個臘人，110個酒正，340個酒人，170個漿人，94個凌人，31個籩人，61個醢人，62個醯人，和62個鹽人。(≪周禮≫卷一≪天官≫冢宰)。這些專家所管的不僅只是帝王的口腹之慾而已，因爲飲食還是非常嚴肅的事務。從≪儀禮≫裏面可見，食物是與祭祀儀式分不開的。≪禮記≫裏面也充滿了對各種場合的適當食物與飯桌上適當禮節的參考資料。而且還有一些中國歷史上最早的食譜。固然三禮多半是在漢代才寫成的，但是這些書所表示的食物與飲食的重要性不但適用於漢而且適用於周。確實爲周代的≪左傳≫和≪墨子≫都提到以烹飪用的鼎作爲國家的最高象徵。我可以很有自信的說，古代的中國人是世界上最講究飲食的民族之一。而且如秦訥（Jacques Gernet)所說的，"毫無疑問在這方面中國顯露出來了比任何其他文明都要偉大的發明性"[5]。有的人喜歡中國飯菜，有的人不喜歡，這是一個主觀上的習俗與口味的問題。但是要測量不同文化文明的民族在飲食上的創造性與講究的程度，則可以使用客觀的標準。哪些民族對飲食特別注重？中國人是不是其中之一？我們如何衡量他們比其他民族注重飲食的程度？也許我們可以使用下舉的標準：數量的、結構的、象徵的、和心理的。

---

(5) *Daily Life in China on the Eve of the Mongol Invasion* 1250-1276(Palo Alto: Stanford University Press, 1962), p. 135.

㈠從數量上看，最直接的衡量可以在食物本身上進行：它的烹製是如何的講究？一個民族所能烹製的菜餚數目也許是他們的烹飪講究程度的一個直接指示，但是每一項菜餚的複雜性當然也很重要。食物的烹製愈是講究，所需化的時間愈多。在烹製食物上所化的時間較多的民族很可能也就是對飲食比較重視的民族。

收入中化於食物上的百分比可以作爲另一個衡量的數量標準。這是指文化之間的比較而不指同一文化之內不同家庭或不同階級的比較。例如在現代的美國人與現代的中國人之間，大家熟知中國人在他們的收入中化於飲食上的比例比美國人爲多，因此我們可以說前者比後者較專注飲食。我們當然知道這和一個民族的貧富有關。因爲全世界各民族在營養上的需要應當是差不多的，所以任何民族對食物的需要都有一個最高的限度。貧窮的民族不免要在比例上用較多的收入於飲食上，而這件事實自會在貧富民族之間的文化內容上有一定的影響。同時雖然對食物的需要有一定的最大限度，一個民族所願意化在食物上的數量則是沒有限度的。兩個民族可能在財富上相當，可是他們在食物上的化費有很大的不同。

㈡從結構上看，不同的文化在不同的場合，不同的社會或儀式的環境裏要使用多少不同的飲食？一個民族可能將少數幾樣的飲食用於許多不同的情形之下，而另一民族可能需用很多。與不同種類的飲食相結合的器皿、信仰、禁忌、和禮節也有其重要性。所有這些都可以自這個文化的食物和有關食物的物事與行爲的一套特殊名稱系統來研究。在一個民族裏面用來指稱食物和有關物事、行爲的名詞愈多，而且這套名詞系統所分層次愈複雜，這個民族對食物的注意力便可以說是愈集中。

　　㈢第三組的標準是象徵記號上的。因爲飲食常常作爲傳達信息的媒介而使用，我們也可以設法斷定它在不同民族之間如此使用的程度。因爲儀式是象徵行爲中最爲繁縟的形式之一，食物在儀式上使用的程度與講究的情形也可在這方面供給很好的指標。根據查理佛雷克（Charles Frake）的民間術語假說來看，一個民族的名詞系統在這上面也值得再次注意："個別現象的訊息，其傳達的不同社會場合越多，則那個現象所分的不同對比層次也就越多"⑹。

　　㈣第四組的標準是心理上的：一個民族在他們的日常生活中想念飲食到什麼程度？換句話說，就好像一個人在一生的長期計劃上對死亡的預期要占很大的分量一樣，在一個人日常的生活上飲食對他的行爲又制約到什麼程度？照佛爾茲（Firth）講，玻里尼西亞的提克皮人（Tikopia），"吃一頓飯多半是一天中主要的一件大事，而這頓飯不僅是工作之間的一小段，它本身便是目標"⑺。關於心理上專注飲食的另一個例子是林語堂的這一段話："除非食物要很熱心的預想了，討論過，吃掉，然後再加以評論，它便沒有眞正的享受。……遠在我們食用任何特別的食物以前，我們便加以想念，把它在我們心中轉來轉去，把它預期爲與一些最爲密切的朋友共享秘密的樂趣，而且在邀請的信裏還要

⑹ Charles Frake, "The diagnosis of disease among the Subanun of Mindanao," *American Anthropologist* 63(1961) pp, 113–132.

⑺ Raymond Firth, *Primitive Polynesian Economy* (London: George Routeledge and Sons, 1939), p. 38.

特別提到它" ⑻ 。林語堂最欣賞的一位中國美食者是兩世紀半以
前的李漁(李笠翁)。李漁最喜吃蟹;他在≪笠翁偶集≫裏有這麼
一段話: "獨于蟹螯一物,心能嗜之,口能甘之,無論終身一日
皆不能忘之。至其可嗜可甘與不可忘之故則絕幾不能形容之"。

　　這又把我們帶囘到中國人大概是世界上最講究飲食的民族之
一這個問題。我還沒有用上列的標準來衡量現代的中國民族,但
我相信如果這樣做的話我們一定會有很豐富的收穫。至於古代的
中國民族 , 我們下面再詳加討論 , 但先讓我們問這一個很自然
的問題:一個民族或一個文化之專注於飲食或不專注有什麼重要
性?我相信我們的答案是這樣的:這是比較不同文化或民族的一
個中心焦點,只要文化與民族要互相拿來比較,他們在食物上的
特徵便必須了解。但在更要緊的一層上,這些點說明了在烹飪上
面各個文化有所不同,而其不同之處遠較烹飪方式爲深刻。最近
在好幾本書裏面,雷維斯特勞斯 (Lévi-Strauss) 企圖通過食
物、烹飪、飯桌上的禮節、和人們在這方面的一些概念來建立一
些 "人性" 的普遍表現。可是食物、飲食、飯桌上的禮節和人們
對它們的概念是他們的文化中最尖銳的一些象徵符號,要去了解
它們,我們必須首先了解它們的獨特之處,以及它們獨特的作爲
文化象徵符號的方式。從這上面看,中國人對食物與飲食的專注
這件事實便是它自己最好的說明。在過去曾有不少人嘗試把中國
的貧窮看做是中國烹飪術的資本。秦訥說中國烹飪之富於創造性

⑻　Yutang Lin, *My Country and My People* (New York: John Day, 1935),
　　pp. 338-340.

的原因乃是"營養不良、旱災、和飢荒"，因為這些現象迫使中國人"審慎的使用每一種可以食用的蔬菜和蟲子以及動物的內臟"⑼。這也許是不錯的，但貧窮和由之而來的對資源的澈底搜尋只能在烹飪的創造性上製造有利的條件，絕不能說是它的原因，不然全世界的貧窮民族不全就成為烹飪的偉人了麼？中國人在這方面具有創造性也許正是因為食物和飲食是中國生活方式裏面的中心事物之一。

我們現在再囘到古代中國去看看食物和飲食如何獨特的表現商周文化。下文只將可用的材料作一撮述⑽。

一　食物原料

從文獻上看，食物原料可以很整齊的分成穀類、蔬菜、果實、獸類、鳥類、魚類和貝類，以及其他。不但每一類都有它自己的指稱字，而且在每一個類別內的字常共用一個部首，如禾、草、木等等。

在穀類食物中⑾，古代中國人有好幾種粟米(*Setaria italica, Panicum miliaceum, Panicum miliaceum glutinosa*)、稻米(*Oryza sativa*)、和麥子。在蔬菜中，李惠林列擧了下面的主要種類：瓜(*Cucumis melo*)、瓠(*Lagenaria siceraria*)，

⑼　同上註(5)

⑽　前人的研究，見林乃燊，≪中國古代的烹調與飲食≫，≪北京大學學報（人文科學）≫，1957(2) 頁59-144；篠田統，≪古代ミナにわける割烹≫，≪東方學報（京都)≫30卷，頁253-274。

⑾　參見 Ping-ti Ho, "The loess and the origin of Chinese agricultiue", *American Historical Review* 75(1969), pp. 1-36.

芋 (*Colocasia esculenta*) 、葵 (*Malva verticillata*)、蕪菁
(*Brassica rapa*) ，蒜 (*Allium sativum*) 、薤 (*Allium
bakeri*)、葱(*Allium fistulosum*)、韭 (*Allium ramosum*)、
荏 (*Perilla frustescens*)，蓼 (*Polygonum hydropiper*)、和
薑 (*Zingiber officinale*) ⑿。李惠林的這張單子主要是根據五
世紀和六世紀初的一部重要書籍列出來的。從周代的文獻上看，
竹和芥菜也頗顯著，而且大豆無疑是重要的一種糧食。至於次要
的菜蔬和野草則其種類不勝其數。瓦維洛夫 (N. I. Vavilov)
曾經指出，"在特產種類的豐富上和在栽培植物的潛在種屬的程
度上，中國是所有植物形式起源中心中特別突出的。而且各類植
物一般均由極多的亞類及遺傳形式所代表……我們假如更進一步
把除了栽培作物以外，作為食物用的野生植物的繁多數目也考慮
進去，我們便更能了解多少億的人口如何能在中國的土地上生存
下來" ⒀。

在菓樹方面，下列種類在周代文獻中出現次數較多：梨、山
楂、杏、梅、李、桃、柿、栗、棗、榛、杞、花紅和櫻桃。在周
代文獻裏最常見的食用動物有牛、豬、乳豬、羊、犬（以上家

⑿ Hui-lin Li, "The vegetables of ancient China", *Economic Botany* 23
(1969),pp. 253-260.

⒀ N. I. Vavilov. "The Origin, Variation, immunity and breeding of
cultivated plants", *Chronica Botanica* 13 (1949/50), Nos. 1-6.
關於古代採食野生植物，可舉詩《召南•采蘋》為例：
"于以采蘋，南澗之濱，于以采藻，于彼行潦。
于以盛之，維筐及筥，于以湘之，維錡及釜。
于以奠之，宗室牖下，誰其尸之，有齊姜女。"

畜）、野猪、兔、熊、麋、鹿和麕（以上野生）。周代文獻中較
常見的家禽和野禽有雞、雛雞、鶩、鵪、鷦鵴、雉、雀和鷸。魚
的種類甚多，多屬鯉類。其他水生動物有龜鼈和各種蚌貝。蜂、
蟬、蝸牛、蛾和蛙等也見記載。調味品包括各種香料、木桂和
椒。其他烹飪用品有鹽（似屬岩鹽或池鹽做成的各種形狀）、獸
油（分爲有角獸與無角獸兩種）、豉和醋。

二　烹調方法

　　一本現代的中菜食譜列舉了二十種烹調方法：煑、蒸、烤、
紅燒、清燉、鹵、炒、炸、煎、拌、淋、速炸、涮、冷拌、快
煎、醃、鹽醃、漬、晒乾和薰[14]。在周代文獻裏，這些方法有些
可以看到，但最主要的似乎是煑、蒸、烤、燉、醃和晒乾。現在
在烹飪術中最重要的方法卽炒，則在當時是沒有的。

　　造成中國飯菜的特徵的除了烹調方法以外，還有在烹飪之前
備製原料的方法以及多種原料結合而成不同菜肴的方式。像林語
堂所說，“整個中國的烹調藝術是要依靠配合的藝術”[15]。個別
的菜肴依據不同味道與原料的結合而設計。這並不是說中國菜肴
從來沒有味道單純的，只是說以中國菜肴的全部變化過程來看，
它是以切碎了成分然後把各種味道摻合在一起這種方式爲特徵
的。從這一點上看，周代的烹飪已經是不折不扣的中國烹飪了。

---

[14]　Buwei Yang Chao, *How to Cook and Eat in Chinese* (New York: Vintage Books, 1972), p. 39.

[15]　同上註(8)；又見 Hsiang Ju Lin and Tsuifeng Lin, *Chinese Gastronomy* (New York: Hastings House, 1969), pp. 12,23,30.

周代文獻上講烹飪為 "割烹" 即切割成分然後攙合烹調的過程，
而最重要的一道菜便是 "羹" 即一種肉湯或肉羹，以味道調和為
特徵。這在《左傳》昭公二十年 (520 B.C.) 晏子對齊侯的一段
話中可以清楚看出：

> 齊侯至自田，晏子侍于遄臺。子猶馳而造焉。公曰：唯
> 據與我和夫！晏子對曰：據亦同也，焉得為和？公曰：
> 和與同異乎？對曰：異。和如羹焉：水火醯醢鹽梅以烹
> 魚肉，燀之以薪，宰夫和之，齊之以味，濟其不及，以
> 洩其過。君子食之，以平其心。君臣亦然：君所謂可，
> 而有否焉，臣獻其否以成其可。君所謂否而有可焉，臣
> 獻其可，以去其否。是以政爭而不干，民無爭心。故詩
> 曰：亦有和羹，既戒既平，鬷嘏無言，時靡有爭。先王
> 之濟五味，和五聲也，以平其心，成其政也。

可是林湘如與林翠峯（譯音）曾經建議說 "古代中國的烹飪術還
不是特殊中國式的"，因為 "當時還沒有字可以代表炒、涮或其
他比較高級的烹飪方式"，雖然他們也承認 "各種味道的調和是
很顯著的達到了"⁽¹⁶⁾。但是烹飪的方法有限，而且這些方法在全
世界都有分布。個別的烹飪方式不完全是靠方法來分辨，而是要
靠成品的味道，而這又要靠各種成分的特徵性的使用才能達到。

三　菜肴種類

　　中國古代烹飪術的結果與現代一樣，一定包括了數百種乃至

⁽¹⁶⁾　同上 Lin and Lin.

數千種的從最簡單到最複雜的個別菜肴。由於文獻資料的性質，
我們所知道的菜肴多半是儀式上用的或是上層人物在宴席上享受
用的。例如簡單的蔬菜菜譜便很少知道。但不管是簡單還是複
雜，許多菜肴都非常細心的調製，而且是生活裏最爲珍視的一種
享受。把這一點事實作最生動、最服人的證明的是《楚辭》裏兩
首招魂的詩，用精美的菜肴作引誘好叫逝者的靈魂囘來。《楚辭
招魂》：

> 魂兮歸來，何遠爲些。
> 室家遂宗，食多方些。
> 稻粢稱麥，挐黃粱些。
> 大苦鹹酸，辛甘行些。
> 肥牛之犍，臑若芳些。
> 和酸若苦，陳吳羹些。
> 胹鼈炮羔，有柘漿些。
> 鵠酸臇鳧，煮鴻鶬些。
> 露雞臛蠵，厲而不爽些。
> 粔籹蜜餌，有餦餭些。
> 瑤漿蜜勺，實羽觴些。
> 挫糟凍飲，酎清涼些。
> 華酌旣陳，有瓊漿些。

在另一首詩《大招》裏，當作賄賂而把靈魂引誘囘來的菜肴和飲
料是：

> 五穀六仞，設菰粱只。
> 鼎臑盈望，和致芳只。

內鶬鴿鵠，味豺羹只。

魂乎歸徠，恣所嘗只。

鮮蠵甘雞，和楚酪只。

醢豚苦狗，膾苴蒪只。

吳酸蒿蔞，不沾薄只。

魂兮歸徠，恣所擇只。

炙鴰烝鳧，煔鶉敶只。

煎鰿臛雀，遽爽存只。

魂兮歸徠，麗以先只。

四酎并孰，不歰嗌只。

清馨凍歖，不歠役只。

吳醴白蘗，和楚瀝只。

魂兮歸徠，不遽惕只。

楚人的烹飪方式與華北也許多少不同，但《楚辭》裏描寫得如此令人垂涎的菜肴大概基本上與當時北方的菜肴，像《禮記》這一類較晚期的文獻所記錄的相似。在北方，肉類或魚類是儀式上和宴席上使用的重要菜肴。肉類有時生食，有時整隻烤食。但通常是乾製、烹製、或醃製。乾製時，肉切成方塊或長條，抹以薑或肉桂等調味料，然後晒乾或烤乾。烹製時，肉切為帶骨的大小塊、片狀，或末狀，然後羹、燉、蒸、或烤熟。在烹製過程中，其他的成分逐漸加入。如果其他成分較少，其作用完全是為了調味，則所製的為肉肴。如果加入的有重要的平行成分以達成 "味道的諧和"，而且如果烹製方法是羹或是燉，則所烹的便成為羹。除此以外，肉還可以醃製或做成肉醬。生肉和熟肉都可以用作原料，但調製的手續只有一個記載：「醢（肉醬）者必先脯乾其肉，乃後莝之，雜以粱麴及鹽，漬以美酒，塗置瓶中，百日則成矣」（鄭注《周禮》《天官》醢人）。製成的肉醬常常用爲一道熱肴或羹的主要成分之一。醢製同時又是傳說中食人的方式之一：《史記殷本紀》「醢九侯」；《禮記檀弓》記子路「醢矣」！

　　《禮記內則》有數條古代菜肴的描寫和製譜，錄在下面以見一斑：

　　　　飯：黍、稷、稻、粱、白黍、黃粱，稰、穛。膳：膷、臐、膮醢，牛炙。醢，牛胾；醢，牛膾。羊炙、羊胾，醢，豕炙。醢，豕胾，芥醬，魚膾。雉、兔、鶉、鷃。
　　　　羞：糗、餌、粉、酏。食：蝸醢而苽食，雉羹；麥食，脯羹，雞羹；折稌，犬羹，兔羹；和糝不蓼。濡豚，包苦實蓼；濡雞，醢醬實蓼；濡魚，卵醬實蓼；濡鱉，醢醬實蓼。腶脩，蚳醢，脯羹，兔醢，麋膚，魚醢，魚膾，芥醬，麋腥，醢、醬，桃諸，梅諸，卵鹽。

所記專爲老人烹製的八項菜肴如下：

　　㈠淳熬：「淳熬煎醢，加于陸稻上，沃之以膏曰淳熬」。
　　㈡淳毋：「淳毋煎醢，加以黍食上，沃之以膏曰淳毋」。
　　㈢炮：「取豚若將，刲之刻之，實棗於其腹中，編萑以苴之，塗之以謹塗，炮之，塗皆乾，擘之，濯手以摩之，去其皽，爲稻粉糔溲之以爲酏，以付豚煎諸膏、膏必滅之，鉅鑊湯以小鼎薌脯於其中，使其湯毋滅鼎，三日三夜毋絕火，而后調以醯醢」。
　　㈣擣珍：「用牛羊麋鹿麕之肉必脄，每物與牛若一捶，反側之，去其餌，孰出之，去其皽，柔其肉」。

(五)漬："取牛肉必新殺者，薄切之，必絕其理，湛諸美酒，期朝，而食之，以醢若醯醷"。

(六)熬："捶之，去其皽，編萑布牛肉焉，屑桂與薑，以酒諸上而鹽之，乾而食之。施羊亦如之，施麋施鹿施麇，皆如牛羊。欲濡肉，則釋而煎之以醢，欲乾肉，則捶而食之"。

(七)糝："取牛羊豕之肉，三如一小切之，與稻米、稻米二肉一，合以為餌煎之"。

(八)肝膋："取狗肝一，幪之，以其膋濡炙之，舉燋，其膋不蓼。取稻米舉糔溲之，小切狼臅膏，與稻米為酏"。

四　飲食器具

依其在飲食制度裏面假定的作用而做的中國青銅容器的考古學分類是衆所週知的，但是我所知道的任何分類系統沒有一個是建立在商周人的飲食的確實研究上。根據過去青銅容器各種分類以及文獻中各種原料所作的飲食器具的名稱，我們可以將飲食器具分為下舉諸類（圖十一）：

(一)食具

1.炊具：鼎、鬲、甗、甑、釜、鑊、灶。這幾種炊具都有青銅的與陶土的兩種，唯灶只有發現過陶製的。鼎、鬲和鑊大概是用於羹和燉，甗、甑和釜是用於蒸食。

2.保存與貯藏器：這是根據貯藏糧食的甕罐的考古發現與文獻上關於醃製的記載而推定的一類器具。青銅容器沒有認為以此為主要用途的，可是若干酒器和水器（見下）也可能作保存與貯藏用。但無論如何，這類器物主要是用陶作的。

3.盛食器：這一類器皿下面有主要的四組：箸筷、勺子、盛穀類飯食的器皿和盛肉食蔬食的器皿。關於前兩類，除了它們確曾在商周使用過（雖然手未必比筷子少用）以外，沒有什麼值得多說的。關於盛飯盛菜的器皿，其形狀與原料都很複雜。前者(卽盛飯器皿)，如段、盨、簋和敦等是用青銅、陶土和編籃製成的，而後者（卽盛菜器皿）如豆、籩和俎等則多以陶、木、及編籃製成。其中的豆，可說是盛肉食用的最重要的器皿，在商代是從來不用青銅做的(17)。另外一種說法是青銅製作的盛食器主要是盛穀類糧食而很少來盛菜肴的。這是很重要的一項區別，下面還要再談。

(二)飲具

1.貯水酒具：用青銅、陶、木等製作的。

2.飲酒具：用青銅、瓠、漆器和陶器製作的。

3.盛水酒具（勺）：青銅、木和瓠製作。

五　宴席與餐飯

從營養學的立場看來，食物的原料一旦製成菜肴，它們便可以藉器皿之助為人食用，食物進肚，飲食問題便告解決。可是從以飲食為生活上一個重大焦點的人的立場來看，一個人獨食除了

---

(17)　石璋如，≪殷代的豆≫，≪中央研究院歷史語言研究所集刊≫ 第39本 (1969)，頁51–82。

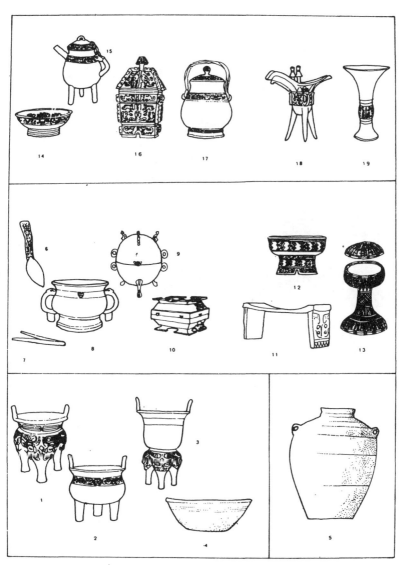

圖十一　商用主要飲食器具分類

(1-4.炊具；5.儲藏罐；6-13.盛食具；14-19.飲具)

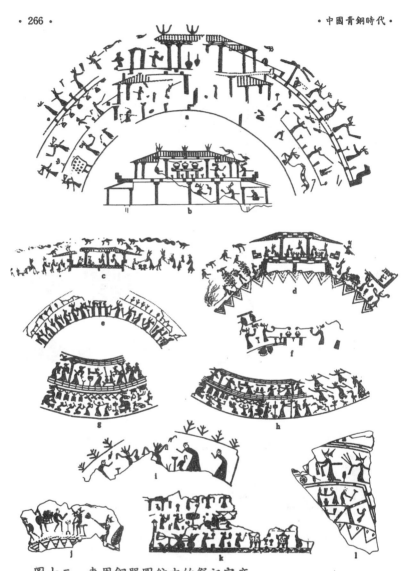

圖十二　東周銅器圖紋中的祭祀宴席

（採自 Charles Weber, *Chinese Pictorial Bronze Vessels of the Late Chon periol*. Ascona; Artibus Asiae, 1968.）

圖十三　漢磚所見宴飲圖象 (採自 Wilma Fairbank)

解飢以外沒有什麼其他的結果，但是大家一起進餐，以及這後面
的行爲方式和理由，才是高潮。食物是爲了延續生命而服食的，
可是食物與其說是享用的不如說是贈送的與共享的。這種情感可
以在《小雅‧頍弁》裏看得出來：

> 有頍者弁，
>
> 實維伊何？
>
> 爾酒旣旨，
>
> 爾殽旣嘉。
>
> 豈伊異人，
>
> 兄弟匪他。

又在《小雅‧伐木》裏面我們看到這樣的感情：

> 伐木于阪，
>
> 釃酒有衍，
>
> 籩豆有踐，
>
> 兄弟無遠，
>
> 民之失德，
>
> 乾餱以愆。

其他的詩描寫酒宴上的氣氛和豐富的酒荣(圖十二)。從這上面我們
可以看到顧立雅在他對中國古代的研究上將飲食列爲 "生活中的
享受"之下是不錯的[18]。可是在另一方面，飲食也是在嚴格的規則
支配下很嚴肅的社會活動。如一位周代詩人對一個供奉祖先的宴
席所描寫的："獻酬交錯，禮儀卒度，笑語卒獲"（《小雅‧楚茨》）。

---

(18)　H. G. Creel, *The Birth of China* (New York: F. Ungar, 1937), p. 323.

　　先看一下進餐時的佈置。在桌子和椅子上用飯在中國是比較晚的，大致不早於北宋(960-1126)[19]。在商周時期，上層的男人個別進餐，各人跪在自己的餐席上，旁邊放一個矮几作爲一個小案子或倚靠之用 (圖十三)[20]。在每人之前或旁邊放著一組餐具，盛著這一餐所用的食物和飲料。一餐飯或一頓飯的定義是很有意義的：它包括穀類食物、肉菜的菜肴和水酒。這點下面再提。每人每餐可吃四碗飯(《秦風·權輿》：“每食四簋”)，但菜肴的數目則依地位與年齡而異。依《禮記》，“天子之豆二十有六，諸公十有六，諸侯十有二，上大夫八，下大夫六 (《禮器》)”“六十者三豆，七十者四豆，八十者五豆，九十者六豆” (《鄉飲酒義》)。

　　餐具與菜肴以下述方式在個人身旁排列：“左殽右胾，食居人之左，羹居人之右。膾炙處外，醯醬處內，葱渫處末，酒漿處右。以脯脩置者，左朐右末” (《禮記·曲禮》上)。“客爵居左，其飲居右；介爵、酢爵、僎爵皆居右。羞濡魚者進尾；冬右腴，夏右鰭。……凡齊(調味品)，執之以右，居之於左。……羞首者，進喙祭耳。尊者以酌者之左爲上尊。尊壺者面其鼻(《禮記·少儀》；參照《管子·弟子職》)”。順便不妨一提的是，“子能食食，教以右手” (《禮記·內則》)。

　　最後一點是用餐飯時要遵守一定的規則。依《禮記·曲禮》

⑴　尚秉和：《歷代社會風俗習慣考》1938，頁119。

⑳　詩《大雅行葦》描寫進餐情況如次：“戚戚兄弟，莫遠具爾，或肆之筵，或授之几，肆筵設席，授几有緝御。或獻或酢，洗爵奠斝，醓醢以薦。或燔或炙，嘉殽脾臄，或歌或咢”。《大雅公劉》也說，“篤公劉，于京斯依。蹌蹌濟濟，俾筵俾几，既登乃依。”

和《少儀》所規定的一些規則中,最爲顯著的如下:

　　㈠ "客若降等執食與辭,主人興辭於客,然後客坐"。

　　㈡ "主人迎客祭:祭食、祭所先進。殽之序,編祭之"。

　　㈢ "三飯,主人延客食胾,然後辯殽"。

　　㈣ "主人未辯,客不虛口"。

　　㈤ "侍食於長者,主人親饋,則拜而食。主人不親饋,則不拜而食"。

　　㈥ "燕侍食於君子,則先飯而後已。……小飯而亟之,數噍毋爲口容"。

　　㈦ "共食不飽,共飯不澤手"。

　　㈧ "毋摶飯、毋放飯、毋流歠、毋咤食、毋囓骨、毋反魚肉、毋投與狗骨。毋固獲、毋揚飯。飯黍毋以箸。毋嚃羹、毋絮羹、毋刺齒、毋歠醢"。

　　㈨ "客絮羹,主人辭不能亨。客歠醢,主人辭以窶"。

　　㈩ "濡肉齒決,乾肉不齒決。毋嘬炙"。

　　㈠㈠ "卒食,客自前跪,徹飯齊以授相者,主人興辭於客,然後客坐"。

　　上面這些餐席上的規矩說是代表晚周時代上層階級男人的習慣的。我們不知道當時的人對這些規矩是否嚴格的遵守,它們的施用範圍有未延展於華北之外及上層階級之外,或者說商代及周代早期的人是不是也有類似的習慣。從《詩經》裏面許多詩的描寫看來,好像那時的餐飯與宴席上比《禮記》所說的要活潑有勁而遠不似那麼拘謹。當孔子很豪爽的宣佈 ",飯疏食飲水,曲肱而枕之,樂亦在其中矣" (《論語·述而》) 的時候, 他顯然是指最低程度的一餐飲食，完全沒有那些規矩和習慣，但仍不失爲一餐飯。可是從另一方面來看，孔夫子是不是只不過在發揮議論而已？（因爲根據《論語·鄉黨》，孔子在飲食上是相當講究而不好伺候的(21)。）窮苦的人是不是一定像個叫化子一樣的飲食？他們在自己人之間是不是也有他們自己的一套規矩呢？應當是有的，可是在現存的紀錄中是找不到的。

六　關於飲食的觀念

在中國古代的餐飯制度或飲食習慣裏有沒有一套瑪麗道格拉斯(22)所謂的準則（code）呢？中國古代文明的本質是不是透過古代中國人自己使用或享宴賓客的飯菜而以準則的形式表現出來呢？我覺得不必稱之爲"準則"，但下面這樣的一種秩序似乎是可以建立起來的：

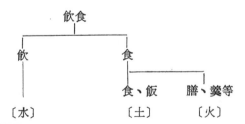

在飲食的食裏面，很清楚的又分有狹義之食，卽飯或穀類食物，和肉蔬的菜肴（卽現代話中的菜）的對立。這一語詞以及與它相

---

(21)　"食不厭精，膾不厭細。食饐而餲，魚餒而肉敗，不食，色惡不食，失飪不食，不時不食，割不正不食，不得其醬不食。肉雖多，不使勝食氣。……沽酒市脯不食，不撤薑食。不多食"。

(22)　Mary Douglas, "Deciphering a meal," *Daedalus* (Winter, 1971), pp.61-81.

聯繫的信仰與規矩的一套系統，照我的意見看來是中國飲食方式的結構上的本質，自晚周到今天一直未變。

　　在古代文獻裏只要飲食物被列舉出來的時候，這種"飲""食"之間和在"食"內的"飯""菜"之間的對立便有表現。下舉一些顯著的例子：

　　　　賢哉回也。一簞食、一瓢飲、在陋巷，人不堪其憂，回也不改其樂。（《論語•雍也》）

　　　　齊大饑，黔敖為食於路，……黔敖左奉食，右執飲，曰嗟來食。（《禮記•檀弓》下）

　　　　子曰：飯疏食飲水，曲肱而枕之，樂亦在其中矣。（《論語•述而》）

　　　　以萬乘之國，伐萬乘之國，簞食壺漿以迎王師。（《孟子•梁惠王》下）

從這些句子裏我們可以清楚的看到一頓餐飯的最低限度要包括一些穀類食物（以粟為主）和一些水。但是我們如果循著餐飯的規模向上走，走到士大夫甚至王公的餐飯，則在食與飲之外再加上第三個範疇，即菜肴。《禮記•內則》中食與飲之間增加了一項"膳"，在膳的下面列舉了二十種用魚和肉作的菜肴。《周禮天官》中有"膳夫"，專掌天子的"食、飲、膳羞"，後者專指各種菜肴。因此，在"食"這個範疇之內便有了狹義之食即穀類食物與菜肴之對立。因為菜肴中常有肉類，這個對照有時便採取"食"與"羹"的對照形式："羹、食，自諸侯以下至於庶人無等"（《禮記•內則》），"簞食豆羹"。（《孟子•告子》及《盡心》）"豆飯藿羹"（《戰國策•韓策》）。

　　中國式餐飯裏面飯菜的對照到現在還是一個重要的制度。如
趙楊步偉女士在她的食譜裏所指出的[23]：

> 　　在各處都有的一個重要觀念是"飯"與"菜"之間的對
> 照。多半的窮人主要吃米(如果吃得到的話)或其他穀類
> 食物爲主食而吃菜吃得很少。菜只是配飯的。……但卽
> 使是富家的小孩，如果他們肯多吃飯也是會被稱讚的。
> 　　這都把中國餐食中飯和菜的對立表示得很清楚。如果吃
> 的是麵條或饅頭，它們還是當作飯的，卽穀類食物。

拿這段話與兩千年前孔子所說的"肉雖多，不使勝食氣"來比較
一下，我們可以假定一定有很強烈的理由使著孔夫子和楊女士筆
下的中國孩子（或他們的父母）把穀類食物（是澱粉質的主食也
是最低限度的基本的絕對要緊的食物）與菜肴（用于配飯使飯吃
起來較爲容易有致）之間分得清清楚楚，並且使他們遏制著對菜
肴的盡情享受。

　　飯菜之間的對立也許可以看爲穀類食物與用火來烹煮的食物
（以肉爲主）之間的顯要的差異。《禮記王制》裏對中國四面的
"蠻夷"民族作如下的分類：

> 　　中國戎夷，五方之民，皆有其性也，不可推移。東方曰
> 夷，被髮文身，有不火食者矣。南方曰蠻，雕題交趾，
> 有不火食者矣。西方曰戎，被髮衣皮，有不粒食者矣。
> 北方曰狄，衣羽毛穴居，有不粒食者矣。

顯然，吃肉而不用火將肉燒熟或者不吃穀類食物都認爲不是華夏

---

[23]　Buwei Yang Chao, op. cit., p. 3.

民族，但兩者不同。吃穀類的人不一定吃熟肉，吃熟肉的人不一
定吃穀粒。這兩種人都不是十足的華夏民族。華夏民族的定義是
吃穀粒及吃熟肉的。很清楚的，穀粒與熟肉（菜肴的主要成分）
在中國的吃食系統裏是兩個對立的範疇。

　　但在整個系統裏肉食顯然是次要的，對於最低限度的生活來
說，是一種不必須的奢侈品。菜肴的次要性不但可以從“食”這
個字便包括廣義的餐飯與狹義的穀粒食物兩者在內，而且還可以
自周制中的喪禮上看得出來。≪禮記·喪大記≫:“既葬，主人疏
食水飲，不食菜果……練而食菜果，祥而食肉”。這就是說“疏食
水飲”是基本的飲食；如果超過基本之外則第一步吃菜果第二步
再吃肉。恢復吃肉時，先吃乾肉再吃鮮肉(≪禮記·喪大記≫≪閒傳≫)。

　　從上文看來，中國古代關於飲食的兩個觀念大概可以確定下
來：其一，在食物這個大範疇之內有飯與菜兩個小範疇的對立。
其二，在飯菜之間，飯較菜更高級，更基本。同時，在周代的文
獻裏我們可以看到對祭儀的起源的不同說明，其中一個環繞著穀
類食物，另一個以火燒肉食爲中心。前者見於≪詩·大雅·生
民≫:

　　　厥初生民　時維姜嫄　生民如何　克禋克祀　以弗無子
　　　履帝武敏歆　攸介攸止　載震載夙　載生載育　時維后
　　　稷。
　　　誕彌厥月　先生如達　不坼不副　無菑無害　以赫厥靈
　　　上帝不寧　不康禋祀　居然生子。
　　　誕寘之隘巷　牛羊腓字之　誕寘之平林　會伐平林
　　　誕寘之寒冰　鳥覆翼之　鳥乃去矣　后稷呱矣。

實覃實訏　厥聲載路　誕實匍匐　克岐克嶷　以就口食
蓺之荏菽　荏菽旆旆　禾役穟穟　麻麥幪幪　瓜瓞唪唪。
誕后稷之穡　有相之道　茀厥豐草　種之黃茂
實方實苞　實種實褎　實發實秀　實堅實好　實穎實栗
即有邰家室。
誕降嘉種　維秬維秠　維穈維芑　恒之秬秠　是穫是畝
恒之穈芑　是任是負　以歸肇祀。
誕我祀如何　或舂或揄　或簸或蹂　釋之叟叟
烝之浮浮　載謀載惟　取蕭祭脂　取羝以軷　載燔載烈
以興嗣歲。
卬盛于豆　于豆于登　其香始升　上帝居歆　胡臭亶時
后稷肇祀　庶無罪悔　以迄于今。

在這首詩裏肉是提到了，但從后稷的名字上面便可以看出來是以稷為名的，而他所創之祭祀乃是以穀類食物為中心的。另外一種關于祭祀起源的故事見於《禮記・禮運》，則以祭祀與熟肉的關係為中心。《禮運》裏面若干觀念學者久疑為道家[24]；下面這段故事可能比上面那段（為周王室傳統的）更近於民間的傳說：

> 夫禮之初，始諸飲食。其燔黍捭豚，汙尊而抔飲，蕢桴而土鼓，猶若可以致其敬於鬼神。及其死也，升屋而號，告曰：皋！某復！然後飯腥而苴孰。故天望而地藏也，體魄則降知氣在上，故死者北首，生者南鄉，皆從其初。

---

[24]　高明：《禮學新探》（香港中文大學，1963）頁38-41。

昔者先王，未有宮室，冬則居營窟，夏則居橧巢。未有火化，食草木之實，鳥獸之肉，飲其血、茹其毛。未有麻絲，衣其羽皮。後聖有作，然後脩火之利，范金合土，以爲臺榭宮室牖戶，以炮以燔，以亨以炙，以爲醴酪，治其麻絲，以爲布帛，以養生送死，以事鬼神上帝，皆從其朔。

故玄酒在室，醴醆在戶，粢醍在堂，澄酒在下，陳其犧牲，備其鼎俎，列其琴瑟管磬鐘鼓，修其祝嘏，以降上神及其先祖。以正君臣，以篤父子，以睦兄弟，以齊上下，夫婦有所，是謂承天之祜。

作其祝號玄酒之祭，薦其血毛，腥其俎，孰其殽，與其越席，疏布以冪，衣其澣帛，醴醆以獻，薦其燔炙，君與夫人交獻，以嘉魂魄，是謂合莫。然後退而合亨，體其犬豕牛羊，實其簠簋籩豆鉶羹。祝以孝告，嘏以慈告，是謂大祥。此禮大成也。

以上這兩個故事（《生民》與《禮運》）各涉及飯菜對立的一面。爲什麼有這個對立？爲什麼飯菜各有一個故事單獨加以強調？我們也許可以用兩個不同（階級的或民族的）傳統混合的說法來解釋中國飲食制度中這項基本的對照。我們也不妨注意這兩個之中的老大（飯）反而是比較遲近的新發明，而它又是當作華夏與蠻夷之辨的發明。但這些問題以及上引兩個祭祀起源故事的詳細分析，還有待將來更詳盡的研究。我想在這裏回到飲食器具和考古學上去，因爲在這方面我好像看到一線光明。

我在上文說過商周的銅器和陶器應該在當時的飲食習慣的背

景之下加以研究。現在我們提出一個初步背景以後不妨一問，在
食器的考古上有何新的看法？在我來說最重要一點的認識是在研
究飲食器物時不能把我們的研究限制在一種材料之內。在考古學
上我們習於將銅器、陶器、漆器等當作個別的範疇來加以研究。
但在餐食和祭祀時，各種原料的器皿實際上是混在一起使用的：
銅器、陶器、葫蘆器、木器、漆器、象牙骨器等等。在這上面一
個很有趣的問題是：除了由於各種原料物理上的性質而造成的原
料與用途之間的聯繫（這種聯繫是可以想像但不是一定能够證明
的）以外，還有沒有控制各種原料所作器物混雜使用的規則？

　　一個過去並沒有看出來的規則是在盛食的器皿之中，青銅這
種原料主要用於盛放穀粒食物和用穀粒作出來的酒。用盛肉肴的
兩種主要器皿，籩和豆，都是用木頭、編織物和陶器做的。它們
在商代和周代早期是不用青銅做的。在周代後期一度有青銅豆出
現，但為數遠不及陶豆和大豆，而且到漢初以後豆又恢復木製[25]。
石璋如企圖用青銅的物理性質來解釋為什麼殷人不用青銅做
豆："殷代的銅質的容器，大都宜於盛流質的物品不宜於放置固
體的物品，豆似乎宜於放置固體物品的器物。……殷代所以不用
銅鑄豆的原因，是否因豆的質地不宜用銅鑄造？"[26]

　　另一個可能的解釋是商人在觀念上將飲食器皿分為兩組，一
組盛穀類食物（飯或發酵的穀卽酒），一組盛肉肴。黏土、木和

---

[25]　石璋如，≪從籩與豆看臺灣與大陸的關係≫，≪大陸雜誌≫第 1 卷第 4 期，頁7-
　　　10，第 5 期，頁16-17(1950)。

[26]　石璋如，≪殷代的豆≫，≪中央研究院歷史語言研究所集刊≫第39本，(1969) 頁
　　　79。

編籃可以用作兩種器皿，但是青銅只能用作盛飯器皿而不能用作
盛肉器皿。

　　爲何如此我們只能加以推測。也許商周人將飲食器皿分入不
同的範疇，而在祭祀的場合，不同器皿的原料只能依照一定的規
則與某種飲食物相接觸。我們不知道五行(金、木、水、火、土)
的觀念可以向上追溯得多麼古遠。根據劉斌雄的看法[27]，五行觀
念在商代不但是一個無所不入的基本宇宙觀的系統，而且與王室
的區分制度有關。可是照其他學者的看法[28]，則陰陽五行的學說
起源較晚。但無論如何，在戰國(≪墨子≫)及漢代早期 (≪淮南子≫、
≪史記≫) 的文獻裏都說到火與金兩者相尅，而兩者如果相接觸，
火通常可以勝金。 我們在上面已經說過， 穀類食物在周人思想
中是與土相聯繫的，而以熟肉爲主要成分的菜肴則是與火相聯繫
的。土與金是相協的，而火與金則是不相協的。假如這種觀念有
較早的歷史，它也許可以幫助來說明爲什麼青銅器皿不用來盛放
菜肴。固然熟肉不是每一樣菜裏都有的，因爲有些菜可能全是蔬
菜做的。但是富人的祭用菜肴中都有肉，而青銅器皿正是爲了他
們使用而製做的。當祭祀師避免在若干器皿的範疇上使用青銅器
的時候，他們必定有他們的理由。在≪禮記‧郊特牲≫裏我們屢
次看到關於食物的種類與適宜的器皿的關係的討論：

　　　饗禘有樂，而食嘗無樂，陰陽之義也。凡飲，養陽氣
　　　也；凡食，養陰氣也。……鼎俎奇而籩豆偶，陰陽之義

---

[27] ≪殷商王室十分組制試論≫，≪中央研究院民族學研究所集刊≫ 19(1965)，頁89
　　 －114。

[28] 如李漢三，≪先秦與兩漢的陰陽五行學說≫ (臺北，鐘鼎，1967) ，頁47。

也。籩豆之實，水土之品也。

郊之祭也，……器用陶匏，以象天地之性也。恒豆之
湆，水草之和氣也；其醢，陸產之物也。加豆，陸產
也；其醢，水物也。籩豆之薦，水土之品也。

依此，飲是陽而食是陰；但在食之內若干食物為陽若干為陰。用
火烹熟的肉多半是陽的，而穀類作物生產的食物多半是陰的。金
屬器大概是陽的，而陶匏則大概陰大於陽。什麼食物可用什麼原
料的器皿盛放大概是有一定規則的，而最基本的規則似乎是陽與
陰接，陰與陽接。關於具體的規則我們是不知道的，但在飲食和
飲食器皿上我們可能又碰到了我們在社會組織上已經碰到過的兩
分現象[29]。至於這個陰陽兩分現象與五行是如何結合在一起而運
行的，則是一個非常有趣的問題。

　　若干與此有關的問題牽涉到器物的裝飾與器物在商周飲食系
統中的地位之間的可能聯繫。當時有無任何以食用動物的圖象來
裝飾盛放這種動物肉食的器皿的企圖？從表面上看來，答案顯然
是否定的，因為神話中的動物似乎不是食用的，而商周銅器上的
裝飾動物顯然是神話性的。但是神話中的動物經常是以實際的動
物為基礎的，而其中最常見的是牛、羊、和虎。這些多半都是食
用的動物，也是祭用的動物，同時另外一些比較少見的動物也是
如此，如鹿、象、犀和山羊。鳥類也是常見的裝飾圖樣，而許多
鳥類也是食物的原料，魚類亦然（圖十四）。因此這個問題仍須進
一步研究才能解決。

[29] K. C. Chang, "Some dualistic phenomena in Shang society", *Journal of Asian Studies* 24 (1964), pp. 45-61.

圖十四　裝飾魚紋的飲食器

（上：長沙出土楚陶豆；中：商代或西周早期銅盤，華盛頓佛烈爾美術館藏；下：西安半坡仰韶文化，約 5000 B.C.）

圖十五　商代上下層人物所用飲食器皿

（上：Alton S. Tobey 所繪商代宴席圖，原載美國生活雜誌；下：安陽商代半地下室地面上有飲食器皿遺存，採自李濟：《小屯陶器》，1956）

　　另一有意思的現象是銅器上的許多神話動物圖象自宋以來便
稱爲饕餮。用饕餮這個名字來指稱銅器上的全部動物圖象是有問
題的，但《呂氏春秋先識覽》上說"周鼎著饕餮"，可見有若干
器物上有此形象則是沒有問題的。依《左傳》文公十八年，饕餮
是古代以貪食著稱的一個惡人。在《墨子節用》裏我們看到古代
聖王對飲食的指示是如此的："古者聖王制爲飲食之法曰：足以
充虛、繼氣、強股肱，耳目聰明則止。不極五味之調，芬香之
和，不致遠國珍怪異物"。何以知其然？"古者堯治天下，南撫交
阯，北降幽都，東西至日所出入，莫不賓服，逮至其厚愛，黍稷
不二，羹胾不重。飯於土塯，啜於土形，斗以酌。俛仰周旋威儀
之禮，聖王弗爲"。這固然代表墨翟的思想，可是飲食過度在古
今都是勸阻的對象。《論語》也說到孔子"不多食"。饕餮之見
於銅器圖象也許確是如古人所說是"戒貪飲"的，但如果歷代對
商人飲食習慣的記載可靠的話，那麼這種戒愼的措施是失敗了。

　　可是只有上層階級的人物，即青銅器的使用者，才有貪於飲
食的能力。對大多數的人來說，最基本的飲食器皿都是陶器（圖
十五）。在所有的材料裏面，至少在不易損壞而在考古學上較爲重
要的材料裏面，陶器似乎是可以用於所有的基本的用途之上：烹
飪、貯藏、保存、飲用和盛放飯菜。考古的遺物中可以看出，食
物上的所有需要在陶器上都可以求得滿足。在兩組從早周到晚周
的周代墓葬中（一組在西安[30]，一組在洛陽[31]），有不少都出土陶

⑶⑽　《澧西發掘報告》（1962）。
⑶⑴　《洛陽中州路》（1959）。

器。在出土陶器的墓葬中,絕大多數都有包括所有飲食用途的陶器成組出現——包括烹煮和盛放穀粒的鬲和殷,盛放肉菜的豆,盛水的壺,和貯物的罐。這種現象表明我們從文獻上整理出來的周代器物的術語系統在考古學上是有意義的。它也證明在中國古代的考古學研究上,包括銅器與陶器的研究,文獻資料與只有文獻資料才能供midth的消息,是不可或缺的。

十一

商周神話之分類[*]

　　民國十幾年間疑古派與信古派的官司，今天已經不必再打，這是我們這一代學者的幸運。今天凡是有史學常識的人，都知道《帝繫姓》、《晉語》、《帝繫》、《五帝本紀》，與《三皇本紀》等古籍所載的中國古代史是靠不住的，從黃帝到大禹的帝系是偽古史。從民國十二年顧頡剛的《與錢玄同先生論古史書》與1924年法國漢學家馬伯樂的《書經中的神話傳說》以後，我們都知道所謂黃帝顓頊唐堯虞舜夏禹都是"神話"中的人物，在東周及東周以後轉化爲歷史上的人物的。"古史是神話"這一條命題在今天已經是不成其爲問題的了[1]。

　　但是，在另一方面，這些神話資料又當怎樣研究？卻仍是一個不得解決的問題。"疑古"氣氛極濃的時候，大家頗有把偽古史一筆勾銷，寄真古史之希望於考古學上的趨勢[2]。考古學在華北開始了幾年，史前的文化遺物開始出現以後，史學家逐漸對考古資料感覺失望起來，因爲在這些材料裏，固然有石斧有瓦罐，但可以把黃帝堯舜等古史人物證實的證據之發現，似乎漸漸成爲

---

[*] 原載《中央研究院民族學研究所集刊》第14期，(1962) 頁48-94。

一個渺茫的希望。民國二十幾年以後，有的史學家似乎逐漸採取了 "各行其是" 的態度——考古者考其古史，而神話資料上亦可以 "重建" 先殷古史。換言之，傳統的先殷古史是神話，但其材料可以拿來拆掉重新擺弄一番，建立一套新的先殷古史(3)。

---

(1) 對於古史的懷疑，其實在東周記述古史的時代就已經開始，見顧頡剛：《戰國秦漢間人的造偽與辨偽》，《史學年報》，第2卷，第2期(1935)，頁209-248。但是，把古史傳說當作商周時代的神話加以科學性的分析與研究，則似乎是二十世紀的新猷。在這方面開山的論著，從中國古代神話史研究史來看，始於民國十二年顧頡剛：《與錢玄同先生論古史書》(《努力》雜誌增刊《讀書雜誌》第9期，收入《古史辨》第1冊)，及十三年 Henri Maspero: Légendes mythologiques dans le *Chou King* (*Journal Asiatique*, t. 204, pp. 1-100, 1924)。接著出現的早期論著，有沈雁冰：《中國神話研究》(《小說月報》，第16卷第1號，頁1-26，1925)、Marcel Granet, *Danses et Légendes de la Chine Ancienne* (2 t., Travaux de l'Année Sociologíque, Paris, Librairie Félix Alcan, 1926)、顧頡剛編《古史辨》第1冊(北平樸社，1926)、Eduard Erkes,"Chines-isch-amerikanische Mythenparallelen" (*T'oung Pao*, n. s. 24, pp. 32-54, 1926), John C. Ferguson:"Chinese Mythology"(*in: The Mythology of All Races*, Vol. 8, Boston, 1928)、玄珠，《中國神話研究ABC》(兩卷，上海，世界書局，1928)、及馮承鈞，《中國古代神話之研究》(《國聞週報》，第6卷，第9-17期，天津，1929)。這些文章與專著，可以說是把 "古史是神話" 這一個命題肯定了下來，並進一步代表研究這些神話資料的各種途徑。民國二十年(1931)以後，神話學者開始深入的專題研究，但我們可以說中國現代古神話史研究的基礎是奠立於民國十二年到十八年(1923-1929)這七年之間。

(2) 如李玄伯，《古史問題的唯一解決方法》，《現代評論》，第1卷第3期 (1924)。(收入《古史辨》第1冊)。

(3) 李玄伯先生在民國十三年時主張 "古史問題的唯一解決方法" 是考古學，但到了民國二十七年出版了《中國古代社會新研》(上海開明書局)，幾乎全部用的紙上的史料，可以代表史學界態度的一個轉變。

這一類的工作，有蒙文通的三集團說⑷、徐炳昶的三集團說⑸，傅斯年的夷夏東西說⑹，以及W.Eberhard氏的古代地方文化說⑺。新的先殷古史，固然仍使用老的材料，但都是經過一番科學方法整理以後的結果，其可靠性，比之傳統的神話，自然是大得多了。

　　從一個考古學者的立場來說，這些史學家對考古研究所能達到的"境界"懷疑是有根據的，因爲先殷的考古學恐怕永遠是不能全部說明中國上古神話史的。考古學的材料是啞巴材料，其中有成羣的人的文化與社會，卻沒有英雄豪傑個人的傳記。假如夏代有文字，假如考古學家能挖到個夏墟，也許將來的考古學上能把三代都湊齊全也說不定。但絕大部分的神話先殷史，恐怕永遠也不可能在考古學上找到根據的。這是由於考古這門學問的方法和材料的性質使然，是沒有辦法的事。

　　但是上面所說，恐怕先殷的考古永遠不可能證實先殷的神話，並不是僅僅著眼於考古學的性質所下的斷語。我們說先殷考古中很難有先殷神話的地位，主要的理由是：所謂先殷神話，就我們所有的文獻材料來說，實在不是先殷的神話，而是殷周時代

⑷　蒙文通，《古史甄微》，（上海，商務，1933）。

⑸　徐炳昶：《中國古史的傳說時代》，（上海中國文化服務社，1943 初版，1946再版）徐氏對"重建上古史"的態度，見上書第一章：論信古，及與蘇秉琦合著的《試論傳說材料的整理與傳說時代的研究》，《國立北平研究院史學研究所史學集刊》，第5期(1947)，頁1-28。

⑹　傅斯年，《夷夏東西說》，《慶祝蔡元培先生六十五歲論文集》，《國立中央研究院歷史語言研究所集刊外編》，第一種，下冊(1935)，頁1093-1134。

⑺　Wolfram Eberhard: *Lokalkulturen im alten China*, I (Leiden 1942), II (Peiping 1942).

的神話。固然殷周時代的神話所包含的內容，是講開天闢地以及
荒古時代一直到商湯以前的事迹，但就我們所知所根據的材料而
言，它們實在是殷周人所講的。殷周人的神話無疑是殷周文化
的一部分，但它們未必就是先殷的史實，甚至不一定包括先殷的
史料在內。先殷的考古固然未必能證實殷周時代的神話，但殷周
的考古與歷史則是研究殷周神話所不可不用的文化背景。很多的
史學家恐怕是上了古人的當：殷周人說他們的神話記述先殷的史
實，我們就信以爲然，把它們當先殷的史料去研究；研究不出結
果來，或研究出很多古怪或矛盾的結果來，都是應當的。因此，
我們覺得，研究中國古代神話的一個基本出發點，乃是：殷周的
神話，首先是殷周史料。殷周的神話中，有無先殷史料，乃是第
二步的問題。舉一個例：周神話中說黃帝是先殷人物；但我們研
究周代史料與神話的結果，知道黃帝乃是 " 上帝 " 的觀念在東周
轉化爲人的許多化身之一⑻。因此，如果我們把黃帝當作先殷的
歷史人物或部落酋長，甚至於當作華夏族的始祖，豈不是上了東
周時代人的當？

　　我們在上面確立了 " 先殷古史是殷周神話 " 的前提，第二步
便不能不接著問：什麼是 " 神話 " ？殷周史籍裏那些材料是神話
的材料？

　　稍微瀏覽一下神話學文獻的人，很快地就會發現：研究神話
的學者對 " 什麼是神話 " 這個問題，提不出來一個使大家都能滿
意接受的囘答。再進一步說，我們甚至不能攏統地把神話的研究

⑻　如楊寬，《中國上古史導論》，《古史辨》第 7 册。

放在某一行學問的獨佔之下：文學批評家、神學家、哲學家、心理學家、歷史學者、人類學家、民俗學家，以及所謂 "神話學家" 都研究神話而有貢獻。自從開始學人類學這一門學問以來，我逐漸發現，在我自己有興趣研究的題目中，只有兩個是幾乎所有的人文社會科學者都感覺興趣，喜歡從事研究的：一是城市發達史，二是神話。寫這兩個題目中的任何一個，或是其範圍之內的一個小問題，有好處也有壞處。好處是志同道合的人多，可以互相切磋琢磨；壞處是寫起來戰戰兢兢，牽涉不少人的 "本行"，挑錯的人就多。

　　爲什麼神話的研究具有這種魔力？固然我不想給神話下一個一般的定義，卻不能不把本文挑選神話材料的標準申述清楚；換言之，也就是說明所謂 "神話材料" 有那些特徵。這個說明清楚以後，我們就不難看出來何以神話的研究使如許衆多的學科都發生興趣。

　　第一、我們的神話材料必須要包含一件或一件以上的 "故事"。故事中必定有個主角，主角必定要有行動(9)。就中國古代神話的材料來說，一個神話至少得包含一個句子，其中要有個句主，有個謂詞，而謂詞又非得是動詞。假如在商周文獻裏我們只能找到一個神話人物的人名或特徵（譬如說 "夔一足"）或只能找到兩個神話人物的關係（譬如帝某某生某某），我們就沒法加以討論。

　　其次，神話的材料必須要牽涉 "非常" 的人物或事件或世界

---

(9) Claude Lévi-Strauss, *Anthropologie structurale* (Paris, Plon, 1958), pp. 228-235.

——所謂超自然的，神聖的，或者是神秘的。故事的主角也許作爲一個尋常的凡人出現，但他的行動、或行爲，則是常人所不能的——至少就我們知識所及的範圍之內來說。也許故事所敍述的事是件稀鬆平常的事——人人會做的——，但那做事的人物則是個非凡的人物或與非凡的世界有某種的瓜葛牽連。換句話說，在我們的眼光、知識、立場來看，神話的故事或人物是"假的"，是"謊"。

但神話從說述故事的人或他的同一個文化社會的人來看卻決然不是謊！他們不但堅信這些"假"的神話爲"眞"的史實——至少就社會行爲的標準而言——而且以神話爲其日常生活社會行動儀式行爲的基礎⑩。這也是我給神話材料所下的第三個標準。

從商周文獻裏找：合乎這三個條件的材料，我們就可以把它當作神話的材料，否則就不。說來這些"標準"好像有些含糊，有些飄蕩，但在實際上應用起來則是非常清楚明白的。開天闢地的故事顯然是神話故事，而中國上古這些故事並不多見。常見的是聖賢英雄的事迹；這些事件只要是帶有"超凡"的涵義，同時在商周的社會中又有作爲行爲之規範的功能，則我們就把它看做神話的材料。在下文對商周的神話具體的敍述中，什麼是商周神話，就將表露得清楚明白。事實上，當我們選擇神話材料的時候，很少會有猶移的決定。

從本文所用的神話之選擇標準——事實上也與其他學者選擇

---

⑩ David Bidney, *Theoretical Anthropology* (Columbia University Press, 1953), pp. 294, 297; Read Bain, "Man, the myth-maker", *The Scientific Monthly,* Vol. 65, No. 1, (1947), p. 61.

其他民族或文明的神話之標準極相近或甚至於相同——看來，我
們很清楚地就看出何以神話的研究引起許多學科的共同興趣。首
先，任何的神話都有極大的"時間深度"；在其付諸記載以前，
總先經歷很久時間的口傳。每一個神話，都多少保存一些其所經
歷的每一個時間單位及每一個文化社會環境的痕迹。過了一個時
間，換了一個文化社會環境，一個神話故事不免要變化一次；但
文籍中的神話並非一連串的經歷過變化的許多神話，而仍是一個
神話；在其形式或內容中，這許多的變遷都壓擠在一起，成爲完
整的一體。因此，對歷史變遷有興趣有心得的學者，以及對社會
環境功能有興趣有心得的學者，都可以在神話的研究上找到他們
有關的材料與發揮各自特殊的心得。同時，就因爲神話的這種歷
史經歷，它一方面極尖銳地表現與反映心靈的活動。另一方面又
受社會文化環境的極嚴格的規範與淘汰選擇。完備而正當的神話
研究，因此，必須是心體二者之研究，兼顧心靈活動與有機的物
質關係，兼顧社會的基本與文化的精華。照我個人的管見，神話
不是某一門社會或人文科學的獨佔品，神話必須由所有這些學問
從種種不同的角度來鑽研與闡發。因此我也就不能同意若干學者
(11) 對過去神話研究之"單面性"的批評：神話的研究只能是單面
性的(12)。

---

(11) Ihan H. Hassan, "Toward a Method in Myth", *Journal of American
　　 Folklore*, Vol. 65, (1952), p. 205; Richard Chase. *Quest for Myth* (Baton
　　 Ronge, Louisiana State University Press, 1949); E. Cassirer, *Myth of
　　 the State* (London, 1946), p. 35.

(12) Joseph Campbell, *The Hero with a Thousand Faces* (New York, Pantheon
　　 Books, 1949), p. 381.

　　因爲有這個悲觀式的看法，我要在這裏趕快強調：本篇各文的研究多是單面性的研究。在這裏我只提出下面的幾個問題以及自己對這些問題所作的解釋，而沒有解決其他問題的野心：我們對商周文獻中神話的資料可以作怎樣的研究？這些研究對先殷文化史及商周文化史可有何種的貢獻？商周神話研究與商周考古研究可以如何互相發明輔翼？爲了試求這些個問題的解答，下文的研究自然要受到資料與方法兩方面的限制。因此，在提出本文之研究內容以前，我們不得不先把資料的性質以及方法論上的若干基本問題作一番初步的說明。

　　本文所討論的資料的時代爲商周兩代 ； 周代包括西周與東周。傳統的古史年代學上商周二代的年代分別爲1766～1122，及1122～221 B. C.。近年來學者之間對商代始終之年頗多異議，但似乎還未達到公認的定論。商周二代自然都是有文字紀錄的文明時代，並且大致言之都是考古學上的所謂青銅時代，雖然自春秋末年以後鐵器已經大量使用。

　　商周二代的所謂“文字記錄”，照我們對當時文明的理解來推論，大部分是書之於竹或木製的簡册之上(13)。這些商周的簡册

---

(13) 參看 T. H. Tsien(錢存訓)，*Written on Bamboo and Silk, the Beginnings of Chinese Books and Inscriptions* (The University of Chicago Press, 1962)；陳槃，≪先秦兩漢簡牘考≫，≪學術季刊≫，第１卷第４期 (1953)，頁1-13；陳槃，≪先秦兩漢帛書考≫，≪中央研究院歷史語言研究所集刊≫，第24期 (1953)，頁185-196；容庚，≪商周彝器通考≫，(北平，哈佛燕京學社，1941)；李書華，≪紙未發明以前中國文字流傳工具≫，≪大陸雜誌≫，第９卷第６期，(1954)，頁165-173；孫海波，≪甲骨文編≫，(北平哈佛燕京學社，1934)，及金祥恒，≪續編≫ (1959)。

今日所存的極爲罕少；而所存者其所包含的歷史材料爲量又極爲
有限。在商代，文字亦書之於占卜用的甲骨上，常包含不少商代
文化社會上的資料，尤以宗敎儀式方面的爲多；這種甲骨文字在
西周以後就行衰落，迄今很少發現。商周兩代的銅器亦常鑄有文
字，多爲頌聖紀功記錄賞賜的詞句，但各代文字的內容頗有不
同，所包括的歷史資料之量亦因代而異。除了這三種最常見的文
字記錄——簡冊、甲骨、吉金——以外，商周文字有時亦書寫在
其他物事之上，如陶器、獸骨，及紙帛，但這類文字所存尤少。
除文字記錄以外，古人直接留下來的史料自然以考古學家所研究
的對象——遺迹遺物——爲大宗，而其中也有若干相當直接的表
達古人的思想觀念，尤其是宗敎神話方面的思想觀念，如靑銅器
或陶器上的裝飾藝術。

　　專就神話的研究來講，我們的資料很少來自這些古人直接記
錄其上的文字典籍；我們所知的商周神話，絕大多數來自紙上的
史料——這些史料在商周時代爲口傳及手繪，而傳到後代爲後人
書之於紙或刊之於梓。我們今日將這些紙上的史料當做商周的史
料來研究，就不得不涉及它們的年代問題以及眞僞問題。不用
說，這些問題有不少是未解決的，而且有許多也許是解決不了
的。

　　再專就神話的研究來講，我們也許可以把古書之眞僞及其年
代問題分爲兩項大問題來討論：㈠世傳爲商周的文獻是否眞爲商
周文獻，其在商周二代一千五百年間的年代先後如何？㈡東周以
後的文獻是否有代表先秦史料而晚到東周以後才付諸載籍的？這
兩項問題看來簡單，但每一個古代史的學者無不知其複雜與聚訟

紛紜。我自己對古書之眞僞及其年代考這一個題目，尤是外行。
讓我們先來看看，在這個大問題之下有些什麼事實，而這些事實
包括些什麼較小的問題(14)。

　　在現存的歷史文獻中　，　眞正的商代文獻恐怕是不存在的。
《書經》裏的《湯誓》、《盤庚》、《高宗肜日》等歷來認爲是
商代的幾篇，至少是非常的可疑。其中或許有少數的句子，或零碎
的觀念，代表商代的原型，但其現存的形式無疑是周人的手筆。
《詩經》裏的《商頌》多半是東周時代宋國王公大夫的手筆，所
包含的內容也許不無其子姓祖先的遺訓，但其中的資料自然最多
只能當做支持性的證據來用。因此，要研究商代的宗教和神話，
我們非用卜辭來做第一手的原始資料不可。比起商代來，西周的
情形好不了多少。《書經》裏少數的幾篇和《詩經》中的一小部
分（尤其是《雅》）多半可以代表這個時代的眞實文獻。除此以
外，西周的史料則零零碎碎而不盡可靠。商代的卜辭到西周又成
了絕響。幸而西周時代頗有幾篇金文可用，可以補文獻資料之不
足。在商與西周二代，我們研究神話所用的資料，就只限於這幾
種。讀者或覺此種限制失之太嚴。誠然；但嚴格精選的資料，可
信性高，談起來我們可以富有信心。揀下來的次一等的資料，也
許可以做輔助之用。

　　到了東周，尤其是戰國時代，我們可用的資料在數量上陡然
地增加。在諸子（尤其是《論語》、《老子》、《莊子》、及
《孟子》）、《詩》、《書》、《春秋三傳》（尤其《左傳》）、

(14) 關於古書的眞僞及其年代問題的主要參考著作，在此無法一一列舉。下文除特別
　　的說法以外，其出處概不列舉。

《國語》，及《楚辭》中，可以確信爲先秦時代的部分很多，其中又有不少富有神話的資料。《山海經》、《三禮》、和《易》，尤有很多先秦宗教與神話的記載。《史記》常用的《世本》顯然是本先秦的書，雖然泰半佚失，仍有不少輯本可用。晉太康間河南汲縣魏襄王冢出土的簡册，包括《周書》（《逸周書》）、《紀年》、《瑣語》，及《穆天子傳》等，固然也多半不存，所謂 "古本" 的輯文也未必代表先秦的本貌，而現存諸書中無論如何一定包括不少先秦的資料。

東周時代神話研究資料之陡然增加，固然是一件令人興奮的事實，卻也帶來一件不小的令人頭痛的問題。這個問題在我們討論東周以後的文獻資料——其中包含先秦文獻所無的神話資料尤多——時，就更爲顯明。這一問題已在上文略略提到：若干商與西周時已經流行的神話到了東周方才付諸記錄的可能性如何？若干商周兩代已經流行的神話到了漢代方才付諸記錄的可能性又如何？換言之，我們是否可以東周的文獻中所記的部分資料當做商或西周的神話來研究？又是否可以把東周以後的若干新資料當做商周的神話來研究[15]？要回答這些問題，我們顯然要把有關的典籍拿出來逐一的討論。一般而言，我們的回答似乎不出下面的三者之一：

(15) 見沈雁氷，《中國神話研究》，《小說月報》第16卷第 1 期，(1925)，頁22；Bernhard Karlgren, "Legends and Cults in Ancient China", *Bulletin of the Museum of Far Eastern Antiquities,* No. 18 (1946); 及 W. Eberhard 對 Karlgren 一文之 *Review* (*Artibus Asiae,* Vol. 9, [1946] pp. 355-364,) 中之討論與辯論。

㈠商與西周之神話始見於東周者，及商周之神話始見於秦漢者，爲東周與秦漢時代的僞作，適應當時的哲學思想與政治目的而產生，因此不能爲商與西周之史料。

㈡東周以後文字與知識普及，文明版圖擴張，因此下層階級與民間之神話以及若干四夷之神話到了東周時代爲中土載籍所收，其中包括不少前此已經流傳的故事，因此可爲前代神話資料之用。

㈢不論後代所記之神話爲當代之僞作或爲前此口傳故事之筆述，東周時代付諸記錄之神話無疑爲東周時代流行之神話，而可以作爲──且應當做爲──東周時代之神話加以研究。這些神話是否在東周以前已經有了一段口傳的歷史，對東周本身神話之研究無關，而對東周以前神話之研究的貢獻亦在可疑之列。

上述三種可能的答案之中，第㈢顯然是我的選擇。這種選擇無疑代表一種個人的偏見，但我對這種偏見可以加以下述的解釋。

最重要的一點是我同意大多數研究神話學者把神話當作文化與社會的一部分的觀念：神話屬於一定的文化與社會，爲其表現，與其密切關聯。譬如東周的神話在東周時代的中國爲中國文化活生生的一部分，而可以，甚至應當，主要當作東周時代中國文化之一部分加以研究。對商代的神話、及西周的神話，我們所取的態度也是一樣的。從現存的證據的肯定方面來說，我們就知道什麼是商、西周、與東周時代的神話資料。這三段時期的神話資料多半不完備，不能代表當時神話的全部；任何時候如有新的資料可以利用，我們便加以利用，加以補充。新資料積到一種程度使我們非修改我們對當代神話的了解不可的時候，我們便作適

當的修改。假如我們採取"等待"的態度，也許我們就永遠不必
作古代神話的研究，因爲資料完備的那一天我們也許永遠等待不
到。後代的資料，對前代的神話，只有補充參考的價值，因爲前
代自有前代的資料，而後代的資料主要是後代神話的一部分。

其次，我們對於商周文化的發展，從考古資料與歷史資料爲
基礎，事實上已有了一個相當清楚的認識。我們在研究每一代的
神話時 ， 並非僅用當代的神話資料作孤立的研究 ， 而實際上對
每一個朝代的神話之文化與社會的背景已經有了相當的了解。假
如某一種神話在某一時期之缺如，在當時的文化社會背景來說是
"合乎時代潮流"的，而其存在則是在其文化社會背景上難以解
釋的，則其缺如多半就不是件偶然的現象。換言之，我們在作神
話史的解釋時，有文化史的一般基礎爲核對的標準，並不是在作
猜謎或是遊戲。

最後的一個理由，是商周神話史的本身，的確已有相當豐富
的材料，縱然這些資料絕非完備，而且事實上也永遠不會完備。
自商代開始，我們從文字記錄上已經可以看到一部商周文明各方
面的資料；固然各種文字記錄——典冊、卜辭、金文，以及其他
——保存的機會不等，專就其內容而言，我們實在沒有根據來主
張，保存下來的資料與未經保存的文獻，記錄全部不同的事件。
換言之 ， 我們沒有根據來主張 ： 現存的文獻多保存非神話的部
分，而佚失的文獻裏才有神話的記錄。在商周時代神話爲文化的
前鋒，其記錄發見於各種的典籍。現存史料中的神話資料很可能
卽代表當時社會上扮演重要作用的神話的一大部分。因此，現存
史料中特殊神話之"有無"本身卽具有極大的意義。

　　上文的說法，並非主張研究商周神話的資料在目前已經齊備了。事實上，如上文屢次強調，離齊備的一天還遠。但在最近的將來，大批新史料的出現，雖非絕無可能，似乎是頗爲渺茫的指望；同時，我相信，根據現有的資料我們已經可以把商周神話史作一個合理的解釋。

　　商周神話史包括的範圍甚廣，牽涉的資料亦多。本篇就上文所界說的商周神話資料作一歷史性的分類，下篇係對各類神話在商周二代之內的演變，作一個初步的詮釋。神話之分類，一如任何文化現象之分類[16]，可以從不同的標準，作不同的歸類，服用於不同之目的。本文分類的目的，是爲歷史解釋上方便而作的，在下篇的討論中可以明瞭。

　　我想把商周的神話分爲四類：自然神話、神仙世界的神話與神仙世界之與人間世界分裂的神話、天災的神話與救世的神話、及祖先英雄事蹟系裔的神話[17]。這四類神話之間的界限自然不能極清楚地完全分開，而相當程度的叠合是常規而非例外。下文把這四類神話分別敍述並討論其各自在商周史上出現的程序。

---

[16]　Clyde Kluckhohn, "The use of typology in anthropological theory", *Selected Papers of the Fifth International Congress of Anthropological and Ethnological Sciences*, Anthony F. C. Wallace ed. (University of Pennsylvania Press, 1960), p. 134.

[17]　關於中國神話的若干其他分類法，見沈雁冰，上引《中國神話研究》；玄珠，上引《中國神話研究ABC》；鄭德坤，《山海經及其神話》，《史學年報》，第1卷第4期，(1932)，頁134；出石誠彥，《支那神話傳說の研究》，(東京，中央公論社，昭和十八年)，頁18-63；森三樹三郎，《支那古代神話》，(京都大雅堂，昭和十九年)

一　自然神話

任何的古代文明都有其一套特殊的對自然界的觀念，但各文明之間之對自然界秩序的看法與將自然神化的方式，則各因其文化與社會的特徵而異，而且隨文化與社會之變化而變化。從殷商的卜辭與東周的文獻（如《周禮大宗伯》），我們對商周的自然秩序的觀念，頗有資料可供研究；而最要緊的一點，是在商周二代之內，自然觀念與和自然有關的宗教信仰與儀式行為上都發生了顯著的變化。這個問題我不想在此地詳述，但只想從自然神話上指出若干與本題有關的重要端倪出來。

商代卜辭中有對自然天象的儀式與祭祀的記錄，因此我們知道在商人的觀念中自然天象具有超自然的神靈，這些神靈直接對自然現象間接對人事現象具有影響乃至控制的力量。諸神之中，有帝，或上帝；此外有日神、月神、雲神、風神、雨神、雪神、社祇、四方之神、山神，與河神——此地所稱之神，不必是具人格的；更適當的說法，也許是說日月風雨都有靈（spirit）[18]。在商代的神話傳說中，也許這些自然神靈各有一套故事，但這些故事，假如曾經有過，現在多已不存。商代的自然觀念大體上為周人所承繼，如《詩經》與《周禮》中對自然諸神之記載所示。此外，星在周人觀念中也有神的地位[19]，而其在商代文獻中的缺如

---

[18]　陳夢家，《殷虛卜辭綜述》，(1956)，頁 561 以下；陳夢家，《古文字中之商周祭祀》《燕京學報》，第19期 (1936)，頁 91-155；陳夢家，《商代的神話與巫術》，《燕京學報》，第20期(1936)，頁485-576。

[19]　《詩小雅大東》："維天有漢，監亦有光，跂彼織女，終日其襄，雖則其襄，不成報章，睆彼牽牛，不以服箱"。

也許只是偶然的。商周兩代文獻中對這些自然神的神話，非常稀少，現存的只有有關上帝、帝廷、"天"的觀念，及日月神的零星記述。

卜辭中關於"帝"或"上帝"的記載頗多[20]。"上帝"一名表示在商人的觀念中帝的所在是"上"，但卜辭中決無把上帝和天空或抽象的天的觀念連繫在一起的證據。卜辭中的上帝是天地間與人間禍福的主宰——是農產收穫、戰爭勝負、城市建造的成敗，與殷王福禍的最上的權威，而且有降飢、降饉、降疾、降洪水的本事。上帝又有其帝廷，其中有若干自然神爲官，如日、月、風、雨；帝廷的官正攏統指稱時，常以五爲數。帝廷的官吏爲帝所指使，施行帝的意旨。殷王對帝有所請求時，決不直接祭祀於上帝，而以其廷正爲祭祀的媒介。同時上帝可以由故世的先王所直接晉謁，稱爲"賓"；殷王祈豐年或祈天氣時，訴其請求於先祖，先祖賓于上帝，乃轉達人王的請求。事實上，卜辭中上帝與先祖的分別並無嚴格清楚的界限，而我覺得殷人的"帝"很可能是先祖的統稱或是先祖觀念的一個抽象。在這個問題上，以後還要詳細討論。在這裏我們只須指出，商人的此種上帝觀念，並未爲西周全副照收。在周人的觀念中也有上帝，周人的上帝也是個至尊神，但周人的上帝與"天"的觀念相結合，而與先祖的世界之間有個明確的界線。

日、月之名，都見於卜辭爲祭祀的對象，但同時卜辭中又有

---

(20) 陳夢家上引諸著；又見胡厚宣，《殷卜辭中的上帝和王帝》，《歷史研究》，1959 (9,10)。

"東母"與"西母"[21]。《山海經》中上帝稱爲帝俊[22]，在帝俊
之諸妻中，有一個羲和，"生十日"（《大荒南經》），又有一個常
羲，"生月十有二"（《大荒西經》）。《楚辭》的《離騷》，有"吾
令羲和弭節兮，望崦嵫而勿迫"之句，是以羲和爲日神（王逸
《楚辭注》說羲和爲"日御"之說或爲後起），但《九歌》則稱
日爲"東君"。卜辭中的"西母"，或許就是東周載籍中所稱的
"西王母"，爲居於西方崑崙山中的一個有力的女王，與其月神的
本貌已經相差遙遠了。《山海經》裏的西王母，"其狀如人，豹
尾虎齒而善嘯，蓬髮戴勝，是司天之厲及五殘"（《西山經》），或
"梯几而戴勝杖，其南有三青鳥，爲〔其〕取食"（《海內北經》），
或"戴勝虎齒而豹尾，穴處"（《大荒西經》）。但穆天子傳裏的西
王母，則爲穆王"享於瑤池之上，賦詩往來，辭義可觀"（郭璞《
注山海經》序）。

　　上面所敍述的是商周文獻中所見的零星的關於自然世界的神
話，似乎是文明開始以前原始中國社會泛靈信仰的遺留與進一步
的發展。至于宇宙自然現象構成之來源的解釋，所謂"創世神
話"，則在東周以前的文獻中未存記錄。這一點反面的證據，絕
不足證明商殷與西周兩代對宇宙生成的來源不感覺興趣。但是這
種現象似乎正面的可以說明，這種興趣似乎到了東周時代才普遍

---

[21] 陳夢家上引《古文字中之商周祭祀》，頁122, 131-132。
[22] 玄珠上引《中國神話研究ABC》，下冊，頁86云："中國神話的「主神」，大概
　　就是所謂帝俊"。鄭德坤，上引《山海經及其神話》，頁146云："他（帝俊）
　　在人事界佔了很重要的位置，他的威權可以稱爲諸神之元首……可是他只見於山
　　海經而別處反不見"。此外又見郭沫若（《青銅時代》，〔重慶文治出版社，
　　1945〕，頁8-9）及徐炳昶（上引《中國古史的傳說時代》）二氏的討論。

的付諸記錄。爲什麼？這是個值得一問的問題。

在東周人的觀念中，宇宙在初形之時是一團混沌，無有邊際，無有秩序。《淮南子·精神篇》說："古未有天地之時，惟像無形，窈窈冥冥，芒芠漠閔，鴻濛鴻洞，莫知其門"的說法，固然是漢人的宇宙觀，但從《天問》"上下未形，何由考之，冥昭瞢闇，誰能極之"的兩問，可見在東周時代這種天地初爲混沌的說法已經占有很大的勢力。這種混沌的狀態之形成天地分明萬物俱立的自然世界，在東周的神話裏有兩種不同的解釋，我們姑稱之爲"分離說"與"化生說"。

分離說的原則是細胞分裂式的：原始的混沌爲"一"，"一"分裂爲"二"，"二"在若干文獻中稱爲陰陽。陰陽二元素再繼續分裂成爲宇宙萬物。這種宇宙創造的神話在世界各地分布甚廣，一般稱爲"世界父母型"（world parents)的神話，但在先秦的文獻中沒有這種神話的完整形式，雖然先秦諸子的哲學思想中頗富這類的觀念。《老子》說："道生一、一生二、二生三、三生萬物；萬物負陰而抱陽，冲氣以爲和"；《易繫辭》云："易有太極，是生兩儀，兩儀生四象，四象生八卦"。在這種哲學思想的後面，很可能的也有神話的支持；《天問》說："陰陽三合，何本何化？"《莊子應帝王》有儵忽二帝爲混沌開竅的寓言，也許都可表示若干的消息。《天問》中又提到天以八柱或鼇鼇負天蓋之事："斡維焉繫，天極焉加，八柱何當，東南何虧？""鼇戴山抃，何以安之？"都表現東周時代對天地組織的神話觀念。這些零星的東周時代的分離說的宇宙形成與組成的神話，在漢代及三國的文獻中發展成完整的世界父母型神話，如伏羲女媧

傳說⒀，及盤古開天闢地傳說⒁。至於這種神話的成分在商與西
周時代是否存在，是個目前不易解答的問題。世界父母型神話在
世界分布之廣⒂，或表示其起源時代之古；商代安陽西北岡殷王
大墓出土木雕中有一個交蛇的圖案⒃，似乎是東周楚墓交蛇雕像
與漢武梁祠伏羲女媧交蛇像的前身。

　　化生說則在東周文獻中比較多見；但這種神話所解釋的宇宙
形成經過只是比較個別的現象。其主要內容是說若干自然現象是
由一個神秘的古代生物身體之諸部分化生而成的。≪山海經≫裏
提到三種這類的神物：㈠燭陰：「鍾山之神，名曰燭陰，視爲
晝，瞑爲夜，吹爲冬，呼爲夏，不飲不食不息，息爲風，身長千
里，在無晵之東；其爲物，人面蛇身，赤色，居鍾山之下」(≪海
外北經≫)。㈡燭龍：「西北海之外，赤水之北，有章尾山，有神
人面蛇身而赤，直目正乘，其瞑乃晦，其視乃明，不食不寢不
息，風雨是謁，是燭九陰，是謂燭龍」(≪大荒北經≫)。≪天問≫也
說：「日安不到，燭龍安照？」㈢女媧：「有國名曰淑士，顓頊
之子，有神十人，名曰女媧之腸（或作腹），化爲神」。

　　在≪山海經≫中女媧雖然未嘗化生爲自然現象，但由≪天

⒀ 聞一多，≪伏羲考≫，≪神話與詩≫，(1956)，頁3-68。

⒁ ≪太平御覽≫卷二引徐整≪三五歷記≫："天地混沌如雞子，盤古生其中，萬八
　千歲，天地開闢，陽清爲天，陰濁爲地，盤古在其中，一日九變，神於天，聖於
　地，天日高一丈，地日厚一丈，盤古日長一丈，如此萬八千歲，天數極高，地數
　極深，盤古極長，故天去地九萬里"。

⒂ Anna B. Rooth, "The Creation Myths of the North American Indians".
　 Anthropos Vol. 52, No. 3/4(1957), p. 501.

⒃ Li Chi, *The Beginnings of Chinese Civilization* (Seattle, the University
　 of Washington Press, 1957), p. 26.

問≫"女媧有體，孰制匠之？"來看，女媧對世界或人類的產生
必曾有過相當重要的貢獻。東漢應劭≪風俗通義≫說女媧搏黃土
作人；許愼≪說文≫說"媧，古神聖女，化萬物者也"，似乎
都代表東周化生說宇宙神話的殘留。三國時代所記盤古"垂死化
身"的故事，便是這一系神話發展完全的形式[27]。

二　神仙世界及其與人間世界分裂的神話

歷殷周兩代，歷史文獻中都有關于一個神仙世界的神話；與
這種神話一起的還有關于生人或先祖之訪問這個世界的信仰。但
是，在早期這個訪問，或人神之交往，是個輕而易舉的舉動；時
代越往後，神仙世界越不易前往，甚至完全成爲不可能之事。

如上所述，卜辭中稱先祖之謁上帝爲賓；事實上先祖亦可以
賓於自然界諸神[28]。這種現象，一直到東周的文獻中仍可見到：
≪堯典≫說堯"賓于四門"；≪孟子萬章≫說"禹尙見帝……迭
爲賓主"；≪穆天子傳≫卷三說"天子賓於西王母"。尤其重要
的一段神話是關於啓的；≪山海經大荒西經≫：

> 赤水之南，流沙之西，有人珥兩青蛇，乘兩龍，名曰夏
> 后開。開上三嬪于天，得九辯與九歌以下。此穆天之
> 野，高二千仞，開焉得始歌九招。

---

[27]　≪繹史≫卷一引徐整≪五運歷年記≫："首生盤古，垂死化身，氣成風雲，聲和
雷霆，左眼爲日，右眼爲月，四肢五體爲四極五嶽，血液爲江河，筋脈爲地理，
肌肉爲田土，髮髭爲星辰，皮毛爲草木，齒骨爲金玉，精髓爲珠石，汗流爲雨
澤，身之諸蟲爲風所感化爲黎虻"。≪廣博物志≫卷九引≪五運歷年記≫："盤
古之君，龍骨蛇身，噓爲風雨，吹爲雷電，開目爲晝，閉目爲夜"。

[28]　陳夢家，上引≪綜述≫，頁573；≪古文字中之商周祭祀≫，頁122。

所謂 "九辯九歌"，卽是儀式上的禮樂，而這個神話是中國古代神話很罕見的一個 Malinowski 所謂的 "執照" (charter) 的例子。《楚辭天問》說："啓棘賓商（帝），九辯九歌"。郭璞《注山海經》引《竹書》也說："夏后開舞九招也"。

　　東周的文獻中，除了這種人神交往的神話之外，還有不少關於一個與凡俗的世界不同的世界的記錄；這個世界常常是美化了與理想化了的，爲神靈或爲另一個境界中的人類所占居，偶然也可以爲凡人所達。這種美化的世界似乎可以分爲三種：

　　其一爲神仙界，如《天問》、《穆天子傳》、《九章》，以及《淮南子》之類的漢籍所敍述的 "崑崙" 與 "懸圃"。《穆天子傳》說："春山之澤，清水之泉，溫和無風，飛鳥百獸之所飲食，先王之所謂縣圃"。凡人可能登達到這種仙界中去，有時藉樹幹之助，而一旦進入，可以 "與天地兮同壽，與日月兮同光" (《九章·涉江》)。《淮南子·地形篇》分此一世界爲三層："昆崙之丘，或上倍之，是謂涼風之山，登之而不死；或上倍之，是謂懸圃，登之，乃靈，能使風雨；或上倍之，乃維上天，登之乃神，是謂太帝之居，扶木在陽州，日之所曊；建木在都廣，眾帝所自上下"。這最後一句中，頗得 "扶木" 與 "建木" 在這一方面所扮的作用。

　　其二爲遠方異民之國，如《山海經》之载民之國（《大荒南經》）、沃之國（《大荒西經》）與都廣之國（《海內經》），及《列子》中的終北之國與華胥氏之國。這些遠方異民之國都是一種樂園 (paradise)，其民生活淳樸，和平逸樂，享樂於自然與百獸[29]。

[29]　玄珠，上引《中國神話研究ABC》，上冊，頁99-105。

其三爲遠古的世界；此一世界與當代之間隔以無限的時間深
度，一如上一世界與當代之間隔以無限的空間距離。這些深度與
距離都不是可以測量的，或遠或近，而其爲另一世界是代表種類
與品質的一個絕對的變化。這種遠古的世界見於不少的東周的子
書，如《莊子·盜跖》、《莊子外篇·胠篋》、《商君書畫策》、
《商君書開塞》，與《呂氏春秋·恃君覽》；其中最爲人所稱
道的是《莊子外篇·胠篋》的一段："昔者，容成氏、大庭氏、
伯皇氏、中央氏、栗陸氏、驪畜氏、軒轅氏、赫胥氏、尊盧氏、
祝融氏、伏戲氏、神農氏；當是時也，民結繩而用之，甘其食，
美其服，樂其俗，安其居，鄰國相望，雞狗之聲相聞，民至老死
而不相往來。"東周人之設想此種遠古的社會，很可能借用了民
間關於古代生活的傳說來作一個範本；在這裏我們要強調的，是
這一個古代的世界也是代表一個東周人設想中的樂園，與當代的
文化社會生活有天淵之別。

上面引述的這些東周文獻中對于"另一個世界"的神話描寫
的意義，我們可以用另一個東周時代的神話來點破；這卽是重黎
二神將神仙世界與人間世界分隔開來的神話。這個神話在東周古
籍中見於三處。《山海經·大荒西經》：

> 大荒之中有山名曰日月山，天樞也，吳姖天門，日月所
> 入。有神人面無臂，兩足反屬於頭。山名曰噓。顓頊生
> 老童、老童生重及黎。帝令重獻上天，令黎邛下地，下
> 地是生噎，處於西極，以行日月星辰之行次。

《書呂刑》：

> 苗民弗用靈，制以刑，惟作五虐之刑曰法，殺戮無辜…

…皇帝哀矜庶戮之不辜，報虐以威，遏絕苗民，無世在下，乃命重黎，絕天地通。

《國語·楚語》：

昭王問於觀射父曰 ： 周書所謂重黎實使天地不通者何也？若無然，民將能登天乎？對曰：非此之謂也。古者民神不雜，民之精爽不攜貳者，而又能齊肅衷正，其智能上下比義，其聖能光遠宣朗，其明能光照之，其聰能聽徹之；如是，則明神降之，在男曰覡，在女曰巫。是使制神之處位次主，而爲之牲器時服，而後使先聖之後之有光烈，而能知山川之號，高祖之主，宗廟之事，昭穆之世，齊敬之勤，禮節之宜，威儀之則，容貌之崇，忠信之質，禋絜之服，而敬恭明神者，以爲之祝，使名姓之後，能知四時之生，犧牲之物，玉帛之類，采服之儀，彝器之量，次主之度，屏攝之位，壇場之所，上下之神，氏姓之出，而心率舊典者，爲之宗。於是乎，有天地神民類物之官，是謂五官，各司其序，不相亂也。民是以能有忠信，神是以能有明德，民神異業，敬而不瀆，故神降之嘉生，民以物享，禍災不至，求用不匱。及少暤之衰也，九黎亂德，民神雜揉，不可方物，夫人作享，家爲巫史，無有要質，民匱于祀，而不知其福，烝享無度，民神同位，民瀆齊盟，無有嚴威，神狎民則，不蠲其爲，嘉生不降，無物以享，禍災薦臻，莫盡其氣。顓頊受之，乃命南正重司天以屬神，命火正黎司地以屬民，使復舊常，無相侵瀆，是謂絕天地通。

這個神話的意義及其重要性，以後將有詳細的討論。但在這裏，有幾點不妨提出來一說，以作本題下面所敍述的這一方面的神話資料上若干問題的澄清。第一點我們可以馬上指出來的，卽在商周儀式上，假如不在商周觀念上，人神之交往或說神仙世界與人間世界之間的交通關係，是假藉教士或巫覡的力量而實現的。在商人的觀念中，去世的祖先可以直接到達神界；生王對死去的祖先舉行儀式，死去的祖先再去賓神，因此在商人的觀念中，祖先的世界與神的世界是直接打通的，但生人的世界與祖先的世界之間，或生人的世界與神的世界之間，則靠巫覡的儀式來傳達消息。但東周時代的重黎神話，說明祖先的世界或是人的世界都需要靠巫覡的力量來與神的世界交通，因此代表商周神話史的一個關鍵性的轉變，卽祖先的世界與人的世界爲近，而與神的世界直接交往的關係被隔斷了。它進一步的說明東周時代的思想趨勢是使這神仙的世界 "變成" 一個不論生人還是先祖都難以達到的世界，另一方面使這個世界成爲一個美化的樂園，代表生人的理想。

三　天災與救世的神話

上面已經說明，商人的宇宙觀裏，神的世界與人的世界在基本上是和協的，甚至于在若干方面是重叠、符合的。祖先和神屬於一個範疇，或至少屬於二個大部分互相重叠的範疇。在西周時代，這種觀念已經開始變化，到了東周，則祖先的世界與神仙的世界在概念上完全分開。不但如此，祖先與人的世界和神的世界，不但分開，而且常常處於互相對立衝突的地位。神的世界，旣有至尊的上帝在內，又控制人間依以求生的自然現象，乃有超

於人間世界之上的權威與神力，但是在東周的神話裏，已經表示
對上帝或其神仙世界的權威加以懷疑或甚至挑戰的思想。人之與
神爭，敗者多是人，但也有的時候人能取得相當程度的勝利。不
論勝負的結果如何，東周神話中之有這種思想出現，便在本身上
是件極其值得注意的事實。

　　例如《山海經》裏有夸父的故事：“大荒之中有山名曰成都
載天；有人珥兩黃蛇，把兩黃蛇，名曰夸父。后土生信，信生夸
父。夸父不量力，欲追日景，逮之於禺谷，將飲河而不足也，將
走大澤，未至，死於此”（《大荒北經》）；“夸父與日逐走，入日，
渴欲得飲，飲於河渭，河渭不足，北飲大澤，未至道渴而死”
（《海外北經》）。又有刑天的故事：“刑天與帝爭神，帝斷其首，葬
之常羊之山，乃以乳為目，以臍為口，操干戚以舞”（《海外西經》）。
這都是與神爭而敗的例子。

　　《史記》裏又記有“射天”的故事：“帝武乙無道，為偶
人，謂之天神，與之搏，令人為行，天神不勝，以僇辱之。為革
囊盛血，仰而射之，命曰射天。武乙獵於河渭之間，暴雷，武乙
震死”。（《殷本紀》）“偃自立為宋君，君偃十一年自立為王……
乃以齊魏為敵國，盛血以革囊，縣而射之，命曰射天。淫於酒婦
人，羣臣諫者輒射之，於是諸侯皆曰桀宋”（《宋微子世家》）。照我
們對殷人天道觀的了解，武乙射天辱神的行為是不可理解的；說
這是東周時代的舉動，倒是很有可能。《史記》雖是漢籍，這兩
段所代表的觀念倒未必不可以追溯到東周。

　　這類人神之爭的例子，可以再舉共工。《淮南子天文篇》：
“昔者共工與顓頊爭為帝，怒而觸不周之山，天柱折、地維絕，

天傾西北，故日月星辰移焉，地不滿東南，故水潦塵埃歸焉"。
≪原道篇≫："昔共工觸不周之山，使地東南傾，與高辛爭爲
帝，遂潛于淵，宗族殘滅"。這固是漢代的記載，而≪天問≫所
云："八柱何當，東南何虧？"與"康回憑怒，墜，何故以東南
傾？"可證東周時代已有類似的傳說。

　　人神之爭以外，東周的神話又有很多天災地變而英雄救世的
故事。在這種故事的背後，似乎有這樣一種思想：天是不可靠
的；它不但遙遠爲人所不及，不但可以爲人所征，而且常常降禍
於人，而解救世界災難人間痛苦的，不是神帝，而是祖先世界裏
的英雄人物。天災之起，有的是上帝對人間惡行的懲罰，但也有
時並無原因解釋。天災的種類繁多，如"天雨血，夏有冰，地坼
及泉，青龍生於廟，日夜出，晝日不出"（≪通鑑外紀≫一引≪紀年≫）
如"龍生廟，夏木雨血，地坼及泉，日夜出，晝不見"（≪路史≫
後記十二注引紀年，墨子言）；如"猰貐、鑿齒、九嬰、大風、封豨、
修蛇，皆爲民害"；（≪淮南‧本經≫）如"猛獸食顓民，鷙鳥攫老
弱"（≪淮南‧覽冥≫）；如"草林暢茂，禽獸繁殖，五穀不登，禽
獸偪人，獸蹄鳥迹之道交於中國"（≪孟子‧滕文公≫）。但最嚴重，
在神話中最強調的天災有兩種：旱魃與洪水。

　　旱水兩災是中國有史以來最大的災害，其在神話中的出現從
一方面看是自然現象的反映。卜辭與周文獻中對這兩者都記載不
歇；≪左傳≫屢言"秋大水"；桓公元年傳："凡平原出水爲大
水"，語氣之下似是司空見慣不足爲奇之事。但是值得我們注意
的，是東周的神話以此種災害爲題材來表露人神關係的思想。

　　旱災的神話有黃帝女魃之說，但最常見的是十日神話。東周

的文獻裏沒有十日神話的全形，但有零星的記錄；如《莊子齊物論》："昔者十日並出，萬物皆照"。《山海經海外東經》注等引《紀年》："天有妖孽，十日並出"。《通鑑外紀》二引《紀年》："十日並出"。《山海經海外東經》："黑齒國，……下有湯谷，湯谷上有扶桑，十日所浴"。《楚辭招魂》："十日代出，流金鑠石些"。《海內經》："帝俊賜羿彤弓素矰，以扶下國"。《天問》："羿焉彃日，烏焉解羽？"這些零碎的記載，似乎可以湊成《淮南本經》"十日並出，焦禾稼，殺草木，而民無所食……堯乃使羿……上射十日"這個完整的神話之在東周時代的原型。十日的故事與羿的故事，或許各有不同的歷史。《山海經》上說十日與十二月，左傳昭公元年說"天有十日"，杜注曰："甲至癸"，可見十日之說或與古代曆法有關。羿為古之射手，見於《孟子離婁》，《海內經》，與《左傳》襄公四年少康中興故事。同時，不少的學者主張射日的神話與日食、祭日、與救日的儀式有關[30]。但不論這個神話構成單元的來源如何，在東周時代這些單元結合成為一個天災與救世的母題，而不妨從這一個意義上加以理解。

東周的神話中對于水災的來源也有種種不同的解釋。《孟子滕文公》以"洪水橫流，氾濫於天下"為"天下未平"的原始狀態；但《國語周語》說是共工為害所致。救洪水之患的英雄，衆

---

(30) 貝塚茂樹，《龜卜と筮》，《京都東方學報》，第19卷 (1947)，頁 4；杉本直治郎，御手洗勝，《中國古代における太陽說話について》，《民族學研究》，第19卷第3-4期，(1951)。

知爲鯀或禹，不必舉例證明[31]。但《山海經海內經》有一段話很值得注意："洪水滔天，鯀竊帝之息壤以堙洪水，不待帝命，帝令祝融殺鯀於羽郊"。似乎鯀救民心切，偸了上帝的息壤；上帝有此寶物不但不用以救民而且殺鯀以使之不成，好像是故意與人爲難。

　　由這些例子裏，我們可見在東周的神話中上帝與其神界有時被描寫成人間世界的對頭；人可以與神爲敵，而且有時立於不敗；神常致患於人，而人能拯救世界，驅退天患。也許有人要說：救世的禹與羿，其實也都是神，或是神所"降"，所以他們之救世並非人力而仍是神力。禹與羿爲神爲人的問題，此地暫且不論；從下面卽依討論的資料上看，他們都是先祖，在東周的觀念中屬於祖先的世界而不屬於神的世界。

四　英雄世系

　　上面所敍述的三類商周神話都是與宇宙之形成，起源，及變化有關的。商周的這一類的神話或非上述的資料可以包括殆盡，但上述的類型可以說是包括了所有的已知的神話在內。對古代其他文明的神話多少有些知識的人，多半都同意，中國古代對於自然及對於神的神話，比起別的文明來，要顯得非常的貧乏[32]。而且所有的這些，又多半是由於其牽涉到人間的世界才被付諸記述的。這種現象是個很有意義的事實，歷來的學者對之也有不少的

---

(31)　顧頡剛，《洪水之傳說及治水等之傳說》，《史學年報》第2期 (1930)，頁61-67；趙鐵寒，《禹與洪水》，《大陸雜誌》第9卷第6期，(1954)。

(32)　玄珠，上引《中國神話研究ABC》，上冊，頁7-8。

解釋，我們且留到下面再談。

商周神話除了上述者以外，還有一大類，卽所謂英雄神話 (hero myths)。這一方面的資料，比起前者來，要豐富得多；事實上，文獻中英雄的名字多到無法整理，收拾的程度，因爲與個別的名字有關的故事則保存的較爲有限。大多數研究中國神話的學者都相信，有很多的古代英雄是更早先時候的神或動植物的精靈人化的結果，所謂“神話之歷史化”（euhemerization）。神話之歷史化是在各國都有的一個程序，但在古代的中國特別的發達，而這也許就是關于自然與神的世界的神話不多的主要原因。

商周神話中的英雄故事，又可以分成兩個大類：㈠親族羣始祖誕生的神話，和㈡英雄的事迹及彼此之間的系裔關係的神話。這兩種神話的共同特點是“英雄卽是祖先”這一個基本的原則，所不同者，一個中的祖先與確實的特殊的親族羣有關，一個中的祖先是比較空泛而不著根的。

丁山說，從卜辭中他可以辨認出兩百以上的氏族來，各有其不同的“圖騰”[33]。我們也許不能接受他所舉的全部族名，但是我們沒有理由懷疑，在商代的中國有許許多多不同的親族羣，可以適當的稱之爲民族學上的氏族（clan, sib, gens）的。我們不知道這許許多多的氏族是否各有其特殊的“圖騰”，但是我們多半可以相信，每一個氏族都各有其自己的始祖誕生神話。在西周，從《逸周書世俘解》上的“憝國九十有九……服國六百五十有二”的統計來看，大概氏族的數目及其始祖誕生神話的數目也

---

[33] 丁山，《甲骨文所見氏族及其制度》，（1956），頁32。

不在少數。事實上，我們頗有理由可以相信，商周之初年神話裏
最盛的就是花樣繁多的各種族原的神話。顧頡剛說：

> 我以爲自西周以至春秋初年，那時人對於古代原沒有悠
> 久的推測。商頌說：“天命玄鳥，降而生商”，大雅說：
> “民之初生，自土沮漆”，又說：“厥初生民，時維姜
> 嫄”。可見他們只是把本族形成時的人作爲始祖，並沒有
> 很遠的始祖存在他們的意想之中。他們只是認定一個民
> 族有一個民族的始祖，並沒有許多民族公認的始祖[34]。

顧先生說這話的當時，民國十二年，學術界還未公認殷商時代的
存在；我們現在可以把上文“西周”二字改爲“殷商”。但是，
在殷商與西周兩代的許多氏族始祖誕生的神話中，今天在文獻中
存錄下來的，只有兩個，即商的子姓與周的姬姓的始祖誕生神
話。顯然這是因爲子姬兩姓是商與西周的統治氏族的緣故。

　　子姓氏族始祖的起源神話，在東周的典籍如《詩商頌》及
《楚辭》的《天問》和《離騷》中都有詳細的記錄。大致的故事，
大家熟知：簡狄爲有娀氏女，因與鳥的接觸而懷孕生契，爲商子
之始祖。懷孕的經過，其說不一。或說玄鳥使簡狄懷孕，或說簡
狄吞鳥卵而有孕。“鳥”皆稱爲“玄鳥”，傳統的解釋，是燕；
《說文燕部》：“燕，玄鳥也”。但郭沫若及少數其他學者認爲
玄鳥之玄，非指黑色，乃是神玄之意；玄鳥卽鳳。郭氏更主張，
不論燕也好，鳳也好，神話中之鳥都是《水滸傳》李逵口中所說
之鳥[35]。這種說法，也許不無道理，從佛洛依德的著作中可以得

---

(34)　顧頡剛，上引《古史辨》卷 1，頁61。

(35)　郭沫若，上引《青銅時代》，頁11。

到印證，但這是題外之話。除此以外，各神話中又指明簡狄與上
帝或帝嚳的關聯。《商頌長發》說：＂帝立子生商＂，而《玄
鳥》說：＂天命玄鳥，降而生商＂；東周時代之天卽是上帝，這
在上文是已經說明了的。《楚辭》也說：＂簡狄在臺嚳何宜，玄
鳥致貽女何喜？＂(《天問》)＂高辛之靈盛兮，遭玄鳥而致貽＂(《九
章思美人》)。從這些東周的材料上，我們可以看出，商子的祖先
是簡狄與玄鳥接觸所生，而簡狄或玄鳥與上帝或其人化的帝嚳有
關。商頌一般同意是春秋宋人所作[36]，宋為子姓，商之遺民；
而楚辭產生其中的楚文化，也有不少人相信曾遺承許多商的文化
[37]。因此，《商頌》與《楚辭》雖然都是東周的文學，其玄鳥的
神話則頗可能為商代子族起原神話的原型。不但如此，而且帝嚳
簡狄及娥的名字據說都見於卜辭，為殷人自己祈獻的對象，而且
殷金文的＂玄鳥婦壺＂又以玄鳥二字為族徽之用，因此關于上帝
與簡狄生子祖的神話在殷代已有的可能性是非常的大[38]。傅斯年
舉出不少的證據證明鳥生傳說或卵生傳說在古代東夷中非常的流
行，而東夷與商文化關係之密切又是大家都承認的[39]。

　　周姬始祖的誕生神話，則直接見於西周時代的文獻，卽《詩
大雅》的《生民》與《閟宮》[40]。《生民》云：＂厥初生民，時

(36) 王國維，《殷周制度論》，《觀堂集林》卷10，(1923)，頁24-25。

(37) 楊寬，《中國上古史導論》，載《古史辨》第7冊，(1941)，頁151-153。

(38) 楊樹達，《積微居甲文記》，《卜辭瑣記》，(1954)，頁32-33，40-41；于省
　　吾，《略說圖騰與宗教起源和夏商圖騰》，《歷史研究》，1959(11)，頁60-69。

(39) 上引傅斯年《夷夏東西說》；又見三品彰英，《神話と文化境域》，(昭和二十
　　三年，京都)。

(40) 顧頡剛，上引《古史辨》，卷1，頁61；聞一多，《姜嫄履大人跡考》，《神話
　　與詩》，(1956)，頁73-80。

維姜嫄，生民如何，克禋克祀，以弗無子，履帝武敏歆，攸介攸止，載震載夙，載生載育，時維后稷。誕彌厥月，先生如達，不坼不副，無菑無害，以赫厥靈，上帝不寧，不康禋祀，居然生子。誕寘之隘巷，牛羊腓字之，誕寘之平林，會伐平林，誕寘之寒冰，鳥覆翼之，鳥乃去矣，后稷呱矣"。《閟宮》云："赫赫姜嫄，其德不回……彌月不遲，是生后稷"。《生民》所記的，有兩點特別有趣，一是　履帝武敏歆"，一是誕生以後動物對他的保護。前一句話意義，雖不甚明，基本上與《史記周本紀》所說"履大人跡"是一回事。

如上文已提出，子姬兩姓的起源神話是商與西周兩代惟有的兩個氏族始祖神話之保存于文獻中的，雖然我們可以假定在這兩代除了子姬以外的氏族尚可以十百計。到了東周，英雄誕生的神話突然增加許多，而這些英雄之中有不少是被當作當時族羣的祖先的。在下文我將試求解釋其所以然之故。在此地我不妨先指出，東周文獻中的新的英雄誕生神話不外有下列的幾個來源。

第一個來源可能是商殷或西周已有的氏族始祖誕生神話，在商代及西周（就我們所知）未付諸記錄，而到了東周才被記載留存下來的。為什麼到了東周才見諸文字的原因可能很多，但我相信主要的原因有二：㈠文字的使用到了東周普遍化，不復為王族公族所專用；㈡姬族到了東周已經逐漸失去其在政治與文化上獨佔的權威，較小的氏族抬頭，將其族原神話付諸記錄以為其爭取政治地位的執照。後文對此還有討論。屬於這一類的神話，或者包括少皞氏的神話與所謂祝融八姓的傳說[41]。

　　第二個來源可能是在殷及西周為邊疆的蠻夷而到了東周被吸收容納到中原文明的氏族神話。上文已經說明，東周時代為中土文明大擴張的時代；不但與夷夏的接觸頻繁，不少在早先是"夷"的，到東周都成為正統文化的一部分，而他們的族原神話也就混入了東周的文獻。屬於這一類的，也許有伏羲氏的神話[42]。

　　第三個，同時也是最重要的一個來源，可能是古代以及當代的神物歷史化，人化，而形成的英雄先祖。一個最熟知的例子，就是黃帝；黃帝很可能就是上帝尊神的一個人化的形式，到了東周的文獻中如《國語》與《大戴禮》成為許許多多氏族的共同祖先。古史中的祖先人物原來是"神"，這個說法，本是顧頡剛[43]與馬伯樂[44]等提出來的。楊寬在《中國上古史導論》裏，孫作雲在一連串的論文[45]中，都提出豐富的證據證明那些古代的聖賢王臣

---

(41) 李宗侗，《中國古代社會史》，（中華文化出版事業委員會，1954），頁10-35；聞一多，《高唐神女傳說之分析》，《神話與詩》，頁81-116。

(42) 芮逸夫，《苗族洪水故事與伏羲女媧的傳說》，《國立中央研究院歷史語言研究所人類學集刊》第1期，(1938)。

(43) 顧頡剛，上引《古史辨》卷1。

(44) Henri Maspero，上引 *Journal Asiatique* 一文，又見 "Les Religions Chinoises", *Mélanges Posthumes sur les religions et l'histoire de la Chine*, I, (Musée Guimet, Paris, 1950), pp. 179-180.

(45) 孫作雲，《蚩尤考：中國古代蛇族之研究——夏史新探》，《中和月刊》2卷4期，頁27-50，5期，(1941) 頁36-57；《飛廉考：中國古代鳥氏族研究》，《華北編輯館館刊》，第2卷，3、4期，(1943)；《后羿傳說叢考》，《中國學報》，1卷3期，頁19-29，4期，(1944)，頁67-80，5期，頁49-66；《中國古代鳥氏族諸酋長考》，《中國學報》，第3卷第3期，(1945)，頁18-36；《說丹朱——中國古代鶴氏族之研究，說高蹻戲出於圖騰跳舞》，《歷史與考古》，第1號(1946，瀋陽)，頁76-95；《饕餮考——中國銅器花紋所見之圖騰遺痕》，《中和月刊》，第5卷，第1,2,3期，(1944)；《說羽人》，《國立瀋陽博物館籌備會彙刊第一期》，(1947)。

是那些神物變化出來的。楊寬的結論說：

> 吾人歸納言之，則古史中之聖帝賢臣，其原形如下：
>
> 1.本爲上帝者：帝俊帝嚳帝舜大皥顓頊帝堯黃帝泰皇。
>
> 2.本爲社神者：禹句龍契少皥后羿。
>
> 3.本爲稷神者：后稷。
>
> 4.本爲日神火神者：炎帝（赤帝）朱明昭明祝融丹朱雕兜關伯。
>
> 5.本爲河伯水神者：玄冥（冥）馮夷鯀共工實沈臺駘。
>
> 6.本爲嶽神者：四岳（太嶽）伯夷許由皋陶。
>
> 7.本爲金神刑神或牧神者：王亥蓐收啓太康。
>
> 8.本爲鳥獸草木之神者：句芒益象夔龍朱虎熊羆[46]。

楊寬的若干結論，卽若干古史人物之還原，也許不無問題，但我們對他的結論中由神變人的一個大原則則是不能不加以贊同的。下文卽將討論這種神話歷史化的因素。

從以上及其他可能的來源而產生的英雄先祖，在東周的文獻中眞有濟濟乎之盛。這些先祖，照許多文獻的解釋，又互相之間有直接間接的親戚關係。從《國語》、《世本》、與《大戴禮》關於帝系的記錄，我們可以作出整然有序的英雄族譜出來：契不僅是子姓之祖，棄不僅是姬姓之祖，二者還成了同父異母的兄弟，黃帝與嫘祖的後代。這些系裔關係從文末的幾個表上可以看得很清楚。好幾位前輩的學者，很嚴肅認眞的在東周文獻中的這些家譜上下功夫，把這些英雄先祖分成若干集團，把他們當作中

---

[46]　楊寬，上引《中國上古史導論》，序。

國先殷時代的幾個不同的民族看[47]。這一類的工作自然不失其重
要性，但就其目的來說，似乎是上了東周古人的一個大當。爲了
解釋這一點，我們便不能不了解東周時代神話人物轉化爲歷史人
物而且這些歷史人物又都發生了親戚關係的根本原因。下面一篇
文字的討論便集中在這些問題之上。

　　上文對於商周神話的分類的討論中，並沒有把有關的資料一
一徵引出來。我只選擇了一些重要的資料，在一個型式學的框架
之下描述了出來。但是所有在文獻中能够找到的商周神話之有相
當的實質內容而且又有重要的歷史意義的，上文的分類事實上都
已包含了進去；而且這裏的分類所依據的標準仍是神話本身的內
容與性質。所遺漏的資料，絕大部分都是只有斷簡殘篇，無法處
理的一些古人或神物的名字。就現存的文獻而言，商周兩代每一
個時期的神話大概都包括在上面了。

　　我們似可把商周兩代的神話史分爲三個大的階段：殷、西
周，和東周。商代的神話以氏族始祖之誕生，及自然神祇之組
織爲最主要的主題。始祖與神祇的分別並不明確，而其彼此的世
界互相重疊。神界的上帝至尊神或爲先祖的抽象觀念或與某一個
先祖相疊合。從現存的文獻上看，商代沒有宇宙起源的神話，沒
有神祖世界分離的神話，也沒有天災和救世的神話。或者換個說
法，即使這些神話在商代有過，他們在儀式上的重要性與普遍性
尚未大到在各種文獻中出現的程度。

　　西周的神話與殷代的差不太多；從文獻上看，西周也有氏族

──────────

[47] 上引徐炳昶《中國古史的傳說時代》，蒙文通《古史甄微》，孫作雲諸論文，及
　　W. Eberhard《古代中國之地方文化》。

始祖神話，及自然諸神之神話，而其他神話諸型則仍未出現。但是在商與西周的神話之間，有一點非常基本的分別：商人的觀念中祖先的世界與神仙的世界並未作清楚的分辨，而西周人則在這方面邁進了一步，把上帝及其神界放到一個新的範疇，即"天"，裏去，把人王當作"天子"，而不復把人王之先祖與上帝合而爲一。

　　東周（本文所說"東周"，多指春秋中葉以後，並非皆自平王東遷之年始；但爲說明敍述方便，即以"東周"概括之）的神話則自西周的基礎上又發生了一連串的劇烈變化：㈠先祖英雄神話在文獻陡然增加；㈡很多超自然世界中的神祇靈物"人化"爲傳說歷史上的英雄人物；㈢這些先祖英雄常互相有親戚關係，可以溯爲少數的幾個系譜；㈣先祖的世界與神的世界明確地分爲兩個不同的世界，各自朝著不同的方向發展與複雜化；㈤這兩個世界的關係常是互相敵對與競爭的；㈥人類世界由天降災禍而受害，但災禍繼爲先祖之英雄所消滅；㈦自然的世界既完全與人的世界分開，其形成、結構，與起源乃有一套宇宙生成的神話來加以說明。

　　指出上述的神話之變化的，決不是自本文始；我也決非第一個試求加以解釋的。照許多學者的意見，商周神話之若干類型之"少"，或"多"，或"比其它文明爲貧乏"這一類的特徵，事實上代表一種反面的證據並反映古代文獻之缺乏及保存不均衡的情況。換言之，我們所知道的商周神話只是眞正的商周神話中極不完全極不富代表性的一些抽樣 (random samples)。根據這種看法，對商周神話整個的一般性的研究從根本上就非失敗不可。另外有若干學者也承認“文獻無徵”這一條基本的假定，但使用所謂“民族學”的方法，宣稱可以利用後代的材料來塡充前代的空白。對於這兩種說法，在上文都已經討論過了。

還有的學者承認我們所知的商周神話是可靠而有相當的代表性的，同時進一步加以解釋。例如，Derk Bodde 就主張，中國古代自然創造神話之稀少是由於古代中國人對人類社會政治關係之集中注意及相應的對自然世界的疏略[48]。有幾位很知名的學者曾經主張，中國古代神話之“不發達”是因爲中國先天不厚，古人必須勤於度日，沒有功夫躺在棕櫚樹下白日作夢見鬼[49]。這後一種說法，自然是很可笑的。

但是絕大多數研究中國古代神話的學者，都同意下面這一種有力而合理的解釋：古代中國神話之少與在這甚少的資料中先祖英雄故事之多，主要的原因是商與西周時代神話的歷史化；神話歷史化的原因，一方面是東周與漢代儒家思想不容“怪力亂神”因而有意識地將玄秘的神話加以合理化的解釋，另一方面這也是春秋末年以迄戰國時代人文主義與文藝復興潮流下的必然趨勢。楊寬舉了很有力的例子來對這個理論加以說明：神話說黃帝有“四面”，孔夫子解釋成爲“四面靈通”的四面；神話說“夔一足”孔夫子解釋說：夔，有一個也就夠了[50]。東周時代是中國文

---

(48) Derk Bodde, "The Myths of Ancient China", in: (S. Kramer, ed.), *Mythologies of the Ancient World*, (1961), p. 405; Derk Bodde, "Dominant Ideas in the Formation of Chinese Culture", *Journal of American Oriental Society*, Vol. 62, No. 4, (1942), pp. 293-299.

(49) 如玄珠上引《中國神話研究ABC》，上冊，頁8-10所引的說法。

(50) 楊寬，上引《中國上古史導論》，頁 125-126；主張此說的，又如徐炳昶及馮承鈞上引文，及袁珂，《中國古代神話》，(1960)，頁17，

化、政治、經濟、與社會上大變革的時代；中國的文明同時在幅
度上與深度上擴張，知識與技術普遍化甚而商業化。在這種情況
之下，士大夫與平民之間都產生了在世界觀上的覺醒，因而造成
神話支配勢力的減削與理性力量的發達。因此，我相信這種解
釋，卽東周時代神話之歷史化乃是人文主義與文藝復興運動的結
果，一如歐洲人文主義與文藝復興征服了中世紀的宗教獨霸思
想，是一個合理的解釋。

　　但是，我對這個解釋並不覺得完全滿意。這並不是說，這個
解釋本身有什麼錯誤；我所不滿意的，是這個解釋還不能把東周
時代文化社會的變化與神話上的變化很具體地扣合起來，還不能
把致其變化的具體關鍵（mechanism）清楚地說明。我在下文以
及其他數篇計劃中的文字裏，將進一步提出一個新的理論；這個
理論在基本的原則上與旣有的說法是相合的，但它能進一步把變
化的種種細節說明，並將神話的變化與文化社會的變化更具體的
聯繫起來。簡略說來，我想證明，中國古代的神話在根本上是以
親族的團體爲中心的；親族團體不但決定個人在親屬制度上的地
位，而且決定他在政治上的地位；從商到周末，親屬制度與政治
制度之間的密切聯繫關係發生了劇烈的變化，而神話史上的演變
是這種政治與親屬制度之演進所造成的。

　　爲了證明這個理論，我們不能僅僅在神話本身裏兜圈子，而
非得先把神話變化之文化變遷的背景說明不可。下文代表朝這個
方向努力的一個初步的嘗試。

表一　《大戴禮帝繫姓》世系

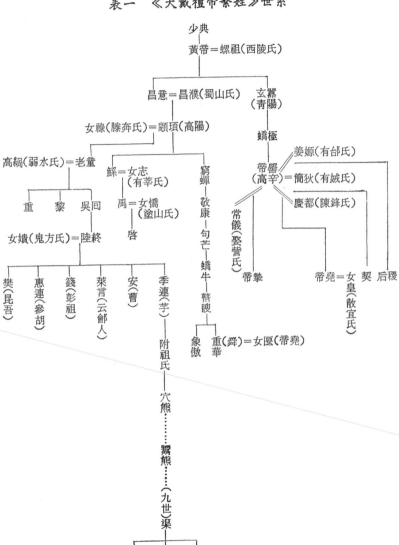

表二　《世本帝繫》世系

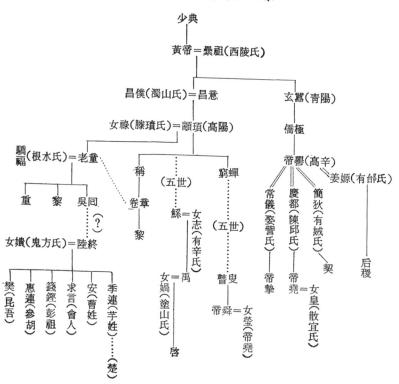

表三　《國語晉語》世系

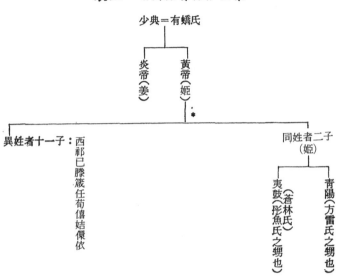

少典＝有蟜氏

炎帝（姜）　黃帝（姬）＊

異姓者十一子：西祁己滕箴任荀僖姞儇依

同姓者二子（姬）

夷鼓（蒼林氏）（彤魚氏之甥也）　青陽（方雷氏之甥也）

＊黃帝之子二十五人。凡黃帝之子二十五宗。

其同生而異姓者四母之子，別為十二姓。

其得姓者十四人，為十二姓。

十二

商周神話與美術中所見人與動物關係之演變[*]

　　在這篇文章裏，我想藉對一個很小的題目上的發揮，來作一點比較廣泛的主張。題目是有關中國古代商周兩代的神話與美術裏所見的動物的意義與功能的若干方面。所作的主張是：要了解它們的意義與功能，把神話中或美術中所見的動物孤立起來研究是不充分的；我們不但得把神話中與美術中所見的動物都要拿來討論，而且要考慮神話中的動物與美術中的動物之間的相互關係，以及它們與商周文明其他各方面的特徵的關係。另一方面，這種種的關係，要想一一認明，非得不僅是在靜態的情況之下而且要在變遷的環境之中加以研究不可。

　　在商周的神話與美術中，動物占有很重要的地位；這件事實，我想是大家都承認，不待我多舉例子來證明的了。在神話裏[1]，動物所扮演的角色，從族羣的祖先，一直到上帝的使者；從先祖英雄的伴侶一直到爲英雄所征戮的惡魔。動物在神話中的重要地位，甚至比表面看得出來的還要大些。若干歷史學家，如楊寬，相信在中國古代聖賢豪傑的傳說中，十個中有九個原是動物神靈

* 原載《中央研究院民族學研究所集刊》第16期(1963)，頁115-146。

(1)　詳見筆者的《商周神話之分類》：《中央研究院民族學研究所集刊》第14期。

的化身⑵；又如孫作雲，認爲許多神話傳說中的英雄人物，本是
以動物爲圖騰始祖的族羣的酋長⑶。不論這種解釋是否可以全部
接受，我想要說動物是商周神話中最重要的角色之一似乎不能算
是言過其實的浮言。在美術上，亘商周兩代，種種的動物，或是
動物身體的部分，構成裝飾美術單元的一大部分，而出現於靑銅
禮器⑷、兵器、用器、車馬器、樂器、數種的陶器，木、骨、與
玉的雕刻與鑲嵌，漆器，與靑銅及骨製的飾物上。此外，動物且
爲木石雕刻造型的主要母題⑸。這些動物的種類，有一大部分是
可以認出來的⑹，如水牛、鹿、犀牛、虎、象、羊、牛、及其他

⑵　楊寬，《古史辨》第7冊，序，(1941)，頁2-13。如象（舜弟）本是象，伯益本
　　是燕，禹本是龍，飛廉本是有翼神獸，祝融（朱明、昭明、丹朱、雕兜）本是日
　　神，卽赤鳥，荅收本是虎。

⑶　孫作雲：《蚩尤考：中國古代蛇族之研究──夏史新探》，《中和月刊》，2卷
　　4期，頁27-50，5期，頁36-57，(1941)；《飛廉考：中國古代鳥氏族研究》，
　　《華北編譯館館刊》，2卷3、4期，(1943)；《后羿傳說叢考》，《中國學
　　報》，1卷3期，頁19-29；4期，頁67-80，5期，頁49-66，(1944)；《中國古
　　代鳥氏族諸酋長考》，《中國學報》，3卷3期(1945)，頁18-36；《說丹朱──
　　中國古代鶴氏族之研究：說高蹻戲出於圖騰跳舞》，《歷史與考古》，第1號
　　(1946)，頁76-95；《饕餮考──中國銅器花紋所見之圖騰遺痕》，《中和月
　　刊》，第5卷，第1-3期；《說羽人》，《國立瀋陽博物館籌備會彙刊》，第1
　　期，(1947)。

⑷　如容庚，《商周彝器通考》，(1941)，第6章花紋所舉諸例。

⑸　見 Osvald Sirén, "Histoire des arts anciens de la Chine, I: La période
　　préhistorique, l'epoque Tcheou, lépoque Tch'ou et T'sin," *Annales du
　　Musée Guimet, Bibliotheque d'art*, N. S. 3 (1929, Paris et Bruxelles); L.
　　Bachhofer, *A short history of Chinese art* (New York, Pantheon Books,
　　1946).

⑹　見李濟 "Hunting records, faunistic remains, and decorative patterns
　　from the archaeological site of Anyang,"《國立臺灣大學考古人類學刊》，
　　第9、10合期，(1957)。

哺乳類；蛇及其他爬蟲類，以及鼈、蟬、和許多種類的鳥和魚。另外還有些動物，則是神話性而為自然界中所無的，如饕餮、龍、鳳、及其種種的變形。我想要說商周的美術大致上是以動物形為支配文樣的美術似乎也不能算是言過其實的浮言。

研究中國古史的中外學者，已經寫了無數卷的書籍文章，化了多少人平生的精力，集中研究商周的神話與美術。固然，未解決的問題仍然甚多，但是我們無論如何不能說在這些問題上我們是在荒蕪的處女地上來探索。為了避免與前輩的學者作不必要的重複，我只想在這方面的許多問題中揀一個很小的題目作一點集中的討論，也就是關于這些動物的意義上的若干問題。研究本題的學者，泰半都能同意，商周神話與美術中的動物，具有宗教上與儀式上的意義[7]。我希望能藉著對於這些動物在商周的宗教儀式生活，以及宗教儀式以外一般的社會文化生活裏所佔的功能地位的一些討論，來把商周神話與美術中的動物的宗教儀式上的意義作相當程度的澄清。

因為，不講神話與美術中這些動物的功能上的意義，我們就無意義可以加以理解。所謂 "動物紋樣的美術" 或是 "動物型態的神話" 這類名詞，實在是與 "農業" 或 "陶器" 在同一個水平

(7) 如 Florance Waterbury, *Early Chinese Symbols and Literature: Vestiges and Speculations* (New York, E. Weyhe, 1942;) William van Heusden, *Ancient Chinese Bronzes of the Shang and Chou dynasties* (Privately published, Tokyo, 1952); Phyllis Ackerman, *Ritual Bronzes of Ancient China* (New York, Dryden Press, 1945) 等書中所作的分析，及葆作雲上引 《饕餮考》；H. G. Creel, *Studies in Early Chinese Culture* (Baltimore, Waverly Press, 1937) 中對商周美術的評語。

上的概念，它們在中國古代文化社會環境中的意義，非從它們在
這個環境中所占的地位上是不能充分理解的。在討論古代埃及與
兩河流域的美術時，已故的亨利佛蘭夫特教授曾經大膽的說，我
們在這些美術的創作中所認識的，乃是"美術的靈感的產物，而
不是智慧推敲的成品"。他說："在古代的藝術家的心中的問
題，並不是："我當怎樣把國王當作神或當作英雄而加以表達出
來？"在他的心中，只是："我現在要描繪國王陛下"，而依其
爲一埃及人或一亞述人，其結果卽如我們所見"(8)。所謂"意
義"，假如僅只是我們用于解釋古代美術或是宗教的一個界說清
楚的抽象概念，並不能作爲結構分析的基礎，亦不能用爲歷史比
較的根據。因此，我的討論將集中在一個問題之上，卽我們當如
何把古代神話或美術之作者的主觀觀點辨認出來。我在這裏想提
出來的一個看法，是我們可以藉著對於神話與美術作品本身所顯
露出來的他們對神話中的動物的態度的考察，來達到這個目的。

一　人對於動物態度之轉變

上面已經提到，我們主張藉對於種種相互關係在變遷的環境
中的考察來研究我們的問題。我們現在不妨開始考查，在變化中
的美術、神話、以及文化的其他境域中所顯示出來的，商周時代
的人對於神話動物的態度的轉變。

一般來說，商周時代的美術風格可以分爲三個不同而連續的
"式"，卽高本漢所稱的古典式、中周式、與淮式，亦卽郭沫若

(8)　Henri Frankfort, *Kingship and the Gods* (The University of Chicago
　　Press, 1948), p. 11.

圖十六　商代銅器上的人獸關係

（安陽司母戊鼎，采自講談社《圖說中國の歷史》）

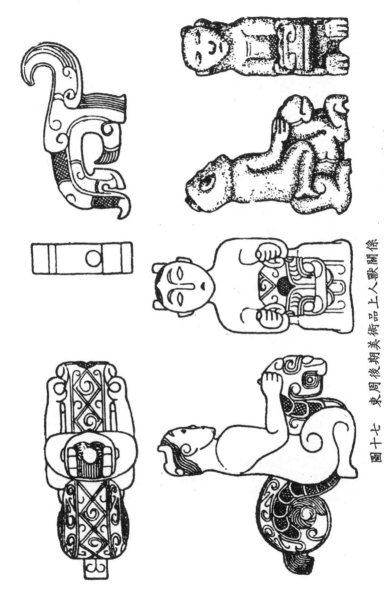

圖十七　東周後期美術品上人獸關係

（洛陽戰國墓出土五人；采自《考古》1959年（12），657頁）

所稱的古典期、退化期、與中興期⑼。作這種分期的根據，包括
金文的內容與欵式、器物的形制、與裝飾花紋的變遷，但在這裏
我們只討論裝飾美術中的動物母題。古典式的裝飾花紋中的動物
種類繁多，而且表現一種高昂的情緒，並給人以有力的感覺。最
常見的動物母題爲饕餮紋，而饕餮面形常常構成一個銅器全部裝
飾花紋的中心，爲比較小而次要的裝飾母題所環繞。"神秘"、
"神奇"、"生動"、"有力"、與"感人"，是一些常常用來
形容這種古典式的動物美術的詞句，而其中之動物的確有一種令
人生畏的感覺，顯然具有由神話中得來的大力量。人形在美術品
上很罕見；偶爾出現時，他們對於裝飾的動物而言似乎僅占有一
種隸屬性與被動性的地位(圖十六)。

　　古典式流行的時代，是在商朝的後半與西周的初年。自西元
前約九百五十年起——這是依照高本漢的說法——周代的裝飾美
術成爲中周式的天下。在中周式底下，許多動物形的紋樣趨向
呆板與固定化，其形狀所表現的神話式的力量顯然遞減，而古典
式中占領導地位的饕餮紋幾乎完全消失。在許多銅器的裝飾花紋
中，動物形的紋樣仍舊保存，但他們的神話性與超自然的魔力則
遠不似古典式時代之顯然。這一種演變的趨勢，到了西元六百五
十年以後，亦卽春秋的中葉以後，美術史上的淮式時代，就更加
顯然與深刻化。古典式的許多動物紋樣，包括饕餮紋在內，到了

⑼　見 B. Karlgren 的 "Yin and Chou in Chinese Bronzes" 及 "New Studies
　　in Yin and Chou Bronzes" 二文，載 *Bulletin of the Museum of Far
　　Eastern Antiquities*, Nos. 8 and 9 (1936, 1937)，及郭氏的《青銅時代》，
　　(1945)。

淮式裏又重新出現，但牠們的形狀更加趨向因襲傳統化，把在古
典式時代中所具有的神異力量似乎都丟掉了。譬如，淮式的動物
紋樣常常用爲器物裝飾花紋中許多構成因素的小部分，獨個的動
物很少在面積上占很大的地盤。同時，淮式花紋裏的一個新的特
徵，是所謂獵紋的出現——在獵紋的構圖裏，神異的獸鳥似乎爲
人間的戰士所征服殺戮(圖十七)。簡而言之，從古典式到淮式，專
就裝飾美術中的動物而言，似乎有兩點重要的變化：第一、在早
期，饕餮及其他的神異動物，似乎具有很大的神力與支配性的影
響，而到了晚期，這種有力生動的紋樣變得因襲呆板，似乎不復
具有那種神奇的力量。第二、在商代及西周早期的器物花紋裏，
人似乎僅有被動的與隸屬性的地位，而到了東周時代人則變成了
動物的征服者或至少是挑戰者。換言之，從商代到戰國，在美術
中所見人與神異動物的關係似乎經歷了若干劇烈的變化，其主要
的表現是老的饕餮文樣之因襲化與新的寫實性的獸紋的出現，都
呈示一種人對于這類神異動物的新的態度，一種不復能稱爲敬畏
的新態度。

　　在商周的神話裏，類似於此的變化也可以看得出來。在這裏
我們顯然不可能詳細的討論商周神話的年代問題；其實，卽使能
夠討論，恐怕也不能達到什麼大家都能滿意的結果出來。但是我
相信，大家對下述這一點也許大致都可以同意：關於商周氏族祖
先誕生的神話，多半起源於商周時代較早的時期，而天地開闢轉
形的神話與英雄救人世於天災的神話可能起源於周代較晚的時期
(10)。假如我們承認這一點是可以成立的——我相信可以舉出詳細

(10) 見上引《商周神話之分類》。

的論證來證明其可以成立——，則在早期的神話裏，動物所扮演的角色有下面這幾種：爲氏族始祖誕生之必要因素，如子姓與玄鳥的關係；爲神之使者，如鳳；爲氏族始祖的保護者，如《詩生民》裏所述后稷之與牛羊鳥的關係；爲祖先賓上帝之伴侶，如夏后啓與兩龍的關係。我想如說在較早期的神話中人對動物的態度爲密切、尊敬、與畏懼，恐怕是不中亦不遠的。在東周時代的神話，這種態度不復爲支配的態度。這時，動物不但不復爲祖先誕生的幫忙者，且成爲降禍於人世的惡魔，或爲祖先英雄所驅除斬擒以立功勳的敵人。這些英雄之中之最熟知的，是羿；羿不但斬除地上吃人的蛇獸，且射了日中的金烏因而解除了堯時的一大旱災。

此種由美術與神話中所能看出來的人對於動物的態度的轉變，在商周考古與歷史的許多其他方面也留了顯著的痕跡。在這裏我只舉出骨卜的歷史爲例。在華北新石器時代的龍山期，商代，及西周的初期，有所謂骨卜的習俗，卽用牛、鹿、羊、或猪的肩胛骨刮製以後用炙燒出裂紋，以爲卜兆而審凶吉。骨卜之俗在商代爲最盛，除肩胛骨以外尚用龜甲，並書刻卜辭于甲骨之上，這是大家所熟知的。從卜辭可知，商代的占卜乃是藉動物骨甲爲媒介而與死去的祖先溝通消息。商亡以後，骨卜之俗頓衰，到了東周時代，照考古的證據說，雖然仍有施行的，但已不占什麼重要的地位。從骨卜的歷史我們也許可以作一大致性的推論，卽在殷周之早期，生人可以藉動物的骨質之助而與死者通達消息，而到了後期則動物骨骼不復有這種功能而占卜之行多藉其他的媒介。

這些證據，合在一起，似乎很有力的對商周時代人對於動物態度之轉變，提供了堅强的註脚。卽在商周的早期，神奇的動物

具有很大的支配性的神力，而對動物而言人的地位是被動與隸屬
性的。到了周代的後期，人從動物的神話力量之下解脫出來，常
常以挑戰者的姿態出現，有時甚至成爲勝利的一方面。對于這種
現象，我們不禁要追問其原因，而不少學者已經作過解答的嘗
試。最常見的一種解釋，求之於周代晚期智識之普及與深刻化，
及當時由儒家所代表的人文主義的興起[11]。我個人的看法，覺得
這種解釋是很合理的，大致上是對的，但是不够的。其不够之
處，主要是在沒能把商周時代的文化與社會中與人對動物之態度
最有密切關係的若干方面，具體的個別的指明出來，加以解釋。

　　商周神話與美術中的動物的意義的直接有效的解釋，必得從
商周文化發展史開始——這部文化發展史建立的基礎，不但要靠
考古學，而且得靠歷史，不但包括美術與意識，而且包括整個的
文化與社會的構成。更具體的說，我想提出下面這一條假說：商
周的神話動物，不管是從其特徵上看還是從其演變上看，必須根
據在商周時代世界觀裏面神、祖、與動物之間的相互關係上來加
以解釋。我想以下述的步驟來證明這個假說。

二　商周親族羣之若干特徵

---

(11)　如楊寬的《中國上古史導論》，載《古史辨》第 7 冊；Derk Bodde, "Myths of
　　　Ancient China," 載 S. N. Kramer 編的 *Mythologies of the ancient world*,
　　　(New York, Doubleday & Co., 1961), 頁372-376的討論； Henri Maspero
　　　的 "Légendes Mythologiques dans la Chou King," 載 *Journal Asiatique*,
　　　204卷，(1924)，頁1-2；及馬氏的 *Les religions Chinoises, Melanges posthumes
　　　sur les religions et l'histoire de la Chine*, I.(Paris, Musée Guimet, 1950),
　　　頁 179-180.

　　要把"神聖的"世界裏祖與神之間的關係弄清楚，我們不妨先把那"凡俗的"世界裏祖與生人之間的關係搞明白。因此，我們先把商周的親族制度作一個大略的說明。

　　商周時代的中國人大概組織成若干數目的單系親族羣，卽氏族。已故的丁山相信他從商代的卜辭裏可以認出來兩百個以上有"圖騰"意義的族名(12)。到了武王伐紂的時候，照≪逸周書≫的記錄，與周有關係的"國"不下七百五十一之多；有人說這"國"多半就是氏族(13)。商周的氏族，至少其犖犖大者，都是父系的；換言之，其系嗣族姓自父傳子(14)。同時，這些氏族都是組織嚴密的所謂"共同體"（corporate groups）。各族各有一姓，因其始祖之"生"而得，沿父子系統而傳。同族的成員共戴一姓，同姓的人彼此不相通婚(15)。"同姓不婚"之制，雖有破守之

---

(12)　丁山，≪甲骨文所見氏族及其制度≫(1956)，頁32。

(13)　≪世俘解≫："憝國九十有九……服國六百五十有二"。

(14)　東周時代及漢初的若干文獻，如≪莊子盜跖≫，≪呂氏春秋恃君覽≫，及≪商君書開塞≫，都提到一個古代的社會，其時"民知其母而不知其父"。有的學者，如李玄伯先生（≪中國古代社會史≫，1954，頁74-77），主張這種記載也許表示中國遠古社會有過一個"母系"或"母權"的時代；"母權"的問題在歐洲的漢學家裏還很引起過一番辯論。這個問題，對本題的關係不大，因爲商周時代的王室及世族，據我們所知的，都是父系的。商世系的遠祖都是男性的祖，而西周王位之由父傳子更是例行的典制，≪詩大雅斯干≫甚至說"父兮生我，母兮鞠我"，可以說是父系到了極點了！假如古代有女系社會，必在商代之前或商周的邊疆民族。作者在≪中國遠古時代儀式生活的若干資料≫（≪中央研究院民族學研究所集刊≫第九期）一文中的討論或者可供參考。

(15)　≪左≫僖23："男女同姓，其生不蕃"。昭元："內官不及同姓，其生不殖"。≪晉語≫："娶妻避其同姓"。≪鄭語≫："先王聘后於異姓"。≪曲禮≫："娶妻不娶同姓，故買妾不知其姓則卜之"。

例(16)，大體上是嚴格遵行的規則。《國語·晉語》裏對此有一段解釋：

> 異姓則異德，異德則異類；異類雖近，男女相及，以生民也。同姓則同德，同德則同心，同心則同志；同志雖遠，男女不相及，畏黷故也。

這段文字所代表的優生遺傳學，顯然是不甚科學，但如下文所述，其所代表的若干概念對我們在本題上的解釋有很大的關係；這裏暫且不提。總之，婚姻的規則很清楚的把親族羣的範圍界限出來；氏族成員的範圍界說，同時又可見於親屬稱謂制（用社會人類學的術語說，所謂二分合併型的伯叔姑姨稱謂與 Omaha 型的表堂兄弟姊妹稱謂(17)）以及在共同財產（象徵性的以及實質性的）上的權利義務關係。後者包括土地所有權、使用權，及特殊的技術知識之類(18)。

在這裏我們感覺更大興趣的是氏族成員的祭儀上的權利義務。同氏族的成員皆溯其起源於男性的祖先，並以祖先崇拜為這件事實之象徵性的結晶。從考古與歷史文獻的證據，我們頗知道一些祖先崇拜儀式的細節，以及與此有關的若干具體物事，如祖

---

(16) 《論語述而》；《左》昭元。

(17) 芮逸夫，《論古今親屬稱謂的異制》，《中央研究院院刊》，第1輯，(1954)，頁53-67；《中國古代親屬稱謂與奧麻哈型的相似》，《考古人類學刊》，第12期 (1958) 頁1-19。

(18) 由《左傳》定公四年所記殷民族名，如長勺氏，尾勺氏，及陶氏等，可見有的宗族或宗族以下的族羣，以手工業為名。河南鄭州殷代遺址所發現的若干鑄銅作陶的工場，其附近住宅分布情形亦暗示特殊手工業與宗族或大家族的密切聯繫。

廟⑲祖先的牌位⑳，以及祭祖用的陶銅器皿。≪禮記·曲禮≫上說：

> 君子將營宮室，宗廟爲先、廐庫爲次、居室爲後。凡家
> 造，祭器爲先、犧賦爲次、養器爲後。無田祿者不設祭
> 器，有田祿者先爲祭服。君子雖貧不粥祭器，雖寒不衣
> 祭服，爲宮室不斬於丘木。大夫士去國，祭器不踰竟。

祖廟及祭器的重要性很有力地反映了周代禮制中祖先崇拜的重要
性。在這一點上≪禮記·祭統≫裏還有一段很重要的話：

> 凡治人之道，莫急於禮；禮有五經，莫重於祭。夫祭
> 者，非物自外至者也，自中出生於心也。心怵而奉之以
> 禮，是故惟賢者能盡祭之義……上則順於鬼神，外則順
> 於君長、內則以孝於親，如此之謂備。惟賢者能備，能
> 備然後能祭。

爲了保證這種 "自中出生於心" 之祭的切實遵行，"天子五年一巡
守……宗廟有不順者爲不孝，不孝者君絀以爵"（≪禮記·王制≫）。
　　如果說祖祭的祭儀及其有關的物事如祖廟、牌位、及祭器有
加強與叮嚀的作用，並爲氏族團結之象徵，則神話的功能在供給
典章，與氏族團體的存在理由。≪禮記≫與≪國語≫都說：

> 子孫之守宗廟社稷者，其祖先無美而稱之，是誣也；有
> 善而弗知，不明也；知而弗傳，不仁也。

---

⑲ 見凌純聲，≪中國祖廟的起源≫，≪中央研究院民族學研究所集刊≫第7期，
　　(1959)頁141-184。≪左≫裏丁一于："凡諸侯之喪，異姓臨於外，同姓於宗廟，
　　同宗於祖廟，同族於禰廟"。
⑳ 郭沫若，≪釋祖妣≫，載≪甲骨文字研究≫；凌純聲，≪中國古代神主與陰陽性
　　器崇拜≫，≪中央研究院民族學研究所集刊≫第8期(1959)。

在這種觀念之下，每個父系氏族自然就與若干 "傳" 祖先之美與
善的神話相聯繫結合[21]。祖先之善美有各式多種，因時代而異，
下文還要詳談。

　　對於商周氏族的特徵，我們只能說到此爲止。這裏的說明，
自然是不完備的，但我希望我們已經把神話在這一套親族系統中
的地位解釋清楚。但是除了這些點以外，商周親族制還有一項特
徵，上面還沒有提到，但它對以後的討論有極要緊的關係，不能
不提出詳細討論一下。這一點卽是：在商周兩代，親族關係是直
接決定政治地位的一件重要因素。

　　爲了說明方便，我們不妨把當時的複雜情形簡化，將不同的
親族羣之間政治地位的差別分爲三種：

　　㈠第一種情形是同一國之內的統治者與被統治者之間的關
係，或公室與平民之間的關係。這二種政治集團常屬於不同的氏
姓，是大家熟知的事實。例如，吳、晉、與虞各國的公室都是姬
姓，周天子的宗室。吳之平民爲所謂荆蠻，晉之平民爲古唐國之
遺，而虞之平民是有虞之後。這是傅斯年早已指出的[22]。

　　㈡第二種情形是同姓諸國公室之間的政治關係，如宗周與魯
晉衞虞諸國公室之間的關係。至少在原則上說，他們之間的政治
地位是由宗法制度而來的——各代之長子繼承各國的法統，而少
子則遷出爲藩屏公室，其政治地位對嫡長而言比降。分支分得愈

---

[21] B. Karlgren, "Legends and Cults in Ancient China," *Bulletin of the Museum of Far Eastern Antiquities,* No. 18, (1946).

[22] 傅斯年，《姜原》，《史語所集刊》第 2 本第 1 分(1930)。

遠，其國其邑的政治地位就愈低[23]。這固然是周代的禮制，但不少卜辭學者都相信宗法制度的初型是在商代已經底定了的[24]。

㈢第三種情形是異姓諸國公室之間的政治地位關係，如魯之姬姓公室與齊之姜姓公室之間的關係。異姓諸國公室間相對政治地位的維持與變化的因素，是個看來簡單而深究起來非常複雜的問題，牽涉的範圍亦廣，在這裏我們不準備加以詳細的討論。我只想指出，在這一方面上，當時的親族制度也起了很大的作用。親族制度中對異姓諸國公室間政治關係最有關鍵作用的一點，是所謂母方交表婚制的存在。從男子的立場來說，母方交表婚制是與舅表姊妹通婚而與姑表姊妹禁婚的制度。英國的社會人類學家 E. R. Leach 根據他在緬甸北部卡侵（Kachin）人中調查的結果，主張母方交表婚制經常為政治制度的一部分，因為在這種制度之下不同的氏族之間婦女的交換經常不是對稱性的，因而產生不均衡的權利義務關係[25]。根據東周時代的文獻，我相信可以證

---

[23] 周宗法的基本資料，見《禮記大傳》及《喪服小記》；近人的研究，如李安宅，《儀禮與禮記之社會學的研究》，（上海商務，1931）頁 75-77；李卉，《中國與波利尼西亞的枝族制》，《中央研究院民族學研究所集刊》第 4 期 (1957)；頁 123-34；六年；孫曜，《春秋時代之世族》，（上海，中華，1931）。

[24] 如胡厚宣，《殷代婚姻家族宗法生育制度考》，《甲骨學商史論叢》第 1 卷，(1944)；楊樹達，《積微居甲文說卜辭瑣記》，頁 48-51；陳夢家，《殷虛卜辭綜述》。

[25] E. R. Leach, "The structural implications of matrilateral cross-cousin marriage," *Journal of Royal Anthropological Institute* (1951). 在卡侵人裏，照 Leach 的描寫，"一男子以三種不同的方式與其同社的成員舉親戚關係：他自己氏族成員（不論是否在一起居住）為其 "兄弟"；……他自己及他的兄弟自其中娶妻的地方氏族羣中的人為其 *mayu*；他的姊妹所嫁入的地方氏族羣中的人為其 *dama*。"東周宗室因婚姻關係有 "兄弟之國"，"舅國"與"甥國"之別（見下註），與卡侵人的情形可相比照。

明，母方交表婚是東周時代異姓公室之間通行婚制之一種，而這種婚制又與彼此的政治地位差異有密切的關係(26)。

　　我希望上面的討論可以使我們作下述的幾個假說：㈠在兩周

----

(26) 東周列國之間的關係，照當代記載的大分類，可以分爲兩種：兄弟之國與甥舅之國。≪左傳≫成公二年："兄弟甥舅"；杜注："兄弟，同姓國，甥舅，異姓國"。同姓之國互稱兄弟，有宗法制度可以解釋，縱然這裏面也非全無問題。但異姓之國何以互稱甥舅？芮逸夫（≪釋甥舅之國≫），≪史語所集刊≫第30本，上，頁237-258，1959）廣徵博引，主張東周甥舅之國實爲互相通婚之國，其說無疑可以成立。作者擬更進一步主張，異姓國之間婚制，在若干情況之下實以母方的交表婚制爲原則。爲篇幅所及，此地不能把這個問題作充分的討論，但因問題之重要，我們不妨把最要緊的一些證據提出。

　　列國公室之間互相婚配，爲衆所知，而周姬與齊姜的婚媾，尤爲學者所稱引（如李宗侗的上引≪中國古代社會史≫，頁35-36；芮逸夫上引≪釋甥舅之國≫，頁238，245-247，及李亞農的≪周族的氏族制與邲跛族的前封建制≫，頁20-21）。在這個現象以外，學者又研究出來在中國古代親屬稱謂制裏世代的差異常被加以忽視。因此不少學者主張古有交表婚制（如 M. Granet, *Chinese Civilization,* [1930], p. 187; T. S. Chen and J. K. Shryock, "Chinese Kinship Terms," *American Anthropologist,* vol. 30, [1928], pp. 265-266; Han-yi Feng, *The Chinese Kinship System,* [1948], p. 45 ），而周之昭穆制度爲由交表異代互婚所產生的婚姻組（如李宗侗上引≪中國古代社會史≫，頁51-57）。由文獻中少數公室婚例看來，中國古代似確有過雙方交表婚的制度（bilateral cross-cousin marriage）。

　　但在周代文獻中所吐露的若干另外的事實，並不能爲此種假定作充分的解釋。其一，互相婚配的列國彼此稱甥道舅這一點本身便是個很值得注意的一個有趣現象。在雙方交表婚制之下，男女兩家的關係因世代而異，但東周甥國之爲甥與舅國之爲舅似乎是歷代不變的稱呼。≪詩•陳風•衡門≫："豈其食魚，必河之魴，豈其取妻，必齊之姜；豈其食魚，必河之鯉；豈其取妻，必宋之子"。這首詩顯暗示當時必有姬姓男子有恒娶姜子兩姓的事實。其二，照≪左傳≫等書看來，互婚二國之親稱，以二國爲單位，未必依確有婚姻關係之個人而異。≪左≫昭12："齊王，舅也"，杜註："成王母，齊大公女"。因此齊國似恒爲周之"舅"；雖然齊王之娶姬女的記載也非全無，齊國並不因此而爲周之甥。　　（接下頁）

兩代，社會地位之分化有很大一部分是以親族制度爲直接的基礎
——由不同的氏族與亞氏族之對于嫡長世系之距離以及對於土地
及其他財貨的占有與使用關係而決定。㈡上層階級本身又分爲政
治地位相差異的集團，而這些集團之構成亦基於親族制度。㈢從

（接上頁）

　　其三、在《左傳》裏所能找到的魯君家族的婚姻記錄，似乎表示公族間的婚姻
關係有"單行"的而非"互惠"的傾向。例如魯君常娶齊姜爲婦，但魯君的女兒
則很少嫁到齊國去的，而多出嫁到紀、杞、莒、鄫、鄭、宋、及邾等異姓國去；
齊侯則嫁女於魯、邾、及周。（例如《左》隱 2,7，莊 2,23,25,27；僖 11,15.31；
宣元，16；成9,11）。這些例子說明：齊常爲舅，而魯常爲甥，縱然相反的婚例不是沒
有。其四、東周公室之間的婚制似包括所謂娣媵制，卽姐妹共嫁一夫（李玄伯，
《中國古代婚姻制度的幾種現象》，《史學集刊》，第 4 期(1944)，頁1-19），同
時東周的親屬稱謂制似有所謂Omaha的趨勢（芮逸夫上引奧麻哈文）。D. B. Eyde
及 P. M. Postal （"Avunculocality and incest," *American Anthropologist*,
vol. 63〔1961〕, pp. 747-771) 主張 matrilateral cross-cousin marriage在
父系氏族制度之下如與娣媵制(sororate) 相結合可以造成產生Omaha制的cousin
terminology 的有利條件。反過來說，東周時代 Omaha 制與娣媵制之同時存
在，但母與舅表姊妹不同稱謂(見芮逸夫，《爾雅・釋親補正》，《文史哲學報》
第 1 期，〔1950〕)，似乎也就暗示當時有母方交表婚配制的存在。

　　以上所舉資料，似可證明，在東周時代雙方交表婚配的基礎之上，或在此種
制度之外，曾有母方交表婚制的產生，卽男子只娶舅父之女而不娶姑母之女。在
這種制度之下，Leach 謂：「嫁女之羣與娶婦之羣彼此的關係是不對稱的，因此
其地位之懸殊乃成爲一自然之趨勢。……(但) 我們無法從原則上來預料何者之地
位爲高」。在中國之現代，行母方交表婚的例子中，娶婦之族在社會上的地位似
高於嫁女之族，亦卽"甥國"的地位高於"舅國"（與卡侵人相反）（見許烺光
"Observations on cross-cousin marriage in China," *American Anthro-
pologist*, vol. 47, No. 1, 〔1945〕)。東周的情形似亦相似。周姬及其兄弟之國在
周代無疑享有政治上與社會上的尊崇地位（雖未必爲實力），而以諸侯爲其舅國。
姬女所嫁之國，雖政治勢力多屬微弱，但如宋鄭鄫杞等國爲古氏族之遺，或在精
神上占有相當的崇高地位。自然東周的情勢遠比卡侵爲複雜，異姓列國間的關係
亦非甥舅二字所能盡，但上文討論的情形至少爲異姓列國間相對地位之維持下了
一個值得注意的註腳。

這方面來看,諸公室之權力爭奪乃是親族羣之間的爭鬥。這裏所說的 "親族羣",顯然不專指氏族而言,而包括氏族以內的宗族在內。我們現在且以這三點假設爲下文討論的起點。

三　商周王權歷史與人、祖、神諸觀念之變遷

上述的這項特徵,卽親族羣的政治性,或說是政治集團的親族性,固非中國古代社會所專有的一項特徵,卻是當時很重要特殊的一項特徵。這項特徵如何而來,不是本文所能討論的問題,但我們頗有理由相信,它在新石器時代已經開始。在另文中我已經根據若干考古遺物與歷史文獻而推測:新石器時代龍山期的華北農民已經發展了規模具備的父系氏族,而且在當時社會地位之分化亦與其父系氏族系統有關[27]。

根據現有的考古資料,我們可以很放心大膽的說:商代的歷史文明是在龍山期新石器時代的文化的基礎上發展出來的。從龍山期到商代的文化連續性,不僅表現於文化的形式之上而且呈露於社會經濟的領域以內[28]。假如我們對於龍山期宗教特徵的推測全部或大部可以成立的話,則我們更可以說,商代自龍山期承襲了祖先崇拜與親族羣的政治性這兩項重要特徵。

從另一方面看來,我們當然也不會忘記商代在中國社會史上代表一個嶄新局面的肇始。商代的文化,達到了所謂 "文明" 的境界,有前此所無的文字、城市、複雜的政治與行政、經濟的分

---

(27)　作者上引《遠古時代儀式生活》一文。

(28)　見作者在 *Viking Fund Publications in Anthropology*, No. 32, (1962) 中關于中國一文中的討論。

化，以及高度發達的青銅業。商代又是一個"朝代"，代表肇源於少數的地方羣對大片境域與多數地區的統治的一個傳襲在一族之內的政治權力。換言之，龍山期仍處於野蠻的狀態，而商代已進入於文明；龍山期的文化仍保持在村落的社會，而商代的統治已具備了王國的特徵。

因此，我們相信商代的宗教在龍山期的基礎上至少加上了兩件新的成分，卽上帝至尊神的觀念，與將上帝與王室的子姓祖先相湊合的觀念。

從一方面看，商朝代表一個地方羣對其他地方羣的王權統治，從另一方面看，它也代表一個氏族對其他氏族的集權政治。在商朝統治範圍之內，可能有好幾個以城市爲中心的集團，每個集團各有一個政教的中心與農耕及營手工業的若干村落，而各集團合在一起組成以王都爲中心的王國政體。在每個城市集團之內的統治者常爲子姓氏族的貴族，而子姓氏族可以說是全國統治階級的核心，國王權力的起點。

根據商代卜辭研究當時宗教信仰的學者都同意，上帝至尊神的觀念在商代已經充分發展，而商代及其子姓王朝之統治一定在這種觀念的發展上起過很大的促進作用。商代的上帝不但是自然界的首腦，也是人間的主宰，對水旱災害有收降的力量，影響人王禍福，並統轄一個由自然界諸神與使者所組成的帝廷(29)。

在另一方面，商代的上帝又有若干值得特別注意的特徵。其一、上帝在商人的觀念中沒有一定的居所。其二、上帝不受人間直接的供奉。其三、上帝與子姓遠祖之間的關係似頗有些糾纏不

─────────────────
(29)　關於商人的上帝觀念，見上引《商周神話之分類》。

清；有幾位遠祖似乎是神，甚至於上帝的化身[30]，而且所有的遠祖都可以很容易的賓見上帝或其他的神。郭沫若對這些現象所下的結論是：商的上帝就是帝嚳，以一人而兼自然界的至尊神與商氏族的祖神[31]。我們不妨進一步的假設：上帝的觀念是抽象，而個別的子姓祖先代表其實質。換言之，在商人的世界觀裏，神的世界與祖先的世界之間的差別，幾乎微到不足道的程度。

商朝在西元前一一二二年前後爲周朝所取代。在過去有不少史學家都相信商之亡與周之興是中國古代政治社會史上劃時代的大事，而且有民族史家主張周之亡商代表中國古代一大族羣取代另一大族羣爲中國的統治者。

中國古代史上商周的衝突與巴比倫古史上蘇末人與塞米提人之間的關係有若干相似之處。 Thorkild Jacobsen 在他的名作《美索不達米亞早期歷史中蘇末人與塞米提人間假設之衝突》中[32]，很能服人的證明了，在美索不達米亞古代族羣之間的衝突，主要是基於政治與地緣的因素，而非如前所相信的種族的因素。我希望強調地主張，商周之間的衝突亦基於相類似的因素。武王之伐紂，與其說是代表民族之間的衝突，毋寧說是一個文明之內不同的政治羣之間的爭鬪。因爲古代的政治羣有不少親族關係的組成基礎，我們不妨進一步的說，從這一方面看來，武王之伐紂代表一個氏族（姬姓）對另一個氏族（子姓）之征服。我們作此

---

(30) 殷王世系頭頂上的高祖夔，到了東周文獻裏變成了帝嚳、帝俊，或者帝舜，所司之事及所備之能亦卽上帝的化身。見上引《商周神話之分類》。

(31) 上引《青銅時代》，頁9。

(32) 載 *Journal of the American Oriental Society,* vol. 59, (1939), pp. 485-495.

主張的根據，主要是鑑於從考古學的資料上看，商周之際，只有
一個文明系統的繼續發展，而找不到任何重要的中斷與不整合的
現象(33)。

　　從宗教上來看，商人宗教的幾個根本特徵，在武王伐紂以
後，多爲周人所承繼。例如，繁褥的祖先崇拜與上帝的觀念，都
是自商到西周一貫相承的(34)。周人的統治，與商相同，也是一姓
的朝代，因此周人之把上帝的至尊地位與上帝和統治氏族的祖先
的密切關係加以繼續維持，毋寧說是個自然現象。姬姓祖先后稷
的母親姜嫄之懷孕生棄，乃是"履帝武"的結果；西周的詩《文
王》也說，文王"在帝左右"(35)。

　　但是我們切切不能忘掉，周的王室屬於與殷的王室廻然不同
的氏族。不論周人承襲了多少殷人的"文化遺產"，這中間決不
能包括商代之把上帝與子姓祖先拉湊在一起這種觀念。在武王伐
紂的前後，周族的長老在這一點上顯然有兩條路好走：或者是把
上帝與子姓遠祖的關係切斷，而把他與姬姓的祖先拉上關係，要
不然就是把上帝與祖先之間的關聯根本截斷，把他們分到兩個截
然不同的範疇裏去。姬姓始祖誕生的神話頗可證明(36)，第一條路
並非完全沒有嘗試，但周代後日宗教觀念的發展史實證明了，第

---

(33) 詳見作者的 *The Archaeology of Ancient China* (Yale University Press,
　　 1963) 中的討論。

(34) 商與西周宗教觀念之比較，陳夢家的《殷虛卜辭綜述》與《古文字中之商周祭
　　 祀》（《燕京學報》第19期，〔1936〕）中有詳細的討論。

(35) 金文中的𤳉鐘也說："先王其嚴，在帝左右"；與《商頌長發》中"帝立子生商"
　　 及卜辭中高祖賓帝之觀念，若合符節。

(36) 《詩生民、閟宮》。

二條路是周人所採取的辦法，因而從西周開始，祖先的世界與神的世界逐漸分立，成爲兩個不同的範疇。這個現象，是商周宗教史上的大事，它在歷史上的表現，集中在下面這幾點。

其一、在西周第一次出現了"天"的觀念，並將在商代"無定所"的上帝放到了"天"上。天與上帝在西周仍是尊敬畏懼的對象，而周人的祖先仍與天、與神的世界保持密切的關係。與商不同的，周人的祖先本身已經不是神了。人王之治理人之世界，是因人王爲天之子，受有"天命"[37]。但在另一方面，"天命"並非爲周人所有不可——我們要記得，周是從同一個而且是惟一的上帝的手中把商人的天下奪過來的；假如天命不可變，則周人取代商人就少了些根據。何以天命現在授與周人？因爲，第一，"天命靡常"[38]；第二，上帝僅授其天命予有德者。"德"也是西周時代在王權觀念上新興的一樣東西[39]。

---

(37) ≪詩•大雅•雲漢≫："昊天上帝，則不我遺，胡不相畏，先祖于摧"，把"上帝"與"先祖"當作兩個相對的觀念。這一意義下的"天"字，始現於≪周書≫與≪周頌≫，以及成康時代的金文，如大盂鼎："丕顯文王，受天有天命"。成康以後，金文中的王字，逐漸爲"天子"所取代、見陳夢家，上引≪殷虛卜辭綜述≫，頁98。

(38) 見傅斯年≪性命古訓辨證≫中有關討論。

(39) 西周王室雖有天命，是天子，而上帝所以授天命于周是有鑑於周人之德。在后稷與契的誕生傳說中，二者都是上帝所生，但有一點有趣的分別：契生了以後，輕輕易易的就啓了子姓的端緒，但后稷則不但受了許多辛苦，且因其耕稼的本事而有功於後人。≪詩•大雅•皇矣≫中在這一點上交代得再清楚不過了："皇矣上帝、臨下有赫，監觀四方，求民之莫。維此二國，其政不獲；維彼四國，爰究爰度，上帝耆之，憎其式廓。乃眷西顧，此維與宅"。可見周人之爲上帝所眷寵，乃是因其"政"較之二國（夏商）爲"獲"，而其"式廓"又不似四國之可憎之故。故西周時代之"德"，恐怕就包括"式廓"與"政"二者，亦卽後來加以分立的"德"與"功"都在內。

　　現在把上文所說的撮述一下：周之亡商，代表中國之統治者
從一個氏族（子）的手裏向另一個氏族（姬）的轉換。商人的上帝
觀念及上帝爲至尊之神，爲西周所承繼下來。周的祖先與上帝接
近，得其寵眷，其子孫受其天命爲人王。姬姓始祖誕生神話取代
子姓始祖誕生神話爲王權的典章。另一方面，上帝與子姓始祖的
合一性被切斷，神的世界與祖先的世界成爲兩個不同的世界。周
人祖先的世界爲人間的主宰，一如上帝爲神間之主宰。二個世界
的關係，不是絕對不變的，故天命不是恒常不變的。有德者亦有
天命有王權。自然，照周人的說法，周人是有德的，是受有天命
的。

　　到了東周時代開始以後，這種種方面都發生劇烈的變化。平
王在陝西遊牧部落的壓力之下東遷王都於洛陽，並非一件孤立的
政治事件，而是中國文化社會劇變的一個象徵。在東周時代，宗
周的政軍教各方面的力量逐漸減小，而姬姓的王室以外大小宗及
異姓氏族治下的諸侯力量則作反比例的增強。在這以前爲宗周及
其宗室所獨占的中國文明，在地域上擴張，在深度上增進。學
術、文字、與科學及政治哲學不復爲宗室所獨有，到此逐漸傳入
邊疆並深入民間。自春秋中葉以後，冶鐵術逐漸發達，城市增多
並且廓大，不但爲政教中心，且爲商工業所在。這些都是地方勢
力逐漸擴展的因素。歷史學家多主張，自春秋時代開始爲古代史
上的文藝復興與人文主義思潮擡頭的時代。

　　這些在文化與社會各方面的變化在宗教與神話上的直接表
現，是祖的世界與神的世界之間的距離更進一步的深刻化，以
及對於天的至上權威正面攻擊的嘗試。從東周文明的很多方面來

看，當時的時代是一個分化與競爭的時代。從親族制度上看，
這是王室以外的姬姓各宗以及異姓諸國，在新獲得的力量加強之
下，互相爭雄的時代。在此之前，宗周倚仗其與上帝與天的密切
關係而握有政治與神話上的至上權威。因此，東周時代爭雄爭
霸的事實在宗教與神話上的表現，便是對神祖之間密切關係的挑
戰，並對各自祖先的德功加以標榜與強調。

秦始皇的統一六國，從歷史上證明，爭雄的最後結局主要是
靠政治經濟與軍事各方面的實力來決定的。但在這個爭雄的過程
中，意識上的競爭也非不烈。專從神話上說，我們可以找到下舉
的這些表現。

首先，祖先的世界與神的世界之間的密切關係，到了現在，
是整個的切斷了。上帝與諸神至今屬於一個越來越為人跡所不能
至的範疇[40]。既然沒有任何一個氏族或宗族能把上帝或神界據
為己有，人世間的爭雄因此乃立於一個在宗教上公平不偏的基礎
上。

其次，東周時代的神話不但很清楚地要強調神界對人世上權
威的支配力量的微弱，而且常常把上帝描述成一個與人為敵的影
象。在政治思想上，爭雄的各國君主對宗周的權威以及自己彼此
之間挑戰；在神話的憲章上，被挑戰的對象是上帝、天，以及神
與自然的世界。

由此可見，西周時代初見的"天命靡常"的觀念到了東周時
代更行加強。在《孟子》、《商君書》，以及漢代的《淮南子》

---

(40) 見上引《商周神話之分類》。

裏，卻强調所謂"時變"(41)。天命無常，世無常主。誰得天命？
誰爲世主？回答自然是：有"德"者——繼承西周時代的"德"
的觀念並發揚之光大之。上面引過《國語》的話，說"同姓則同
德"。因此，其始祖有德之氏族或宗族，當作一個羣體攏統言
之，是個有德的團體，其成員也就有資格承受天命。

　　由此可見，把神話與宗教自其與親族羣的政治史的關係上來
研究，商周兩代可以分爲三期：商、周早期、與周晚期。神的世
界與祖的世界之分立，及將"德"這一個觀念作爲這兩個不同的
世界之間的橋樑，乃是西周時代的新發展。東周後期的君主將這
兩個觀念繼續發揚，造成神話組織上的一個嶄新局面。武王伐紂
前後，西周的長老也許以爲憑這兩個觀念的發展推行，姬姓之代
子姓而有天下，乃可以充分的合理化與正統化。他們也許沒有想
到，這兩個觀念在後日之進一步的發揚使得他們在東周時代的後
裔失掉了神話上的權威(42)。

四　動物所扮演的角色

　　討論至此，我們可以回到商周神話與美術中的動物所扮演的

----

(41) 《孟子公孫丑》上："齊人有言曰：雖有智慧，不如乘勢，雖有鎡基，不如待時。
今時則易然也"。《商君書畫策》："故時變也；由此觀之，神農非高於黃帝也，
然其名尊者，以適於時也"。《淮南子・氾論》："先王之法度，有移易者矣。……
故五帝異道而德覆天下，三王殊事而名施後世，此皆因時變而制禮樂者。……先
王之制，不宜則廢之，末世之事，善則著之，是故禮樂未始有常也"。

(42) W. Eberhard, 對高本漢上引 Legends and Cults 一文之 Review (*Artibus
Asiae*, vol. 9, [1946], p. 363) 中，幾乎把本節中所述的關鍵看破。但他把宗周
的正統在東周時代的政治力量看得過大，同時又沒有注意到德的觀念的演變。因
此沒有看到東周時代神話演變的真相。

角色之變遷了。現在我們可以很清楚的看出來：在商周之早期，神話中的動物的功能，是發揮在人的世界與祖先及神的世界之溝通上，而到了神祖之世界分離以後的周代後期，神話動物與神的世界被歸入了一個範疇之內，而人之與動物爲敵成爲對于神的反抗的一種象徵。

《國語》所記的重黎絕天地通故事與古代的骨卜，證明在商周早期人的世界與神祖的世界的溝通多半是藉教士或薩滿的"神通"。《山海經》說啓賓天有兩龍爲伴；"兩龍"在《山海經》裏是不少"神"與"巫"的標準配備[43]。由此可見，說教士與巫覡通神的本事要藉神話動物的助力，多半是不中亦不遠的。芝加哥大學的Mircea Eliade研究全球不少民族中巫覡的本事，結論謂巫覡常爲生死世界的溝通媒介，而動物常爲其助手[44]。Joseph Campbell 說：

> 如Eliade所指出，薩滿的本事是靠他能够任意使自己進入一種昏迷的狀態。鼓和舞一方面擡高他自己的精神，另一方面召喚他的夥伴——他人所不能見，而供給他以力量、幫助他來飛翔的獸與鳥。……在他的昏迷狀態之中，他似鳥一般地飛到上面的世界，或是像隻鹿、牛、或熊一樣降到下面的世界[45]。

(43) 《山海經》中之"乘兩龍"者，除夏后開以外，有東方句芒（《海外東經》）、南方祝融（《海外南經》）、西方蓐收（《海內西經》）、及北方禺彊（《海外北經郭注》）。

(44) Mircea Eliade, *Le chamanisme et les techniques archaiques de l'extase* (Paris, Payot, 1951), pp. 99-102.

(45) Joseph Campbell, *The Masks of God: Primitive Mythology* (New York, The Viking Press, 1959), p.257.

在古代的中國，作爲與死去的祖先之溝通的占卜術，是靠動物骨骼的助力而施行的。禮樂銅器在當時顯然用于祖先崇拜的儀式，而且與死後去參加祖先的行列的人一起埋葬。因此，這些銅器上之鑄刻著作爲人的世界與祖先及神的世界之溝通的媒介的神話性的動物花紋，毋寧說是很不難理解的現象。

　　祖先與神之間的關係，到了中國古代史的晚期，經過了一番相當基本性的變化。人間的事務不復爲神所支配，同時在美術上我們可以看得出那些神奇動物的支配力逐漸喪失，占卜也採用了動物的骨骼以外的媒介。神的世界能爲人及祖先所挑戰，縱使爭鬥的結果未必恒是人祖的勝利。在美術上與神話裏，那些一直與神的世界屬于同一範疇的動物，至此能爲人所爭戰甚至於征服。神話裏敍述鳥獸之爲人害，實爲上帝降禍於人的一部分，而人的祖先英雄，羿，將牠們一一降除。降旱的雖是日神，羿的弓矢所射的乃是日中的金烏。我們還可以指出一件有趣而且有意義的事實，卽饕餮一名，初見于《左傳》，乃是"四凶"之一[46]。假使在東周時代曾經有過人文主義的思潮，把神化爲人祖，把神奇的動物降爲人所征服的對象，則我相信這種轉化的具體過程與直接的動力，必須得在這些世俗的領域裏尋找不可。（表一）

---

[46]　見常任俠，《饕餮終葵神荼鬱壘石敢當考》，《說文月刊》，第2卷，第9期（1940），頁4-6。

表一　商周文化演變分期簡表

年　代（西元前）	朝代及史前文化期	技術	聚落與社羣形態	政府形式	神話類型	若干宗教觀念	美術風格	動物之角色
206—	漢	鐵器；青銅器；石器	城鄉之分立：城爲政治商業儀式與工業之中心爲農村所圍繞	帝國	氏族始祖起源；天地分；宇宙形成與轉變；英雄救世	神祖世界之隔絕；神之全能爲人所懷疑；對個別羣體之"德""功"的強調。	晚周式	"獵紋"；動物爲人所征服；動物圖紋之因襲化
221—	秦			地方勢力之爭霸				
450—	戰國　春秋　東周							
770—	西周		政教中心與工農業鄉村之對立	姬姓絕對姓—國王子權姓	氏族始祖誕生神話	神之世界與祖之世界開始分立；神居於天；王統治人世，受天命，有德	中周式	動物圖紋之因襲化
1100—	殷商					上帝之觀念；上帝與子姓祖先之不可分；祖之世界略等於神之世界	殷周式古典式殷式？	動物圖紋之神奇力量 動物形之圖畫字 骨 卜
1400—								
1700—			（城市興起）					
	龍山期		定居農村	農村		制度化之祖先崇拜	龍山式	
	仰韶期		移耕農村		？	農業豐收祀	仰韶式	
	中石器時代		漁獵基地					

十三
商周青銅器上的動物紋樣[*]

二十年以前在一篇叫做≪商周神話與美術中所見人與動物關係之演變≫的文章裏，我曾對商周銅器上所見動物紋樣的意義，作過這樣的推測："在商周之早期，神話中的動物的功能，是發揮在人的世界與祖先及神的世界之溝通上……。在古代的中國，作爲與死去的祖先之溝通的占卜術，是靠動物骨骼的助力而施行的。禮樂銅器在當時顯然用於祖先崇拜的儀式，而且與死後去參加祖先的行列的人一起埋葬。因此，這些銅器上之鑄刻著作爲人的世界與祖先及神的世界之溝通媒介的神話性動物花紋，勿寧說是很不難理解的現象"[1]。

這種現象雖然不難理解，它的證明卻需要較多的證據和討論。二十年來討論商周銅器上動物紋樣的文章不計其數，上面引述的理論卻還沒有看見引起學者普遍的注意。我在最近出版的一本≪商代文明≫（英文）的書裏很簡略地引述了上舉的說法[2]，卻

---

[*] 原載≪考古與文物≫，1981年第2期，53-68頁。

[1] ≪中央研究院民族學研究所集刊≫16期(1963)，頁130-131。

[2] *Shang Civilization* (New Haven and London: Yale University Press, 1980), p. 209.

又引起學者的異議[3]。這篇文章的目的，是將這個說法比較詳細
的說明和引述一下。商周青銅器中動物紋樣之多與其重要性是很
顯然的；但是對它的意義當如何了解，還是多年來爭議不休的問
題。對它的意義進一步的了解是在商周美術與商周制度的了解上
應有很大啓發性的。

一　商周銅器裝飾花紋中的動物紋樣

　　商代和西周初期(下文簡稱商周)青銅器的裝飾花紋之以動物
紋樣爲其中心特徵，是研究商周青銅藝術的學者們共同指出來的
一件事實[4][5]。動物紋樣的發達的形式在安陽殷墟達到了高峯，
但獸面的原型，至少是兩目和臉廓，在商代中期（鄭州、輝縣、
盤龍城等）的銅器上已很顯著，而且與東海岸史前時代的黑陶和
玉器的若干裝飾紋樣可能有一定的淵源[6][7][8][9]。到了殷墟時代

---

(3) Max Loehr, "The question on content in the decoration of Shang and Chou bronzes," 1980 年六月二日在紐約大都會博物館中國古代青銅器討論會上宣讀論文。

(4) Cheng Te-k'un, "Animals in prehistoric and Shang China," ≪瑞典遠東古物博物館館刊≫ 35(1963)，頁129-138。

(5) 李濟，≪安陽遺址出土之狩獵卜辭、動物遺骸與裝飾文樣≫，≪考古人類學刊≫，第 9、10期合刊 (1957)，頁10-20。

(6) Jessica Rawson, *Ancient China: Art and Archaeology* (London: The British Museum, 1980), p. 78.

(7) 林巳奈夫，≪先殷式の玉器文化≫，≪東京國立博物館美術誌≫第 334 號 (1979) 頁4-16。

(8) 林巳奈夫，≪中國古代の獸面紋をめぐつて≫，≪同上≫，301 號 (1976)，第 4 期，頁 17-28。

(9) 巫鴻，≪一組早期的玉石雕刻≫，≪美術研究≫1979(1)，頁 64-70。

和西周初期，動物紋樣已經複雜多樣；容庚在《商周彝器通考》中所列的動物紋樣包括：饕餮紋、蕉葉饕餮紋、夔紋、兩頭夔紋、三角夔紋、兩尾龍紋、蟠龍紋、龍紋、虯紋、犀紋、鴞紋、兔紋、蟬紋、蠶紋、龜紋、魚紋、鳥紋、鳳紋、象紋、鹿紋、蟠夔紋、仰葉夔紋、蛙藻紋等等[10]。安陽殷墟出土銅器中常見的動物紋樣而爲容氏所未列的，還有牛、水牛、羊、虎、熊、馬、和豬 (參注(5))。

　　從上面列舉的動物名稱，我們可以很淸楚的看出來，這些動物紋樣可分兩類。一是與自然界中存在的動物的關係可以明顯看出來的，如犀、鴞、兔、蟬、蠶、龜、魚、鳥、象、鹿、蛙、牛、水牛、羊、熊、馬和豬；一是與自然界中存在的動物的關係不能明顯的看出，而需使用古文獻裏的神話中的動物名稱來揩稱的。後者中比較常見的如下 (圖十八)：

　　(一)饕餮　《呂氏春秋・先識覽》："周鼎著饕餮，有首無身，飮人未咽，害及其身，以言報更也。"自北宋以來金石學的書籍一直稱商周銅器上的神怪形的獸面爲饕餮紋。容庚《商周彝器通考》把下列各類紋飾都放在饕餮名下：有鼻有目，裂口巨眉者；有身如尾下卷，口旁有足者；兩眉直立者；有首無身者；眉鼻口皆作雷紋者；兩旁塡以刀形者；兩旁無紋飾，眉作獸形者；眉往下卷者；眉往上卷者；眉鼻口皆作方格，中塡雷紋者；眉目之間作雷紋而無鼻者；身作兩歧，下歧上卷者；身作三列雷紋者；身作三列，上列爲刀形，下二列作雷紋者；身一脊，上爲刀形，下作鉤形者；身一足、尾上卷，合觀之則爲饕餮紋分觀之則爲夔紋者。

(10)　容庚，《商周彝器通考》，(燕京學報專刊17，北京，哈佛燕京學社，1941)。

㈡肥遺　歷來講金石學者將神怪性獸面紋，無論有身與無身都稱爲饕餮，但《呂氏春秋》專指"有首無身"的獸紋爲饕餮。《山海經‧北山經》："有蛇，一首兩身，名曰肥遺，見則其國大旱。"李濟建議用肥遺這個名字指稱銅器上當中是正面獸面而左右都有較細長的身體向外伸展的花紋⑾。

㈢夔　《說文》："夔，神魖也，如龍，一足。"《山海經‧大荒東經》："有獸狀如牛，蒼身而無角，一足，出入水則必風雨。其光如日月，其聲如雷，其名曰夔。黃帝得之，以其皮爲鼓，橛以雷獸之骨，聲聞五百里。"又《莊子‧秋水》："夔謂蚿曰：吾以一足趻踔而行"。據此，金石學者用夔來指稱頭尾橫列，當中有一足的龍形獸紋。

㈣龍　龍是古代文獻中最泛見的神話動物，它的形狀如何卻沒有一定的描述。《說文》說龍是"鱗蟲之長，能幽能明，能細能巨，能短能長，春分而登天，秋分而潛淵"，倒像是個形狀不常的大長蟲。聞一多《伏羲考》論龍所徵引的文獻裏有言"交龍"的，即二龍相交的圖象，有言"二龍"的，即二龍成對出現；但龍的本身是什麼形狀呢？"龍像馬，所以馬往往被稱爲龍；……龍有時又像狗……所以狗也被呼爲龍……。此外還有一種有鱗的龍像魚，一種有翼的又像鳥，一種有角的又像鹿。至於與龍最容易相混的各種爬蟲類的生物，更不必列舉了"⑿。既然龍的形狀有這麼大的彈性，金石學家在使用這個名稱來稱呼銅器

⑾　《殷墟出土青銅斝形器之研究》，《中國考古報告集新編古器物研究專刊》第三本(1968)，頁69-70。

⑿　聞一多，《伏羲考》，《神話與詩》(1956)，頁25。

圖十八　商代銅器動物紋樣中的神怪獸形：

饕餮（最上排）；肥遺（第二排）；夔紋（第三排），及龍紋（第四
排）。全采自安陽殷墟出土銅器，見《中國考古報告集新編、古器物
研究專刊》。

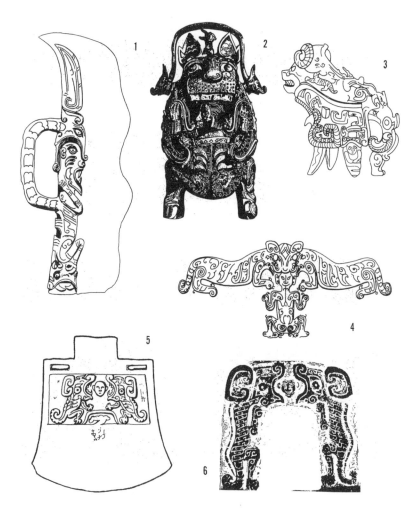

圖十九　　商代銅器紋樣中的人獸關係

(1)弗利爾美術館藏大刀；(2)住友美術館藏 "乳虎食人卣"；(3)弗利爾
美術館藏觥；(4)安徽阜南出土龍虎尊上紋樣；(5)安陽殷墟婦好墓出土
鉞；(6)安陽西北崗東區出土司母戊鼎柄上花紋。

上的動物紋樣時，也就使用很大的彈性：凡是與現實世界中的動物對不上而又不宜稱爲饕餮、肥遺、或夔的動物便是龍了。

　　㈤虬　依《說文》，"虬、龍子有角者"，則虬紋便是有角的龍紋。但依《離騷》王逸注，則無角的才是虬。

　　上面這五個神怪動物的名字，都是在古書中出現的。今人用這些名字（以及其他的名字如鳳）來指稱商周青銅器美術中個別的動物紋樣，也不過是把它們當作約定俗成的描述性的詞彙來使用便是。古人如果復生，看到了當時青銅器上的動物紋樣，是不是也用這一類的或甚至是同樣的名詞來稱呼它們，就不是我們所能知道的了。

　　僅就商周銅器上動物紋樣的特徵來說　，　除了㈠它們爲數很多，占裝飾紋樣的絕大部分，和㈡它們種類也很多，除了有現實世界中多種可以指名的動物外，還有好幾種神話中有名稱有傳聞的神異動物，這兩點之外，還可以舉出另外兩項特點。

　　㈠商周銅器上的動物紋樣常是左右對稱成雙成對的。銅器花紋的基本構成常是環繞器物成爲二方連續帶，以銅器的角稜隔成若干單元，每個單元中有一個動物的側面輪廓。如果一個單元中的獸頭向左，則其左面鄰接單元中的獸頭通常向右，二個獸面面對面的接到一起，以角稜爲獸面的中線。從中線上看，左右的獸形可說是一個獸形從中劈分爲二，再向左右展開，但也可以說是兩個動物紋樣在面中部接合在一起的結果。換言之，饕餮面和肥遺都可以說是兩個動物在中間合併而成，也可以說是一個獸面或一隻動物從當中劈爲兩瓣所造成的。

　　㈡殷商和西周初年的銅器中，有少數人形與動物紋樣一起出現的情況。其中最著稱的是日本住友氏[13]和巴黎西弩奇博物館[14]的一對"乳虎食人卣"。此外據我所見所知的還有美國華盛頓弗烈爾美術館收藏的一個三足的觥，其後面二足的根部各有一人形，兩臂交挽置於體前，頭上有張口的饕餮面[15]；同館收藏品中還有一個大銅刀，刀背上有獸張開大口，下面有一個人的側臉[16]；河南安陽侯家莊"大柏樹墳"附近，卽西北崗殷兩王室墓地東區西南角一帶出土的大司母戊鼎的把手外面有兩個獸形，在它們張開的口部之間夾著一個人頭[17]；安陽小屯第五號墓（婦好墓）出土的一件青銅鉞面上也鑄有兩個獸形張開大口，當中夾著一個人頭[18]；另外在安徽阜南出土的一個"龍虎尊"體部兩個展開的獸形口部之間也夾著一個人頭，下面連著人體[19]。這幾件器物的人獸紋樣，除了兼有人獸之外，還具有若干共同之點：饕餮面或獸形都張開大口，而人頭都放在口下；人頭或人體都與獸面或獸身成垂直角；獸形雖可泛稱為饕餮，從體形和體紋看來都似是虎形。其中不同之點是乳虎食人卣和弗烈爾美術館的觥和刀的"食人獸"都是單個的，而其他三件都是成對自左右將人頭夾在中間的；大司母戊鼎、婦好鉞、和弗烈爾美館的刀只有人頭，其他的

(13) 梅原末治，≪新修泉屋清賞≫，（京都，泉屋博物館，1971）。

(14) Vadime Elisseeff, *Bronzes archaiques Chinois au Musée Cernuschi, tome 1,* (Paris: L'Asiatheque, 1977), pp. 120–131.

(15) John Pope, et al., *Freer Chinese Bronzes I,* (Washington, D. C.: Freer Gallery of Art, 1967), No. 45.

(16) 據作者自攝照片。

(17) 陳夢家，≪殷代銅器≫，≪考古學報≫，7（1954），頁 15-59。

(18) ≪安陽陽墟五號墓的發掘≫，≪考古學報≫，1977(2)，圖版 XⅢ：2。

(19) 葛介屏，≪安徽阜南發現殷商時代的青銅器≫，≪文物≫，1959(1)封裏。

則帶身體；乳虎食人卣的人身與獸身相抱，其他的則分開（圖十九）。

　　對於商周青銅器美術中動物紋樣意義的任何解釋，要對上面的這些特徵都能提供合理的解釋，而不能只講通若干特徵而不適用於其他特徵。換言之，關於動物紋樣的問題不是只有一個，是有一連串好幾個：商周青銅工業者爲什麼使用動物紋樣？動物紋樣有何作用？爲什麼有種種類別？爲什麼成雙成對？爲什麼有時與人像相結合？爲什麼在與人像相結合時要採取一定的特徵性的形態？

二　動物紋樣的意義

　　商周青銅器上的動物紋樣究竟有沒有內容上的意義？歷來研究這個問題的人很多，此處不遑一一徵引。多數學者認爲它們是代表古代的圖騰或是自然界裏面還是神話裏面的神怪。但也有的美術史學者相信動物紋樣是從幾何形紋飾演變出來的，因此完全是裝飾的紋樣而沒有任何宗教上或意識形態上的意義[20]。看這個問題，我相信可以從兩方面入手：一是動物紋樣的演變歷史，要由此來決定動物紋樣是青銅器一開始便有，還是逐漸由幾何形圖案演變出來的。二是研討它的意義，並且加以證明。如果能夠提出來圓滿的，可以證明的在意義上面的解釋，那麼有沒有意義這個問題才能眞正的加以囘答了。關於第一點，我們可以很簡單直捷的說，動物紋樣不但是自銅禮器有了裝飾紋樣以後便開始有了，而且如上文所說的甚至可以向上追溯到新石器時代。本節的討論

⒇　Max Loehr, *Ritual Vessels of Bronze Age China* (New York：The Asia Society, 1968), p. 13.

便集中在第二點的討論上，即試求提出一個說明動物紋樣的意義
的可信的說法。我相信最可信的說法，一定也是最簡單、最直
捷，可以最明瞭的自文獻史料和器物實物本身推想得到的說法，
而且這個說法又要能將上節所列的各種有關現象都能照顧得到。

　　實際上，商周銅器及其上動物紋樣，在先秦古籍裏早已有明
白清楚的說明了。《國語·楚語下》：

> 昭王問於觀射父曰：周書所謂重黎實使天地不通者，何
> 也？若無然，民將能登天乎？對曰：非此之謂也。古者
> 民神不雜。民之精爽不攜貳者，而又能齊肅衷正，其智
> 能上下比義，其聖能光遠宣朗，其明能光照之，其聰能
> 聽徹之，如是則明神降之，在男曰覡，在女曰巫。是使
> 制神之處位次主，而爲之牲器時服，而後使先聖之後之
> 有光烈，而能知山川之號，高祖之主，宗廟之事，昭穆
> 之世，齊敬之勤，禮節之宜，威儀之則，容貌之崇，忠
> 信之質，禋絜之服，而敬恭明神者，以爲之祝。使名姓
> 之後，能知四時之生，犧牲之物，玉帛之類，采服之
> 儀，彝器之量，次主之度，屏攝之位，壇場之所，上下
> 之神，氏姓之出，而心率舊典者爲之宗。於是乎有天地
> 神民類物之官，是謂五官，各司其序，不相亂也。民是
> 以能有忠信，神是以能有明德，民神異業，敬而不瀆，
> 故神降之嘉生，民以物享，禍災不至，求用不匱。

觀射父所講的一套大道理，集中在"民""神"之間的關係；民
即生人，神當以死去的祖先爲主。民神之間的溝通，要仰仗民裏
面有異稟的巫覡，其中有高明者爲祝爲宗。在幫助他們通神的各

種配備中，包括"牲器"卽"犧牲之物"和"彝器之量"在內。換言之，商周的青銅禮器是爲通民神，亦卽通天地之用的，而使用它們的是巫覡。這個說法與一般研究古銅器的人的看法在基本上是一致的。

　　旣然青銅彝器是協助巫覡打通天地之用的，那麼它們上面的動物紋樣與通天地有無關係？《左傳》宣公三年已經很明白的把這點解答清楚了。這年楚子（莊王）伐陸渾之戎，遂至於雒，觀兵于周疆。周定王使王孫滿勞楚子，楚子向王孫滿問鼎的大小輕重。王孫滿的回答的前面一段如下：

> 在德不在鼎。昔夏之方有德也，遠方圖物，貢金九牧，
> 鑄鼎象物，百物而爲之備，使民知神姦。故民入川澤山
> 林，不逢不若，螭魅罔兩，莫能逢之。用能協于上下，
> 以承天休。

這段話歷來有許多解釋[21]，但最直捷簡單的翻譯不妨如次："（關鍵）是在德而不在鼎。以前當夏代正有德的時代，遠方各地將當地的物繪成圖畫，而九州的長官則獻來青銅，（於是乎便）鑄造了銅鼎並在上面表現了物的形象，百物都具備，於是生人便知道什麼是助人的神，什麼是害人的神。生人進入了川澤山林，不會遇到不合適的神，如螭魅罔兩一類便不會遇到。由此便能使上下（卽天地）相協，而使生人能承受天的福祉。"再簡化而言之，便是說夏人鑄鼎象物，使人知道那些動物是助人的神，卽是可以助人通天地的，那些動物是不助人通天地的。這段話是不是正確說明了鑄"九鼎"的目的我們無法判斷，但由此可以知道，

---

(21)　如江紹原，《中國古代旅行之研究》（臺灣，商務印書館重印版，1966）。

照王孫滿的說法，動物中有若干是幫助巫覡通天地的，而它們的
形象在古代便鑄在青銅彝器上。

　　上面這段話裏有關鍵性的一點，便是將《左傳》宣公三年王
孫滿所謂之"物"當作"犧牲之物"亦卽"助巫覡通天地之動
物"解。這個解釋是建築在兩點事實上的。其一，文中說"鑄鼎
象物"，而我們所見的古代彝器上全是"動物"而沒有"物品"，
因此鑄鼎所象之"物"除了指動物以外沒有別的意義可解。其
二，文中明說了象物之目的是"用能協于上下，以承天休"的，
這個目的與鑄鼎的目的是一致的。青銅彝器是巫覡打通天地所用
配備的一部分，而其上所象的動物紋樣也有助於這個目的。

　　"物"這個字是不是可以作這樣的解釋？《左傳》裏面"物"
字出現次數不少（約六、七十次），它的意義也不一，但在若干
處它的意義甚爲明瞭而也與上文相合。定公十年云："叔孫氏之
甲有物"；從古器物學上看，甲上的物像只有是動物紋樣的可
能。莊公三十二年有一段講神降與物的關係，啓示尤大：

> 秋七月，有神降于莘。惠王問諸內史過曰：是何故也？
> 對曰：國之將興，明神降之，監其德也。將亡，神又降
> 之，觀其惡也。故有得神以興，亦有以亡。虞夏商周皆
> 有之。王曰：若之何？對曰：以其物享焉。其至之日，
> 亦其物也。

可見"物"是享神用的祭祀犧牲，而因神（"其物"）因日（"其
至之日"）而異，也就是上引《國語·楚語》中"民以物享"的
"犧牲之物"。從這裏我們逐漸了解：助巫覡通天地的若干特殊
動物，至少有若干就是祭祀犧牲的動物。以動物供祭也就是使用

動物協助巫覡來通民神、通天地、通上下的一種具體方式⑵⑵。
商周青銅器上動物紋樣乃是助理巫覡通天地工作的各種動物在青
銅彝器上的形象。

　　上面提到龍時曾提到古籍中的"二龍"。≪山海經≫中兩龍
數現，每次露面都似與民神溝通有關。≪大荒西經≫：

　　　西南海之外，赤水之南，流沙之西，有人珥兩青蛇，乘

　　　兩龍，名曰夏后開。開上三嬪於天，得九辯與九歌以

　　　下。此天穆之野，高二千仞。開焉得始歌九招。

同一故事又見於≪海外西經≫：

　　　大樂之野，夏后啓，于此儛九代，乘兩龍，雲蓋三層，

　　　左手操翳，右手操環，佩玉璜。在大運山北，一曰大遺

　　　之野。

這個珥兩青蛇、乘兩龍而上賓於天的夏后啓是將天上的九辯九歌
帶下於民間的英雄，亦卽將樂章自神間取入民間的巫師；≪離
騷≫："啓九辯與九歌兮，夏康娛以自縱。"他之能夠作到這件
功勞是得到青蛇與龍的幫助的。這些龍與蛇也是四方之神，卽四
方溝通上下的使者的標準配備。≪海外東經≫：

　　　東方句芒，鳥身人面，乘兩龍。

郭璞注引≪墨子≫曰："昔秦穆公有明德，上帝使句芒賜之壽十
九年。"是句芒乘兩龍在上帝與民之間來往。≪海外西經≫：

　　　西方蓐收，左耳有蛇，乘兩龍。

⑵　參見傅斯年，≪跋陳槃君"春秋公矢魚于棠說"≫，≪歷史語言研究所集刊≫第
　　7本第2分，(1938)。

⑵　"物"字在卜辭中與犂字混淆，見李孝定，≪甲骨文字集釋≫，(歷史語言研究
　　所專刊50，1970年再版)，頁317-330。

郭注引《尚書大傳》和《淮南子》謂蓐收爲帝少皞之神。又《海外南經》：

　　　南方祝融，獸身人面，乘兩龍。

《海外北經》：

　　　北方禺疆，人面鳥身，珥兩青蛇，踐兩青蛇。

郭注另本作：“北方禺疆，黑身手足，乘兩龍。”可見兩龍、兩蛇等都是四方使者共有的助理（圖二十）。另外河伯亦乘龍；《九歌·河伯》：

　　　與女遊兮九河，衝風起兮橫波，乘水車兮荷蓋，駕兩龍
　　　兮驂螭。

《山海經·海內北經》也說：“冰夷，人面，乘兩龍”。郭注：“冰夷……卽河伯也。”河伯爲何也要駕龍，莫非是因爲“黃河之水天上來”麼[24]？不論如何，《楚辭》和《山海經》都屢提到兩龍兩蛇，並以龍蛇爲通天地的配備，都是非常值得注意的。《山海經》很可能便是“古代的一部巫覡之書”[25]，而《楚辭九歌》與祭祀巫舞的關係也是很密切的[26][27][28]。從這些材料看來，以銅器上動物紋樣爲巫覡通天地工作上的助理動物的形象的說法，和古代與巫覡有關資料的記載是相符合的。

---

(24)　關于河伯與冰夷的種種傳說，見文崇一，《九歌中河伯之研究》，《民族學研究所集刊》，9 (1960)，頁139-162。

(25)　袁行霈，《山海經初探》，《中華文史論叢》，(1979)，第3輯，頁7-35。

(26)　藤野岩友，《巫系文學論》，（東京，大學書房，1969）。

(27)　凌純聲，《銅鼓圖文與楚辭九歌》，《中央研究院院刊》，第1輯 (1954)，頁403-417。

(28)　Chan Ping-leung (陳炳良)，"Ch'u Tz'u and the Shamanism in Ancient China,"（美國 Ohio State University 博士論文（未刊），1974）。

　　《國語》、《左傳》、《山海經》、與《楚辭》這些書固然都是周代後期的文獻，它們對古代的追述衆知是有一定的可靠性的，而且它們所代表的觀念有時代表商代與西周觀念的延續。專就通天地與以鳥獸爲神使的觀念來說，殷墟卜辭裏所代表的觀念也是與之相應的。生王與祖先通訊息的占卜，不是便依藉動物的甲骨來實現的嗎？而且"上帝或帝不但施令於人間，並且他自有朝廷，有使臣之類供奔走者"[29]，其中包括"帝史鳳"（《卜辭通纂》398），可爲動物的代表。商周青銅器上的動物紋樣更是這方面的直接證據。

　　上文所引的中國古人自己對動物紋樣的說法，在近代的原始社會的巫術上還有相似的跡象可尋。如對現代薩滿教（Shamanism）研究多年的葉理雅得（M. Eliade）所指出的，薩滿們每人都有一批他們特有的，作爲他們行業上助理的精靈；這些精靈多作動物形狀，如在西伯利亞和阿爾泰區域者有熊、狼、鹿、兔及各種的鳥（尤其雁、鷹、鴞、烏鴉等），和各種的蟲子等[30]。照研究神話的學者以及據他們所報告的薩滿自己的說法[31]，薩滿行法的時候，常以藉有形（如藥品）無形（如舞蹈所致的興奮）的助力而達到一種精神極興奮而近於迷昏的狀況（trance），他們就在這種狀況之下與神界交通。在這種交通之際，作爲他們助手的動物的精靈便被召喚而來，而助巫師以一臂之力；召喚的方

(29)　陳夢家，《殷墟卜辭綜述》，(1956)，頁572。

(30)　Mircea Eliade, *Shamanism: Archaic Techniques of Ecstasy* (Princeton University Press, 1964), pp. 88-89.

(31)　Joseph Campbell, *The Masks of God: Primitive Mythology* (New York: The Viking Press, 1959), p. 257.

圖二十　《山海經》四方使者乘兩龍踐兩蛇的形象

（採自1895年刊《山海經存》）

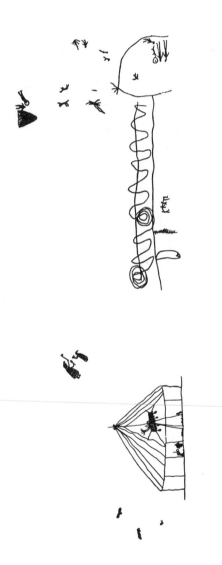

圖二十一　西伯利亞楚克欺人所繪薩滿的動物助理在祭儀中的作用。圖左示秋祭海神：海神及其妻在左上右角；帳內行祭儀的身後滿，祭器在地上；動物精靈在圖左，正在上昇，其一爲鳥，一爲狐。圖右示喪葬祭祀，各種動物精靈（圖之右中部）正在上昇中，犧牲品在其下。原圖採自 W. Bogoras, *The Chukchee* pp. 317, 330. （見註59）。

圖二十二　《山海經》中《大荒南經》不廷胡余與因因乎的形象
（採自1895年刊本《山海經存》）

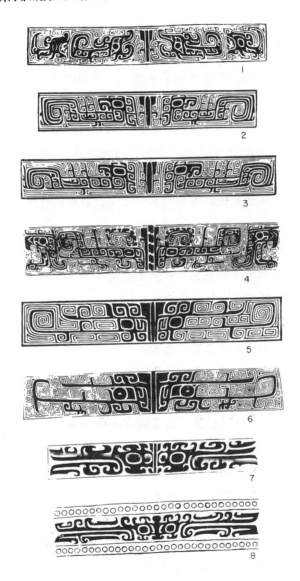

圖二十三　　殷虛銅鼎單圈週帶花紋八例
（採自李濟《殷虛出土青銅鼎形器之研究》）

式有時是把動物作犧牲，而使之自軀體中昇華出來。巫師們在動物
精靈的幫助之下昇到天界或降到地界與神或祖先相會（圖二十一）。
在一個中國東北滿族薩滿的故事裏，便記述了一位名叫尼三
（Nišan）的女巫的一段行程；每逢到阻礙的時候，她便召她的
動物助手，藉他們的力量打破阻礙，抵達彼界：

再向前走，她不久便達到紅河的河岸。她向四週看了
看，却看不到可供她擺渡過河的船，而且連個人影也看
不見。於是她沒有別的辦法了，只好開始哼哼，急找她
的精靈：

愛枯里，叶枯里〔咒語〕'大鷹

愛枯里，叶枯里　在天上旋的，

愛枯里，叶枯里　銀色鶄鴒，

愛枯里，叶枯里　在海山轉的

愛枯里，叶枯里　惡蛇，

愛枯里，叶枯里　沿著河岸蠕行的

愛枯里，叶枯里　八條蟒蛇，

愛枯里，叶枯里　沿著澗河走的——

愛枯里，叶枯里　年輕的神主，我自己

愛枯里，叶枯里　要渡過，

愛枯里，叶枯里　這條河。

愛枯里，叶枯里　你們全部精靈，

愛枯里，叶枯里　把我抬起來，把我渡過去，

愛枯里，叶枯里　趕快！

愛枯里，叶枯里　顯露你們的力量！

　　愛枯里，叶枯里。

　　唸了以後，她便把她的小鼓投入河中，她自己便踏在上

面，像一陣旋風樣她在一瞬間便渡過了河[32]。

再走了一段之後，她到了一個城鎮，是她的目的地，可是城門關

得緊緊的，無法進入，於是尼三巫師便又開始唸咒了：

　　　克拉尼，克拉尼　〔咒語〕，翺翔的大鳥

　　　克拉尼，克拉尼，　　在東山上

　　　克拉尼，克檀尼，　　搭巢的，

　　　克拉尼，克拉尼，　　檀香木上的食魚鳥，

　　　克拉尼，克拉尼，　　在康嶺山上的

　　　克拉尼，克拉尼，　　橡木上的雛，

　　　克拉尼，克拉尼，　　在茫加山上

　　　克拉尼，克拉尼，　　休息着的

　　　克拉尼，克拉尼，　　九條蛇

　　　克拉尼，克拉尼，　　八條蟒

　　　克拉尼，克拉尼，　　小虎

　　　克拉尼，克拉尼，　　狼雛，

　　　克拉尼，克拉尼，　　在石洞穴裏

　　　克拉尼，克拉尼，　　和鐵徑上

　　　克拉尼，克拉尼，　　休息着的

　　　克拉尼，克拉尼，　　金色鵲鴒，

---

(32) Margaret Nowak and Stephen Durrant, *The Tale of the Nišan Shamaness: A Manchu Folk Epic* (Seattle and London: University of Washington Press, 1977), pp. 62-63, 66-67.

克拉尼，克拉尼，　在山上旋的

克拉尼，克拉尼，　銀色鶺鴒，

克拉尼，克拉尼，　在海上繞的

克拉尼，克拉尼，　飛翔的鷲

克拉尼，克拉尼，　鉛色的鷹

克拉尼，克拉尼，　多色的鷹

克拉尼，克拉尼，　大地的鵰，

克拉尼，克拉尼，　九行，

克拉尼，克拉尼，　十二列，

克拉尼，克拉尼，　成羣的鵰——

克拉尼，克拉尼，　趕快

克拉尼，克拉尼，　飛進城去

克拉尼，克拉尼，　帶着他！

克拉尼，克拉尼，　用你們的爪子，

克拉尼，克拉尼，　抓住他！帶着他！

克拉尼，克拉尼，　用你們的爪子，

克拉尼，克拉尼，　抓住他！帶着他！

克拉尼，克拉尼，　把他放在你們的背上

克拉尼，克拉尼，　把他放在一個金香爐裏帶來！

克拉尼，克拉尼，　把他轉過身來

克拉尼，克拉尼，　把他放在一個銀香爐裏帶來！

克拉尼，克拉尼，　靠你們肩膀的大力

克拉尼，克拉尼，　把他帶起來！帶來！

克拉尼，克拉尼。

她唸完詞後，這些精靈便都飛了起來，"好像雲霧一般"。

　　從這兩段咒語看來，作薩滿助手的動物有多種多個，不同的動物當有不同的本事，薩滿要靠他們幫助的時候便可依他的需要而加以召喚。三千年前商周銅器上動物紋樣有多種多樣，他們的作用也許是與此相近的。

　　照這個說法看來，商周青銅器的動物紋樣是與當時生活中的動物界及人與動物之間的關係分不開的。也就是說，"商代裝飾藝術家所使用的動物紋樣之中，不論是在雕石、鑄銅、鑲嵌木器、製陶、還是磨玉上，其大多數原來都有一個土生的和與自然界有關的基礎"(參注(5))。李濟特別指出藝術中所用紋樣較多的動物有鹿、牛、水牛、羊、羚羊、象、熊、馬、猪，以及鳥類、爬蟲類、昆蟲類、兩棲類、魚類、蠕蟲類等等。這些動物很可能都作過巫師的助理精靈，而且照上文的討論看，也多半作過祭祀的犧牲。至於饕餮、肥遺、夔、龍、虯、等神怪性的動物，雖然不是自然界中實有的動物，卻很可能也是自然界中的動物如牛、羊、虎和爬蟲等轉化而成的。如李濟所說的，"這種與木雕藝術並行發展的鑲嵌藝術，使刻木頭的人們，手法的表現更加自由了。這一點，在鑲嵌工人要在平面上表現立體的形態時，更易見出。他們的方法是將立體的動物，分割為相等的兩半，拼成平面。由這種新的紋樣配列法更進一步的演變，就是將同一動物的身體各部分予以重複；或將甲動物的一部分配合於乙動物另一部分；或誇張其身體之一部而忽略他部；由此形成各種複雜的紋樣。商朝的裝飾藝術家對這種新的表現技法具有偏好；很快地，雕刻工、陶工、玉工和銅工亦均相繼倣效。因是之故，乃有虎頭加於猿

身、人頭長出兩角等等怪形畸象的出現。但他們的題材都是自他
們所生活的環境中取出的"(參注(5))。所以說，"饕餮紋所取的物象
多是由來有自，取諸常見的鳥獸等物，或近取諸人類的" [33] [34]。

三　動物紋樣其他若干特徵的討論

在第一節我們提到過商周青銅器動物紋樣常常成對左右同
現，同時在少數器物上與人頭或人頭連身同時出現。照上面對商
周銅器上動物紋樣的解釋，我們能不能同時把這兩點特徵也做圓
滿的說明？

我們先從人與動物圖形同現的情形說起。從"乳虎食人卣"
這個名詞來看，我們可以知道對這一個卣所表現的人獸關係的一
個看法是張開大口的饕餮正在把人自頭部吞吃著。這與《呂氏春
秋》所說"周(或夏)鼎著饕餮，有首無身，食人未咽，害及其身"
的描述，也有部分的符合。可是這裏表現的，是否的確是饕餮食
人的情狀？前文所舉七件人獸同現的器物，可以又分為四組：

1. 一個怪獸張開大口，人現頭部和全身，人的頭部在獸的上
   領下，但人身與獸身雙臂相抱——京都與巴黎的兩件。
2. 一個怪獸張開大口，人現頭部或全身，人頭在張開的獸上
   領下——弗烈爾美術館的觥和刀。
3. 一個怪獸的頭面在中央，身體左右各向外展開，成為肥遺
   型，人現頭部和身部，頭在獸上領下，人體與獸體垂直

(33) 譚旦冏，《饕餮紋的構成》，《歷史語言研究所集刊外編》第四種(1960)，頁274.
(34) 參見林巳奈夫，《殷中期に由來する鬼神》，《東方學報（京都）》，第41冊，
(1970) 頁1-70。

——阜南的一件。

4.左右各有怪獸一個，張口相對，把一個人頭夾在當中——
　　安陽出土的兩件。

這幾種情形中，沒有一件毫無疑義的在表現怪獸食人。唯一令人
聯想到“吃人”的動作是怪獸把口張開而人頭放在口下。但這一
個動作並不一定表示食人，卽將人頭人身咀嚼吞下。如果有把人
頭或上半身都吞到肚子裏面去而下半身還在口外的形象，那麼這
“食人”的意義便要明顯得多了。可是這種表現是沒有的。兩件
卣所表現的是人抱著獸，獸抱著人，而且人的兩足穩穩當當的踏
在獸的兩足上。大司母戊鼎和婦好鉞的人頭正正當當的放在兩個
獸頭的當中，都不似是食人的舉動。

那麼這些張口怪獸與人形一起出現應該如何解釋呢？有人指
出張開的獸口在世界上許多古代文化中都作爲把兩個不同的世界
（如生、死）分割開來的一種象徵[35]。這種說法與我們把怪獸紋
樣作爲通天地（亦卽通生死）的助理的看法是相符合的。而且這
幾件器物所象的人很可能便是那作法通天中的巫師，他與他所熟
用的動物在一起，動物張開大口，噓氣成風，幫助巫師上賓於
天。這個解釋雖然與過去把獸形本身當作巫師形象或面具的說法
[36] [37] 相左，卻與上文對動物紋樣一般的解釋是相符合的，而且還

---

[35]　Nelson Wu, *Chinese and Indian Architecture* (New York: G. Braziller,
　　　1963), p. 25.

[36]　Jordan Paper, "The meaning of the t'ao-t'ieh," *History of Religions* 18
　　　(1978), pp. 18-41.

[37]　商周銅器中的巫師形象，參見Carl Hentze, "Eine Schamanentracht in ihrer
　　　Bedeutung für die Altchinesische kunst," *IPEK* 20 (1963), pp. 55-61.

在《山海經》裏找到不少支持。

《山海經》裏除了"乘兩龍"的記載以外，還有許多"珥蛇"，"操蛇"的說法，就是描寫各地的巫師將幫忙的動物用兩手牽握操縱或戴佩在耳上；後者是與銅器上將動物置于人頭兩旁的形象相符合的：

夫夫之山，……神于兒居之，其狀人身而手操兩蛇。

（《中山經》）

洞庭之山……神狀如人面戴蛇，左手操蛇。（《中山經》）

巫咸國在女丑北，右手操青蛇，左手操赤蛇，在登葆山，羣巫所從上下也。（《海外西經》）

西方蓐收，左耳有蛇，乘兩龍。（《海外西經》）

博父國在聶耳東，其爲人大，右手操青蛇，左手操黃蛇。（《海外北經》）

北方禺彊，人面鳥身，珥兩青蛇，踐兩青蛇。

（《海外北經》）

奢比之尸，在其北，獸身人面大耳，珥兩青蛇。

（《海外東經》）

雨師妾在其北，其爲人黑，兩手各操一蛇，左耳有青蛇，右耳有赤蛇，一曰在十日北，爲人黑，人面，各操一龜。（《海外東經》）

東海之渚中有神人面鳥身，珥兩黃蛇，踐兩黃蛇，名曰禺虢。（《大荒東經》）

有困民國，句姓而食，有人曰王亥，兩手操鳥，方食其頭。（《大荒東經》）

> 有神人面犬耳獸身，珥兩青蛇，名曰奢比尸。（≪大荒東經≫）
>
> 南海渚中有神人面，珥兩青蛇，踐兩青蛇，曰不廷胡余。有神名曰因因乎，南方曰因乎，夸風曰乎民，處南極以出入風。（≪大荒南經≫）
>
> 西海渚中有神，人面鳥身，珥兩青蛇，踐兩赤蛇，名曰弇玆。（≪大荒西經≫）
>
> 西南海之外，赤水之南，流沙之西，有人珥兩青蛇，乘兩龍，名曰夏后開。（（≪大荒西經≫）
>
> 北海之渚中，有神人面鳥身，珥兩青蛇，踐兩青蛇，名曰禺彊。（≪大荒北經≫）

這些個神，都是與蛇合爲一體的，有的在耳邊，有的在手中，有的在足下，無疑都是他們作法登天的工具。其中最有意思的是≪大荒南經≫裏面那個叫不廷胡余的神，兩耳邊有兩蛇，足下有兩蛇，還與一個叫因因乎的神作伴，這個因因乎是個風神（圖二十二）。按風是動物張口呼出來的：

> 鍾山之神，名曰燭陰，視爲晝，暝爲夜，吹爲冬，呼爲夏，不飲不食不息，息爲風。身長千里，在無脊之東。其爲物，人面蛇身，赤色，居鍾山下。（≪海外北經≫）
>
> 西北海之外，赤水之北，有章尾山，有神人面蛇身而赤，直目正乘，其暝乃晦，其視乃明，不食不寢不息，風雨是謁，是燭九陰，是謂燭龍。（≪大荒北經≫）

這個"息爲風"的燭陰便是後來徐整≪五運歷年記≫所記的"首生盤古，垂死化身，氣成風雲"（≪繹史≫卷一引）。商代卜辭裏的風

字卽鳳；《卜辭通纂》上引 398 片 "于帝史鳳，二犬"。郭沫若
註釋云：

> 卜辭以鳳爲風。說文：鳳，神鳥也……。此言于帝史鳳
> 者，蓋視鳳爲天帝之使，而祀之以二犬。荀子解惑篇引
> 詩曰：有鳳有凰，樂帝之心。蓋言鳳凰在帝之左右[38]。

對此雖有異說[39]，我們卻知道，不但上帝以風爲他的使者，而且
東西南北四方也都各有其風[40]，很可能的，風也是商周時代巫師
通天地的一項助力。張口的神獸，"息爲風"，更加強了他們溝
通天地的力量。銅器上表現著巫師藉他們的動物以及動物吹氣成
風的力量，正是指對他們通天地的神能而來的。

　　不論動物張口與"息爲風"之間有什麼樣的直接的聯繫，可
能是巫師的人像放在兩獸開口之間或一個獸形張開的大嘴之下，
充分的表現了當時人獸關係之密切；說這種動物乃是個別巫師的
親近的助手是合理的。正如韓策（Carl Hentze）所指出的[41] [42] [43]，
商周銅器的人獸關係與古代美洲的一種人獸關係有相像之處。以
墨西哥的阿茲忑克人（Aztec）爲例[44]，他們每人生後便由巫師指

(38) 《卜辭通纂》，（東京，1933），頁398。

(39) 反對此說者，見島邦男，《殷墟卜辭研究》，（東京，汲古書院，1958），頁199。

(40) 陳邦懷，《殷代社會史料徵存》，(1959) "四方風名" 條。

(41) Carl Hentze, *Objets Rituels, Croyances et Dieux de la Chine Antique et de l'Amérique* (Anvers: De Sikkel, 1936).

(42) Carl Hentze, *Die Sakralbronzen und ihre Bedeutung in den Fruehchinesischen Kulturen* (Antwerpen: De Sikkel, 1941).

(43) Carl Hentze, *Bronzegerät, Kultbauten, Religion im ältesten China der Shang-Zeit* (Antwerpen: De Sikkel, 1951).

(44) Maguel Léon-Portilla, *Aztec Thought and Culture* (Norman: University of Oklahoma Press, 1965).

定某種動物為他一生的伴侶或所謂"同一個體的另一半"（alter
ego），叫做這個人的"拿畫利"（Nahualli）。在美術品上這個
拿畫利便常常張開大口把它的伴侶的頭放在口中。這種"同一個
體的另一半"在美術上類似的表現，事實上有廣泛的分布，可以
說是環太平洋的[45]。看京都與巴黎兩個乳虎食人卣上人獸關係的
密切，他們之間的關係，不但是"親密的獸侶"（familiar
animal）而且也可以說是"同一個體的另一半"了！商代文化與
環太平洋文化有許多相似之處，這又是一例。但是我們不一定主
張商代文化與古代環太平洋或美洲文化之間一定非有什麼親緣關
係不可。上面所舉的一些資料只是說明本文對人獸關係的解釋不
但是與上面對動物紋樣的一般說明相一致，並且在其他古代文明
裏也有類似的例子，這些例子可以給我們有用的啟示。還有一點
值得注意的，即這幾件商代人獸同見的器物上的獸，很可能都是
虎的變形。商王本身便是商代最高的巫師[46]，所以這種關係可以
代表王室成員與虎的特殊關係，就好像古代美洲的統治階級在神
話與美術上與美洲虎（jaguar）的特殊關係一樣。

　　關於動物紋樣成雙成對的現象，與《山海經》和《楚辭》裏
所說的"兩龍"是一致的。為什麼兩龍？為什麼若干動物紋樣中
人頭的左右各有一條神獸？這是與動物紋樣的基本構成設想有關
的一個問題，即銅器上的獸面究竟是一個獸中剖為二左右展開成
為兩獸的，還是左右兩獸在面中央相接而化為一獸的？主張前者

---

(45)　Douglas Fraser, *Early Chinese Art and the Pacific Basin: A Photographic
　　　Exhibition* (New York: Intercultural Arts Press, 1968).

(46)　陳夢家，《商代的神話與巫術》，《燕京學報》第20期，（1936）下編，頁532-
　　　576。

的學者很多，可以顧立雅 (H. G. Creel) 為代表：

> 饕餮的特徵是它表現獸頭的方式是好像將它分剖為二，
> 將剖開的兩半在兩邊放平，而在鼻子中央一線結合。下
> 頷表現兩次，每側一次。……我們如將兩半合起來看，
> 它們表現一個十分完整的饕餮，從前面看，其兩眼、兩
> 耳、兩角和下頷表現兩次(47)。

這裏所說的下頷，實際上應該是上頷向下向前的延長，因為銅器
上的獸面紋裏面是沒有分開表現的下頷的。顧立雅這種說法，可
能是受了太平洋沿岸若干現代民族裝飾美術的影響，如北美西北
海岸印地安人的木雕，其中的獸面便是自中分剖為二而將二半在
左右二側平躺下來來表現的(48)。照這種說法，則商周銅器中動
物紋樣成對成雙的現象，乃是平面表現立體的技術上的要求所使
然；換言之，兩個動物原來乃是一個。文獻中的"兩龍"因此也
可能是自裝飾圖形中的形象而來的。

　　與此相反的說法，是把成雙成對的動物紋樣，至少其中在頭
面部結合成一個動物頭面的，看成兩個動物，而夔饕面與肥遺型
的圖案是後起的。換言之，獸體分成左右二半，不是一個獸面分
剖為二的結果，而是兩個獸形在當中結合的結果。李濟討論小屯
與侯家莊出土銅鼎中有動物圈帶的八件，將它們分為六型，並將
六型圈帶排成自左右二半各有一單獨夔紋或龍紋的型態到成熟的
肥遺型的動物圈帶這樣一個順序（圖二十三）。李濟指出他所排的這

---

(47) H. G. Creel, *The Birth of China* (New York: F. Ungar, 1937), p. 115.

(48) H. G. Creel,"On the origins of the manufacture and decoration of bronze in the Shang period," *Monumenta Serica* 1 (1935), p. 64.

個秩序"不一定代表它們在銅器上出現時間先後的次序,只是一種設想中的邏輯安排"⑷。如上文所引的,李濟也提到鑲嵌工藝裏將立體動物中剖而平放在平面這種發展的可能性,但鼎形器圖案所代表的發展秩序,是一個值得探求歷史證明的問題,因爲如果在若干情形之下單獨的獸面是由兩獸合併而成的話,那麼"兩龍"的來源便有其他的可能。法國社會學者勒微斯超司(C. Lévi-Strauss)從商代的饕餮紋上看到商代世界觀的兩分傾向(dualism),而這種傾向,照他的說法,是由於將立體的動物形象中剖爲二以轉化爲平面的形象這種藝術與技術上的需要而造成的⑸。

　　但與其說商代文化與社會中的兩分傾向是由藝術中"一分爲二"的需要而產生的,不如說商代藝術中的兩分傾向是商代文化與社會中的兩分傾向的一個環節。根據考古資料與文獻資料,我們已經在商代的文明與文物裏看到下列兩分現象的歷史事實:

　　㈠安陽殷墟考古遺址中,小屯宮殿宗廟基址的排列,"是有大規模計劃的。它們有南北一線的磁針方向位居正中遙遙相應的建築物,從此左右對稱,東西分列,整齊嚴肅"⑸。㈡西北岡王陵區的墓葬分爲東西兩區,東區已發現四個大墓,西區有七個大墓,兩區之間有一百餘米的距離⑸。㈢卜辭在龜版上的排列左右

⑷　李濟,《殷墟出土青銅鼎形器之研究》,《中國考古報告集新編》第4本,(1970)頁81-82。

⑸　"Split representation in the art of Asia and America," in: *Structural Anthropology* (New York: Basic Books, 1963), pp. 245-268.

⑸　董作賓,《甲骨學六十年》(嚴一萍編輯,藝文書局,1965),頁30。

⑸　高去尋,"The royal cemetery of the Yin Dynasty at An-yang,"《考古人類學刊》,13/14(1959),頁1-9。

對稱，一邊的貞問採取正面口氣，另一面採取反面口氣[53]。㈣卜辭中諸王禮制，若依董作賓的五期分類，可以分爲新舊兩派[54]。㈤商代銅器裝飾花紋的構成有對稱傾向，這是本文所討論的，又照瑞典高本漢的統計，花紋的母題之結合傾向可分A、B兩組，兩組的花紋母題在同件器物上有彼此排斥的趨勢[55]。

這些兩分現象是不是彼此有連續關係的？也許其中若干之間有聯繫關係，而其他的並不一定要用同一個因素來加以解釋。在討論《殷禮中的二分現象》的一篇文章裏，我曾經提出"二分制度是研究殷人社會的一個重要關鍵"與"殷禮中的二分現象與王室之內分爲昭穆兩組似乎有很密切的關係"這兩條初步的結論[56]。

關於殷商王室的昭穆制度，我在好幾篇文章裏已作了比較詳細的說明與考證，在這裏便不必詳加介紹[57][58]。照這個說法，商代王族之內分爲十個天干羣，以十干爲名，它們是祭祀單位，也是外婚單位；更重要的是，王位便在這十個天干羣中輪流傳遞。從王位繼承制上說，這十干又分爲兩組，一組以乙羣爲主，二組以丁羣爲主。（乙羣可能與西周昭穆制中的穆相當，而丁羣可能與昭相當）。如果這個說法可以成立，那麼上述的兩分現象中至少有若干可以加以說明的：㈠兩組的王一組埋在西北岡王陵

(53) 周鴻翔，《卜辭對貞述例》，（香港萬有書局，1969）。

(54) 董作賓，《殷虛文字》《乙編序》，（中央研究院歷史語言研究所，1948）。

(55) Bernhard Karlgren, "New studies in Chinese bronzes,"《瑞典遠東古物博物館館刊》，9 (1937)。

(56) 《慶祝李濟先生七十歲論文集》，（臺北，清華學報社，1965），頁353-370。

(57) 《商王廟號新考》，《民族學研究所集刊》，15(1963)，頁65-94。

(58) 《談王亥與伊尹的祭日並再論殷商王制》，《同上刊》35(1973)，頁 111-127。

區的東區 ， 一組埋在西區 。㈡如果小屯的基址有商代的宗廟的
話，王族的祖先牌位或祖廟也可能按昭穆次序在左右分排，但這
一點還需要進一步的研究和討論。㈢卜辭中所代表的新舊派的禮
制也可以代表王室中乙丁兩派的習俗和愛好。

　　殷室的王制不是很短的篇幅可以討論清楚的，上面這一段話
也不是爲了證明它來講的 。 我們這裏面臨的問題 ， 是我們把商
周青銅器動物紋樣當作巫覡通天地工作的一部分的工具的這個說
法，能不能圓滿說明動物紋樣的"兩龍"現象？我們的囘答是完
全肯定的。在王室分爲兩組的情形之下，王室的祖先在另一個世
界裏自然也遵守類似的排列規則。因此，巫覡在爲王室服務所作
溝通天地的工作上也須左右兼顧，他們的動物助理也就產生成對
成雙的需要。巫覡登天要"乘兩龍"也就是"脚踏兩隻船"的意
思，在他們使用來登天的工具上，也要保持著與人間現象相照應
的適當的平衡性。

中國青銅時代

1983年4月初版　　　　　　　　　　　　　　定價：新臺幣650元
2020年3月二版
有著作權・翻印必究
Printed in Taiwan.

著　者	張　光　直
副總編輯	陳　逸　華
總經理	陳　芝　宇
社　長	羅　國　俊
發行人	林　載　爵

出　版　者　聯經出版事業股份有限公司
地　　　址　新北市汐止區大同路一段369號1樓
編輯部地址　新北市汐止區大同路一段369號1樓
台北聯經書房　台北市新生南路三段94號
電　　　話　(02)23620308
台中分公司　台中市北區崇德路一段198號
暨門市電話　(04)22312023
台中電子信箱　e-mail：linking2@ms42.hinet.net
郵政劃撥帳戶第0100559-3號
郵撥電話　(02)23620308
印　刷　者　世和印製企業有限公司
總　經　銷　聯合發行股份有限公司
發　行　所　新北市新店區寶橋路235巷6弄6號2F
電　　　話　(02)29178022

行政院新聞局出版事業登記證局版臺業字第0130號

國家圖書館出版品預行編目資料

中國青銅時代 / 張光直著 . 二版 . 新北市 .
聯經 . 2020.03 . 390面 . 14.8×21公分 .
ISBN　978-957-08-5486-2 (精裝)
[2020年3月二版]

1.文化史　2.青銅器時代　3.中國

631　　　　　　　　　　　　　　　109001686